T&P BOOKS

HÚNGARO
VOCABULÁRIO

PALAVRAS MAIS ÚTEIS

PORTUGUÊS
HÚNGARO

Para alargar o seu léxico e apurar
as suas competências linguísticas

9000 palavras

Vocabulário Português-Húngaro - 9000 palavras

Por Andrey Taranov

Os vocabulários da T&P Books destinam-se a ajudar a aprender, a memorizar, e a rever palavras estrangeiras. O dicionário é dividido em temas, cobrindo todas as principais esferas de atividades quotidianas, negócios, ciência, cultura, etc.

O processo de aprendizagem, utilizando os dicionários baseados em temáticas da T&P Books dá-lhe as seguintes vantagens:

- Informação de origem corretamente agrupada predetermina o sucesso em fases subsequentes da memorização de palavras
- Disponibilização de palavras derivadas da mesma raiz, o que permite a memorização de unidades de texto (em vez de palavras separadas)
- Pequenas unidades de palavras facilitam o processo de estabelecimento de vínculos associativos necessários para a consolidação do vocabulário
- O nível de conhecimento da língua pode ser estimado pelo número de palavras aprendidas

T&P Books Publishing
www.tpbooks.com

ISBN: 978-1-78400-847-5

Este livro também está disponível em formato E-book.
Por favor visite www.tpbooks.com ou as principais livrarias on-line.

VOCABULÁRIO HÚNGARO
palavras mais úteis

Os vocabulários da T&P Books destinam-se a ajudar a aprender, a memorizar, e a rever palavras estrangeiras. O vocabulário contém mais de 9000 palavras de uso comum organizadas tematicamente.

O vocabulário contém as palavras mais comummente usadas
Recomendado como adicional para qualquer curso de línguas
Satisfaz as necessidades dos iniciados e dos alunos avançados de línguas estrangeiras
Conveniente para o uso diário, sessões de revisão e atividades de auto-teste
Permite avaliar o seu vocabulário

Características especias do vocabulário

· As palavras estão organizadas de acordo com o seu significado, e não por ordem alfabética
· As palavras são apresentadas em três colunas para facilitar os processos de revisão e auto-teste
· As palavras compostas são divididas em pequenos blocos para facilitar o processo de aprendizagem
· O vocabulário oferece uma transcrição simples e adequada de cada palavra estrangeira

O vocabulário contém 256 tópicos incluindo:

Conceitos básicos, Números, Cores, Meses, Estações do ano, Unidades de medida, Roupas & Acessórios, Alimentos & Nutrição, Restaurante, Membros da Família, Parentes, Caráter, Sentimentos, Emoções, Doenças, Cidade, Passeios, Compras, Dinheiro, Casa, Lar, Escritório, Trabalho no Escritório, Importação & Exportação, Marketing, Pesquisa de Emprego, Desportos, Educação, Computador, Internet, Ferramentas, Natureza, Países, Nacionalidades e muito mais ...

TABELA DE CONTEÚDOS

GUIA DE PRONUNCIAÇÃO

Alfabeto fonético T&P	Exemplo Húngaro	Exemplo Português

Vogais

[ɒ]	takaró [tɒkɒroː]	chamar
[aː]	bátor [baːtor]	rapaz
[ɛ]	öreg [ørɛg]	mesquita
[eː]	csésze [ʧeːsɛ]	plateia
[i]	viccel [vitsɛl]	sinónimo
[iː]	híd [hiːd]	cair
[o]	komoly [komoj]	lobo
[oː]	óvoda [oːvodɒ]	albatroz
[ø]	könny [køɲː]	orgulhoso
[øː]	rendőr [rɛndøːr]	orgulhoso
[u]	tud [tud]	bonita
[uː]	bútor [buːtor]	blusa
[y]	üveg [yvɛg]	questionar
[yː]	tűzoltó [tyːzoltoː]	vermelho

Consoantes

[b]	borsó [borʃoː]	barril
[c]	kutya [kucɒ]	Tchim-tchim!
[ts]	recept [rɛtsɛpt]	tsé-tsé
[ʧ]	bocsát [boʧaːt]	Tchau!
[d]	dal [dɒl]	dentista
[dz]	edző [ɛdzøː]	pizza
[ʤ]	dzsem [ʤɛm]	adjetivo
[f]	feltétel [fɛlteːtɛl]	safári
[g]	régen [reːgɛn]	gosto
[h]	homok [homok]	[h] aspirada
[j]	játszik [jaːtsik]	géiser
[ɟ]	negyven [nɛɟvɛn]	jingle
[k]	katalógus [kɒtɒloːguʃ]	kiwi
[l]	olcsó [oltʃoː]	libra
[m]	megment [mɛgmɛnt]	magnólia
[n]	négyzet [neːɟzɛt]	natureza
[ŋ]	senki [ʃɛŋki]	alcançar
[ɲ]	kanyar [kɒɲɒr]	ninhada
[ɒ]	pizsama [piʒɒmɒ]	presente
[r]	köröm [kørøm]	riscar

Alfabeto fonético T&P	Exemplo Húngaro	Exemplo Português
[s]	szoknya [sokɲɒ]	sanita
[ʃ]	siet [ʃiɛt]	mês
[t]	táska [taːʃkɒ]	tulipa
[v]	vezető [vɛzɛtøː]	fava
[z]	frizura [frizurɒ]	sésamo
[ʒ]	mazsola [mɒʒolɒ]	talvez

ABREVIATURAS
usadas no vocabulário

Abreviaturas do Português

adj	-	adjetivo
adv	-	advérbio
anim.	-	animado
conj.	-	conjunção
desp.	-	desporto
etc.	-	etecetra
ex.	-	por exemplo
f	-	nome feminino
f pl	-	feminino plural
fem.	-	feminino
inanim.	-	inanimado
m	-	nome masculino
m pl	-	masculino plural
m, f	-	masculino, feminino
masc.	-	masculino
mat.	-	matemática
mil.	-	militar
pl	-	plural
prep.	-	preposição
pron.	-	pronome
sb.	-	sobre
sing.	-	singular
v aux	-	verbo auxiliar
vi	-	verbo intransitivo
vi, vt	-	verbo intransitivo, transitivo
vr	-	verbo reflexivo
vt	-	verbo transitivo

CONCEITOS BÁSICOS

Conceitos básicos. Parte 1

1. Pronomes

eu	én	[e:n]
tu	te	[tɛ]
ele, ela	ő	[ø:]
nós	mi	[mi]
vocês	ti	[ti]
eles, elas	ők	[ø:k]

2. Cumprimentos. Saudações. Despedidas

Olá!	Szervusz!	[sɛrvus]
Bom dia! (formal)	Szervusztok!	[sɛrvustok]
Bom dia! (de manhã)	Jó reggelt!	[jo: rɛggɛlt]
Boa tarde!	Jó napot!	[jo: nɒpot]
Boa noite!	Jó estét!	[jo: ɛʃte:t]
cumprimentar (vt)	köszönt	[køsønt]
Olá!	Szia!	[siɒ]
saudação (f)	üdvözlet	[ydvøzlɛt]
saudar (vt)	üdvözöl	[ydvøzøl]
Como vai?	Hogy vagy?	[hoɟ voɟ]
O que há de novo?	Mi újság?	[mi u:jʃɒ:g]
Até à vista!	Viszontlátásra!	[visont lɒ:ta:ʃrɒ]
Até breve!	A közeli viszontlátásra!	[ɒ køzɛli visont lɒ:ta:ʃrɒ]
Adeus! (sing.)	Isten veled!	[iʃtɛn vɛlɛd]
Adeus! (pl)	Isten vele!	[iʃtɛn vɛlɛ]
despedir-se (vr)	elbúcsúzik	[ɛlbu:tʃu:zik]
Até logo!	Viszlát!	[vislɒ:t]
Obrigado! -a!	Köszönöm!	[køsønøm]
Muito obrigado! -a!	Köszönöm szépen!	[køsønøm se:pɛn]
De nada	Kérem.	[ke:rɛm]
Não tem de quê	szóra sem érdemes	[so:rɒ ʃɛm e:rdɛmɛʃ]
De nada	nincs mit	[nintʃ mit]
Desculpa! -pe!	Bocsánat!	[botʃɒ:nɒt]
desculpar (vt)	bocsát	[botʃɒ:t]
desculpar-se (vr)	bocsánatot kér	[botʃɒ:nɒtot ke:r]
As minhas desculpas	bocsánatot kérek	[botʃɒ:nɒtot ke:rɛk]

Desculpe!	Elnézést!	[ɛlne:ze:ʃt]
perdoar (vt)	bocsát	[botʃa:t]
por favor	kérem szépen	[ke:rɛm se:pɛn]

Não se esqueça!	Ne felejtse!	[nɛ fɛlɛjtʃɛ]
Certamente! Claro!	Persze!	[pɛrsɛ]
Claro que não!	Persze nem!	[pɛrsɛ nɛm]
Está bem! De acordo!	Jól van!	[jo:l vɒn]
Basta!	Elég!	[ɛle:g]

3. Como se dirigir a alguém

senhor	Uram	[urɒm]
senhora	Asszonyom	[ɒssonøm]
rapariga	Fiatalasszony	[fiɒtɒl ɒssoɲ]
rapaz	Fiatalember	[fiɒtɒl ɛmbɛr]
menino	Kisfiú	[kiʃfiu:]
menina	Kislány	[kiʃla:ɲ]

4. Números cardinais. Parte 1

zero	nulla	[nullɒ]
um	egy	[ɛɟ]
dois	kettő, két	[kɛttø:], [ke:t]
três	három	[ha:rom]
quatro	négy	[ne:ɟ]

cinco	öt	[øt]
seis	hat	[hɒt]
sete	hét	[he:t]
oito	nyolc	[ɲolts]
nove	kilenc	[kilɛnts]

dez	tíz	[ti:z]
onze	tizenegy	[tizɛnɛɟ]
doze	tizenkettő	[tizɛŋkɛttø:]
treze	tizenhárom	[tizɛnha:rom]
catorze	tizennégy	[tizɛnne:ɟ]

quinze	tizenöt	[tizɛnøt]
dezasseis	tizenhat	[tizɛnhɒt]
dezassete	tizenhét	[tizɛnhe:t]
dezoito	tizennyolc	[tizɛnɲølts]
dezanove	tizenkilenc	[tizɛŋkilɛnts]

vinte	húsz	[hu:s]
vinte e um	huszonegy	[husonɛɟ]
vinte e dois	huszonkettő	[huson kɛttø:]
vinte e três	huszonhárom	[huson ha:rom]

| trinta | harminc | [hɒrmints] |
| trinta e um | harmincegy | [hɒrmintsɛɟ] |

| trinta e dois | harminckettő | [hɒrmints kɛttø:] |
| trinta e três | harminchárom | [hɒrmintsha:rom] |

quarenta	negyven	[nɛɟvɛn]
quarenta e um	negyvenegy	[nɛɟvɛnɛɟ]
quarenta e dois	negyvenkettő	[nɛɟvɛn kɛttø:]
quarenta e três	negyvenhárom	[nɛɟvɛn ha:rom]

cinquenta	ötven	[øtvɛn]
cinquenta e um	ötvenegy	[øtvɛnɛɟ]
cinquenta e dois	ötvenkettő	[øtvɛn kɛttø:]
cinquenta e três	ötvenhárom	[øtvɛn ha:rom]

sessenta	hatvan	[hɒtvɒn]
sessenta e um	hatvanegy	[hɒtvɒnɛɟ]
sessenta e dois	hatvankettő	[hɒtvɒn kɛttø:]
sessenta e três	hatvanhárom	[hɒtvɒn ha:rom]

setenta	hetven	[hɛtvɛn]
setenta e um	hetvenegy	[hɛtvɛnɛɟ]
setenta e dois	hetvenkettő	[hɛtvɛn kɛttø:]
setenta e três	hetvenhárom	[hɛtvɛn ha:rom]

oitenta	nyolcvan	[ɲoltsvɒn]
oitenta e um	nyolcvanegy	[ɲoltsvɒnɛɟ]
oitenta e dois	nyolcvankettő	[ɲoltsvɒn kɛttø:]
oitenta e três	nyolcvanhárom	[ɲoltsvɒn ha:rom]

noventa	kilencven	[kilɛntsvɛn]
noventa e um	kilencvenegy	[kilɛntsvɛnɛɟ]
noventa e dois	kilencvenkettő	[kilɛntsvɛn kɛttø:]
noventa e três	kilencvenhárom	[kilɛntsvɛn ha:rom]

5. Números cardinais. Parte 2

cem	száz	[sa:z]
duzentos	kétszáz	[ke:tsa:z]
trezentos	háromszáz	[ha:romsa:z]
quatrocentos	négyszáz	[ne:ɟsa:z]
quinhentos	ötszáz	[øtsa:z]

seiscentos	hatszáz	[hɒtsa:z]
setecentos	hétszáz	[he:tsa:z]
oitocentos	nyolcszáz	[ɲoltssa:z]
novecentos	kilencszáz	[kilɛntssa:z]

mil	ezer	[ɛzɛr]
dois mil	kétezer	[ke:tɛzɛr]
De quem são ...?	háromezer	[ha:romɛzɛr]
dez mil	tízezer	[ti:zɛzɛr]
cem mil	százezer	[sa:zɛzɛr]

| um milhão | millió | [millio:] |
| mil milhões | milliárd | [millia:rd] |

6. Números ordinais

primeiro	első	[ɛlʃøː]
segundo	második	[maːʃodik]
terceiro	harmadik	[hɒrmɒdik]
quarto	negyedik	[nɛɟɛdik]
quinto	ötödik	[øtødik]

sexto	hatodik	[hɒtodik]
sétimo	hetedik	[hɛtɛdik]
oitavo	nyolcadik	[ɲoltsɒdik]
nono	kilencedik	[kilɛntsɛdik]
décimo	tizedik	[tizɛdik]

7. Números. Frações

fração (f)	tört	[tørt]
um meio	fél	[feːl]
um terço	egy harmad	[ɛɟ hɒrmɒd]
um quarto	egy negyed	[ɛɟ nɛɟɛd]

um oitavo	egy nyolcad	[ɛɟ nøltsɒd]
um décimo	egy tized	[ɛɟ tizɛd]
dois terços	két harmad	[keːt hɒrmɒd]
três quartos	három negyed	[haːrom nɛɟɛd]

8. Números. Operações básicas

subtração (f)	kivonás	[kivonaːʃ]
subtrair (vi, vt)	kivon	[kivon]
divisão (f)	osztás	[ostaːʃ]
dividir (vt)	oszt	[ost]

adição (f)	összeadás	[øssɛɒdaːʃ]
somar (vt)	összead	[øssɛɒd]
adicionar (vt)	hozzáad	[hozzaːɒd]
multiplicação (f)	szorzás	[sorzaːʃ]
multiplicar (vt)	megszoroz	[mɛgsoroz]

9. Números. Diversos

algarismo, dígito (m)	számjegy	[saːmjɛɟ]
número (m)	szám	[saːm]
numeral (m)	számnév	[saːmneːv]
menos (m)	mínusz	[miːnus]
mais (m)	plusz	[plus]
fórmula (f)	formula	[formulɒ]
cálculo (m)	kiszámítás	[kisaːmiːtaːʃ]
contar (vt)	számol	[saːmol]

| calcular (vt) | összeszámol | [øssɛsa:mol] |
| comparar (vt) | összehasonlít | [øssɛhɒʃonli:t] |

| Quanto? | Mennyi? | [mɛɲɲi] |
| Quantos? -as? | Hány? | [ha:ɲ] |

soma (f)	összeg	[øssɛg]
resultado (m)	eredmény	[ɛrɛdme:ɲ]
resto (m)	maradék	[mɒrɒde:k]

alguns, algumas ...	néhány	[ne:ha:ɲ]
um pouco de ...	kevés ...	[kɛve:ʃ]
resto (m)	egyéb	[ɛɟe:b]
um e meio	másfél	[ma:ʃfe:l]
dúzia (f)	tucat	[tutsɒt]

ao meio	ketté	[kɛtte:]
em partes iguais	egyenlően	[ɛɟɛnlø:ɛn]
metade (f)	fél	[fe:l]
vez (f)	egyszer	[ɛcsɛr]

10. Os verbos mais importantes. Parte 1

abrir (vt)	nyit	[ɲit]
acabar, terminar (vt)	befejez	[bɛfɛjɛz]
aconselhar (vt)	tanácsol	[tɒna:ʧol]
adivinhar (vt)	kitalál	[kitɒla:l]
advertir (vt)	figyelmeztet	[fiɟɛlmɛztɛt]

ajudar (vt)	segít	[ʃɛgi:t]
almoçar (vi)	ebédel	[ɛbe:dɛl]
alugar (~ um apartamento)	bérel	[be:rɛl]
amar (vt)	szeret	[sɛrɛt]
ameaçar (vt)	fenyeget	[fɛnɛgɛt]

anotar (escrever)	feljegyez	[fɛljɛɟɛz]
apanhar (vt)	fog	[fog]
apressar-se (vr)	siet	[ʃiɛt]
arrepender-se (vr)	sajnál	[ʃɒjna:l]
assinar (vt)	aláír	[ɒla:i:r]

atirar, disparar (vi)	lő	[lø:]
brincar (vi)	viccel	[vitsɛl]
brincar, jogar (crianças)	játszik	[ja:tsik]
buscar (vt)	keres	[kɛrɛʃ]
caçar (vi)	vadászik	[vɒda:sik]

cair (vi)	esik	[ɛʃik]
cavar (vt)	ás	[a:ʃ]
cessar (vt)	abbahagy	[ɒbbɒhɒɟ]
chamar (~ por socorro)	hív	[hi:v]
chegar (vi)	érkezik	[e:rkɛzik]
chorar (vi)	sír	[ʃi:r]
começar (vt)	kezd	[kɛzd]

18

comparar (vt)	összehasonlít	[øssɛhɒʃonli:t]
compreender (vt)	ért	[e:rt]
concordar (vi)	beleegyezik	[bɛlɛɛjɛzik]
confiar (vt)	rábíz	[ra:bi:z]

confundir (equivocar-se)	összetéveszt	[øssɛte:vɛst]
conhecer (vt)	ismer	[iʃmɛr]
contar (fazer contas)	számol	[sa:mol]
contar com (esperar)	számít ...re	[sa:mi:t ...rɛ]
continuar (vt)	folytat	[fojtɒt]

controlar (vt)	ellenőriz	[ɛllɛnø:riz]
convidar (vt)	meghív	[mɛghi:v]
correr (vi)	fut	[fut]
criar (vt)	teremt	[tɛrɛmt]
custar (vt)	kerül	[kɛryl]

11. Os verbos mais importantes. Parte 2

dar (vt)	ad	[ɒd]
dar uma dica	céloz	[tse:loz]
decorar (enfeitar)	díszít	[di:si:t]
defender (vt)	véd	[ve:d]
deixar cair (vt)	leejt	[lɛɛjt]

descer (para baixo)	lemegy	[lɛmɛj]
desculpar-se (vr)	bocsánatot kér	[botʃa:nɒtot ke:r]
dirigir (~ uma empresa)	irányít	[ira:ni:t]
discutir (notícias, etc.)	megbeszél	[mɛgbɛse:l]
dizer (vt)	mond	[mond]

duvidar (vt)	kételkedik	[ke:tɛlkɛdik]
enganar (vt)	csal	[tʃɒl]
entrar (na sala, etc.)	bemegy	[bɛmɛj]
enviar (uma carta)	felad	[fɛlɒd]

errar (equivocar-se)	hibázik	[hiba:zik]
escolher (vt)	választ	[va:lɒst]
esconder (vt)	rejt	[rɛjt]
escrever (vt)	ír	[i:r]
esperar (o autocarro, etc.)	vár	[va:r]
esperar (ter esperança)	remél	[rɛme:l]
esquecer (vt)	elfelejt	[ɛlfɛlɛjt]
estudar (vt)	tanul	[tɒnul]
exigir (vt)	követel	[køvɛtɛl]
existir (vi)	létezik	[le:tɛzik]

explicar (vt)	magyaráz	[mɒɟɒra:z]
falar (vi)	beszélget	[bɛse:lgɛt]
faltar (clases, etc.)	elmulaszt	[ɛlmulɒst]
fazer (vt)	csinál	[tʃina:l]
ficar em silêncio	hallgat	[hɒllgɒt]
gabar-se, jactar-se (vr)	dicsekedik	[ditʃɛkɛdik]
gostar (apreciar)	tetszik	[tɛtsik]

gritar (vi)	kiabál	[kiɒba:l]
guardar (cartas, etc.)	megőriz	[mɛgøːriz]
informar (vt)	tájékoztat	[taːjeːkoztɒt]
insistir (vi)	ragaszkodik	[rɒgɒskodik]

insultar (vt)	megsért	[mɛgʃeːrt]
interessar-se (vr)	érdeklődik	[eːrdɛkløːdik]
ir (a pé)	megy	[mɛɟ]
ir nadar	úszni megy	[uːsni mɛɟ]
jantar (vi)	vacsorázik	[vɒʧora:zik]

12. Os verbos mais importantes. Parte 3

ler (vt)	olvas	[olvɒʃ]
libertar (cidade, etc.)	felszabadít	[fɛlsɒbɒdiːt]
matar (vt)	megöl	[mɛgøl]
mencionar (vt)	megemlít	[mɛgɛmliːt]
mostrar (vt)	mutat	[mutɒt]

mudar (modificar)	változtat	[vaːltoztɒt]
nadar (vi)	úszik	[uːsik]
negar-se a …	lemond	[lɛmond]
objetar (vt)	ellentmond	[ɛllɛntmond]

observar (vt)	figyel	[fiɟɛl]
ordenar (mil.)	parancsol	[pɒrɒnʧol]
ouvir (vt)	hall	[hɒll]
pagar (vt)	fizet	[fizɛt]
parar (vi)	megáll	[mɛga:ll]

participar (vi)	részt vesz	[reːst vɛs]
pedir (comida)	rendel	[rɛndɛl]
pedir (um favor, etc.)	kér	[keːr]
pegar (tomar)	vesz	[vɛs]
pensar (vt)	gondol	[gondol]

perceber (ver)	észrevesz	[eːsrɛvɛs]
perdoar (vt)	bocsát	[boʧaːt]
perguntar (vt)	kérdez	[keːrdɛz]
permitir (vt)	enged	[ɛŋgɛd]
pertencer a …	tartozik	[tɒrtozik]

planear (vt)	tervez	[tɛrvɛz]
poder (vi)	tud	[tud]
possuir (vt)	rendelkezik	[rɛndɛlkɛzik]

| preferir (vt) | többre becsül | [tøbbrɛ bɛʧyl] |
| preparar (vt) | készít | [keːsiːt] |

prever (vt)	előre lát	[ɛløːrɛ laːt]
prometer (vt)	ígér	[iːgeːr]
pronunciar (vt)	kiejt	[kiɛjt]
propor (vt)	javasol	[jɒvɒʃol]
punir (castigar)	büntet	[byntɛt]

13. Os verbos mais importantes. Parte 4

quebrar (vt)	tör	[tør]
queixar-se (vr)	panaszkodik	[pɒnɒskodik]
querer (desejar)	akar	[ɒkɒr]
recomendar (vt)	ajánl	[ɒja:nl]
repetir (dizer outra vez)	ismétel	[iʃme:tɛl]

repreender (vt)	szid	[sid]
reservar (~ um quarto)	rezervál	[rɛzɛrva:l]
responder (vt)	válaszol	[va:lɒsol]
rezar, orar (vi)	imádkozik	[ima:dkozik]
rir (vi)	nevet	[nɛvɛt]

roubar (vt)	lop	[lop]
saber (vt)	tud	[tud]
sair (~ de casa)	kimegy	[kimɛɟ]
salvar (vt)	megment	[mɛgmɛnt]
seguir ...	követ	[køvɛt]

sentar-se (vr)	leül	[lɛyl]
ser necessário	szükség van	[sykʃe:g vɒn]
ser, estar	van	[vɒn]
significar (vt)	jelent	[jɛlɛnt]

sorrir (vi)	mosolyog	[moʃojog]
subestimar (vt)	aláértékel	[ɒla:e:rte:kɛl]
surpreender-se (vr)	csodálkozik	[ʧoda:lkozik]
tentar (vt)	próbál	[pro:ba:l]

ter (vt)	van	[vɒn]
ter fome	éhes van	[e:hɛʃ vɒn]
ter medo	fél	[fe:l]
ter sede	szomjas van	[somjɒʃ vɒn]

tocar (com as mãos)	érint	[e:rint]
tomar o pequeno-almoço	reggelizik	[rɛggɛlizik]
trabalhar (vi)	dolgozik	[dolgozik]
traduzir (vt)	fordít	[fordi:t]
unir (vt)	egyesít	[ɛɟɛʃi:t]

vender (vt)	elad	[ɛlɒd]
ver (vt)	lát	[la:t]
virar (ex. ~ à direita)	fordul	[fordul]
voar (vi)	repül	[rɛpyl]

14. Cores

cor (f)	szín	[si:n]
matiz (m)	árnyalat	[a:rɲɒlɒt]
tom (m)	tónus	[to:nuʃ]
arco-íris (m)	szivárvány	[siva:rva:ɲ]
branco	fehér	[fɛhe:r]

| preto | fekete | [fɛkɛtɛ] |
| cinzento | szürke | [syrkɛ] |

verde	zöld	[zøld]
amarelo	sárga	[ʃa:rgɒ]
vermelho	piros	[piroʃ]

azul	kék	[ke:k]
azul claro	világoskék	[vila:goʃke:k]
rosa	rózsaszínű	[ro:ʒɒsi:ny:]
laranja	narancssárga	[nɒrɒntʃ ʃa:rgɒ]
violeta	lila	[lilɒ]
castanho	barna	[bɒrnɒ]

| dourado | arany | [ɒrɒɲ] |
| prateado | ezüstös | [ɛzyʃtøʃ] |

bege	bézs	[be:ʒ]
creme	krémszínű	[kre:msi:ny:]
turquesa	türkizkék	[tyrkiske:k]
vermelho cereja	meggyszínű	[mɛdɟ si:ny:]
lilás	lila	[lilɒ]
carmesim	málnaszínű	[ma:lnɒ si:ny:]

claro	világos	[vila:goʃ]
escuro	sötét	[ʃøte:t]
vivo	élénk	[e:le:ŋk]

de cor	színes	[si:nɛʃ]
a cores	színes	[si:nɛʃ]
preto e branco	feketefehér	[fɛkɛtɛfɛhe:r]
unicolor	egyszínű	[ɛcsi:ny:]
multicor	sokszínű	[ʃoksi:ny:]

15. Questões

Quem?	Ki?	[ki]
Que?	Mi?	[mi]
Onde?	Hol?	[hol]
Para onde?	Hová?	[hova:]
De onde?	Honnan?	[honnɒn]
Quando?	Mikor?	[mikor]
Para quê?	Minek?	[minɛk]
Porquê?	Miért?	[mie:rt]

Para quê?	Miért?	[mie:rt]
Como?	Hogy? Hogyan?	[hoɟ], [hoɟɒn]
Qual?	Milyen?	[mijɛn]
Qual? (entre dois ou mais)	Melyik?	[mɛjik]

A quem?	Kinek?	[kinɛk]
Sobre quem?	Kiről?	[kirø:l]
Do quê?	Miről?	[mirø:l]
Com quem?	Kivel?	[kivɛl]

Quantos? -as?	Hány?	[ha:ɲ]
Quanto?	Mennyi?	[mɛnɲi]
De quem? (masc.)	Kié?	[kie:]

16. Preposições

com (prep.)	val, -vel	[-vɒl, -vɛl]
sem (prep.)	nélkül	[ne:lkyl]
a, para (exprime lugar)	ba, -be	[bɒ, -bɛ]
sobre (ex. falar ~)	ról, -ről	[ro:l, -rø:l]
antes de ...	előtt	[ɛlø:tt]
diante de ...	előtt	[ɛlø:tt]

sob (debaixo de)	alatt	[ɒlɒtt]
sobre (em cima de)	fölött	[føløtt]
sobre (~ a mesa)	n	[n]
de (vir ~ Lisboa)	ból, -ből	[bo:l, -bø:l]
de (feito ~ pedra)	ból, -ből	[bo:l, -bø:l]

dentro de (~ dez minutos)	múlva	[mu:lvɒ]
por cima de ...	keresztül	[kɛrɛstyl]

17. Palavras funcionais. Advérbios. Parte 1

Onde?	Hol?	[hol]
aqui	itt	[itt]
lá, ali	ott	[ott]

em algum lugar	valahol	[vɒlɒhol]
em lugar nenhum	sehol	[ʃɛhol]

ao pé de ...	mellett, nál, -nél	[mɛllɛtt], [na:l, -ne:l]
ao pé da janela	az ablaknál	[ɒz ɒblɒkna:l]

Para onde?	Hová?	[hova:]
para cá	ide	[idɛ]
para lá	oda	[odɒ]
daqui	innen	[innɛn]
de lá, dali	onnan	[onnɒn]

perto	közel	[køzɛl]
longe	messze	[mɛssɛ]

perto de ...	mellett	[mɛllɛtt]
ao lado de	a közelben	[ɒ køzɛlbɛn]
perto, não fica longe	nem messze	[nɛm mɛssɛ]

esquerdo	bal	[bɒl]
à esquerda	balra	[bɒlrɒ]
para esquerda	balra	[bɒlrɒ]
direito	jobb	[jobb]
à direita	jobbra	[jobbrɒ]

23

para direita	jobbra	[jobbrɒ]
à frente	elöl	[ɛløl]
da frente	elülső	[ɛlylʃøː]
em frente (para a frente)	előre	[ɛløːrɛ]

atrás de ...	hátul	[haːtul]
por detrás (vir ~)	hátulról	[haːtulroːl]
para trás	hátra	[haːtrɒ]

| meio (m), metade (f) | közép | [køzeːp] |
| no meio | középen | [køzeːpɛn] |

de lado	oldalról	[oldɒlroːl]
em todo lugar	mindenütt	[mindɛnytt]
ao redor (olhar ~)	körül	[køryl]

de dentro	belülről	[bɛlylrøːl]
para algum lugar	valahova	[vɒlɒhovɒ]
diretamente	egyenesen	[ɛɟɛnɛʃɛn]
de volta	visszafelé	[vissɒfɛleː]

| de algum lugar | valahonnan | [vɒlɒhonnɒn] |
| de um lugar | valahonnan | [vɒlɒhonnɒn] |

em primeiro lugar	először	[ɛløːsør]
em segundo lugar	másodszor	[maːʃodsor]
em terceiro lugar	harmadszor	[hɒrmɒdsor]

de repente	hirtelen	[hirtɛlɛn]
no início	eleinte	[ɛlɛintɛ]
pela primeira vez	először	[ɛløːsør]
muito antes de ...	jóval ... előtt	[joːvɒl ... ɛløːtt]
de novo, novamente	újra	[uːjrɒ]
para sempre	mindörökre	[mindørøkrɛ]

nunca	soha	[ʃohɒ]
de novo	ismét	[iʃmeːt]
agora	most	[moʃt]
frequentemente	gyakran	[ɟokrɒn]
então	akkor	[ɒkkor]
urgentemente	sürgősen	[ʃyrgøːʃɛn]
usualmente	általában	[aːltɒlaːbɒn]

a propósito, ...	apropó	[ɒpropoː]
é possível	lehetséges	[lɛhɛtʃeːgɛʃ]
provavelmente	valószínűleg	[vɒloːsiːnyːlɛg]
talvez	talán	[tɒlaːn]
além disso, ...	azon kívül ...	[ɒzon kiːvyl]
por isso ...	ezért	[ɛzeːrt]
apesar de ...	nek ellenére	[nɛk ɛllɛneːrɛ]
graças a ...	... köszenhetően	[køsɛnhɛtøːɛn]

que (pron.)	mi	[mi]
que (conj.)	ami	[ɒmi]
algo	valami	[vɒlɒmi]
alguma coisa	valami	[vɒlɒmi]

nada	semmi	[ʃɛmmi]
quem	ki	[ki]
alguém (~ teve uma ideia …)	valaki	[vɒlɒki]
alguém	valaki	[vɒlɒki]

ninguém	senki	[ʃɛŋki]
para lugar nenhum	sehol	[ʃɛhol]
de ninguém	senkié	[ʃɛŋkie:]
de alguém	valakié	[vɒlɒkie:]

tão	így	[i:ɟ]
também (gostaria ~ de …)	is	[iʃ]
também (~ eu)	is	[iʃ]

18. Palavras funcionais. Advérbios. Parte 2

Porquê?	Miért?	[mie:rt]
por alguma razão	valamiért	[vɒlɒmie:rt]
porque …	azért, mert ,..	[ɒze:rt], [mɛrt]
por qualquer razão	valamiért	[vɒlɒmie:rt]

e (tu ~ eu)	és	[e:ʃ]
ou (ser ~ não ser)	vagy	[vɒɟ]
mas (porém)	de	[dɛ]
para (~ a minha mãe)	… céljából	[tse:ja:bo:l]

demasiado, muito	túl	[tu:l]
só, somente	csak	[ʧɒk]
exatamente	pontosan	[pontoʃɒn]
cerca de (~ 10 kg)	körülbelül	[kørylbɛlyl]

aproximadamente	körülbelül	[kørylbɛlyl]
aproximado	megközelítő	[mɛgkøzɛli:tø:]
quase	majdnem	[mɒjdnɛm]
resto (m)	a többi	[ɒ tøbbi]

cada	minden	[mindɛn]
qualquer	bármilyen	[ba:rmijɛn]
muito	sok	[ʃok]
muitas pessoas	sokan	[ʃokɒn]
todos	mindenki	[mindɛŋki]

em troca de …	ért cserébe	[e:rt ʧɛre:bɛ]
em troca	viszonzásul	[visonza:ʃul]
à mão	kézzel	[ke:zzɛl]
pouco provável	aligha	[ɒlighɒ]

provavelmente	valószínűleg	[vɒlo:si:ny:lɛg]
de propósito	szándékosan	[sa:nde:koʃɒn]
por acidente	véletlenül	[ve:lɛtlɛnyl]

muito	nagyon	[nɒɟøn]
por exemplo	például	[pe:lda:ul]
entre	között	[køzøtt]

25

entre (no meio de)	körében	[køre:bɛn]
tanto	annyi	[ɒɲɲi]
especialmente	különösen	[kylønøʃɛn]

Conceitos básicos. Parte 2

19. Opostos

rico	gazdag	[gɒzdɒg]
pobre	szegény	[sɛge:ɲ]
doente	beteg	[bɛtɛg]
são	egészséges	[ɛge:ʃɛgɛʃ]
grande	nagy	[nɒɟ]
pequeno	kicsi	[kitʃi]
rapidamente	gyorsan	[ɟørʃɒn]
lentamente	lassan	[lɒʃɒn]
rápido	gyors	[ɟørʃ]
lento	lassú	[lɒʃu:]
alegre	vidám	[vida:m]
triste	szomorú	[somoru:]
juntos	együtt	[ɛɟytt]
separadamente	külön	[kyløn]
em voz alta (ler ~)	hangosan	[hɒŋgoʃɒn]
para si (em silêncio)	magában	[mɒga:bɒn]
alto	magas	[mɒgɒʃ]
baixo	alacsony	[ɒlɒtʃoɲ]
profundo	mély	[me:j]
pouco fundo	sekély	[ʃɛke:j]
sim	igen	[igɛn]
não	nem	[nɛm]
distante (no espaço)	távoli	[ta:voli]
próximo	közeli	[køzɛli]
longe	messze	[mɛssɛ]
perto	közel	[køzɛl]
longo	hosszú	[hossu:]
curto	rövid	[røvid]
bom, bondoso	kedves	[kɛdvɛʃ]
mau	gonosz	[gonos]
casado	nős	[nø:ʃ]

solteiro	nőtlen	[nø:tlɛn]
proibir (vt)	tilt	[tilt]
permitir (vt)	enged	[ɛŋgɛd]
fim (m)	vég	[ve:g]
começo (m)	kezdet	[kɛzdɛt]
esquerdo	bal	[bɒl]
direito	jobb	[jobb]
primeiro	első	[ɛlʃø:]
último	utolsó	[utolʃo:]
crime (m)	bűncselekmény	[by:ntʃɛlɛkme:ɲ]
castigo (m)	büntetés	[byntɛte:ʃ]
ordenar (vt)	parancsol	[pɒrɒntʃol]
obedecer (vt)	engedelmeskedik	[ɛŋgɛdɛlmɛʃkɛdik]
reto	egyenes	[ɛɟɛnɛʃ]
curvo	ferde	[fɛrdɛ]
paraíso (m)	paradicsom	[pɒrɒditʃom]
inferno (m)	pokol	[pokol]
nascer (vi)	születik	[sylɛtik]
morrer (vi)	meghal	[mɛghɒl]
forte	erős	[ɛrø:ʃ]
fraco, débil	gyenge	[ɟɛŋgɛ]
idoso	öreg	[ørɛg]
jovem	fiatal	[fiɒtɒl]
velho	régi	[re:gi]
novo	új	[u:j]
duro	kemény	[kɛme:ɲ]
mole	puha	[puhɒ]
tépido	meleg	[mɛlɛg]
frio	hideg	[hidɛg]
gordo	kövér	[køve:r]
magro	sovány	[ʃova:ɲ]
estreito	keskeny	[kɛʃkɛɲ]
largo	széles	[se:lɛʃ]
bom	jó	[jo:]
mau	rossz	[ross]
valente	bátor	[ba:tor]
cobarde	gyáva	[ɟa:vɒ]

20. Dias da semana

segunda-feira (f)	hétfő	[he:tfø:]
terça-feira (f)	kedd	[kɛdd]
quarta-feira (f)	szerda	[sɛrdɒ]
quinta-feira (f)	csütörtök	[ʧytørtøk]
sexta-feira (f)	péntek	[pe:ntɛk]
sábado (m)	szombat	[sombɒt]
domingo (m)	vasárnap	[vɒʃa:rnɒp]

hoje	ma	[mɒ]
amanhã	holnap	[holnɒp]
depois de amanhã	holnapután	[holnɒputa:n]
ontem	tegnap	[tɛgnɒp]
anteontem	tegnapelőtt	[tɛgnɒpɛlø:tt]

dia (m)	nap	[nɒp]
dia (m) de trabalho	munkanap	[muŋkɒnɒp]
feriado (m)	ünnepnap	[ynnɛpnɒp]
dia (m) de folga	szabadnap	[sɒbɒdnɒp]
fim (m) de semana	hétvég	[he:tve:g]

o dia todo	egész nap	[ɛge:s nɒp]
no dia seguinte	másnap	[ma:ʃnɒp]
há dois dias	két nappal ezelőtt	[ke:t nɒppɒl ɛzɛlø:tt]
na véspera	az előző nap	[ɒz ɛlø:zø: nɒp]
diário	napi	[nɒpi]
todos os dias	naponta	[nɒpontɒ]

semana (f)	hét	[he:t]
na semana passada	a múlt héten	[ɒ mu:lt he:tɛn]
na próxima semana	a következő héten	[ɒ køvɛtkɛzø: he:tɛn]
semanal	heti	[hɛti]
cada semana	hetente	[hɛtɛntɛ]
duas vezes por semana	kétszer hetente	[ke:tsɛr hɛtɛntɛ]
cada terça-feira	minden kedd	[mindɛn kɛdd]

21. Horas. Dia e noite

manhã (f)	reggel	[rɛggɛl]
de manhã	reggel	[rɛggɛl]
meio-dia (m)	délidő	[de:lidø:]
à tarde	délután	[de:luta:n]

noite (f)	este	[ɛʃtɛ]
à noite (noitinha)	este	[ɛʃtɛ]
noite (f)	éjszak	[e:jsɒk]
à noite	éjjel	[e:jjɛl]
meia-noite (f)	éjfél	[e:jfe:l]

segundo (m)	másodperc	[ma:ʃodpɛrts]
minuto (m)	perc	[pɛrts]
hora (f)	óra	[o:rɒ]

meia hora (f)	félóra	[fe:lo:rɒ]
quarto (m) de hora	negyedóra	[nɛɟɛdo:rɒ]
quinze minutos	tizenöt perc	[tizɛnøt pɛrts]
vinte e quatro horas	teljes nap	[tɛjɛʃ nɒp]

nascer (m) do sol	napkelte	[nɒpkɛltɛ]
amanhecer (m)	virradat	[virrɒdɒt]
madrugada (f)	kora reggel	[korɒ rɛggɛl]
pôr do sol (m)	naplemente	[nɒplɛmɛntɛ]

de madrugada	kora reggel	[korɒ rɛggɛl]
hoje de manhã	ma reggel	[mɒ rɛggɛl]
amanhã de manhã	holnap reggel	[holnɒp rɛggɛl]

hoje à tarde	ma nappal	[mɒ nɒppɒl]
à tarde	délután	[de:luta:n]
amanhã à tarde	holnap délután	[holnɒp de:luta:n]

| hoje à noite | ma este | [mɒ ɛʃtɛ] |
| amanhã à noite | holnap este | [holnɒp ɛʃtɛ] |

às três horas em ponto	pont három órakor	[pont ha:rom o:rɒkor]
por volta das quatro	körülbelül négy órakor	[kørylbɛlyl ne:ɟ o:rɒkor]
às doze	tizenkét órára	[tizɛŋke:t o:ra:rɒ]

dentro de vinte minutos	húsz perc múlva	[hu:s pɛrts mu:lvɒ]
dentro duma hora	egy óra múlva	[ɛɟ o:rɒ mu:lvɒ]
a tempo	időben	[idø:bɛn]

menos um quarto	háromnegyed	[ha:romnɛɟɛd]
durante uma hora	egy óra folyamán	[ɛɟ: o:rɒ fojɒma:n]
a cada quinze minutos	minden tizenöt perc	[mindɛn tizɛnøt pɛrts]
as vinte e quatro horas	éjjel nappal	[e:jjɛl nɒppɒl]

22. Meses. Estações

janeiro (m)	január	[jɒnua:r]
fevereiro (m)	február	[fɛbrua:r]
março (m)	március	[ma:rtsiuʃ]
abril (m)	április	[a:priliʃ]
maio (m)	május	[ma:juʃ]
junho (m)	június	[ju:niuʃ]

julho (m)	július	[ju:liuʃ]
agosto (m)	augusztus	[ɒugustuʃ]
setembro (m)	szeptember	[sɛptɛmbɛr]
outubro (m)	október	[okto:bɛr]
novembro (m)	november	[novɛmbɛr]
dezembro (m)	december	[dɛtsɛmbɛr]

primavera (f)	tavasz	[tɒvɒs]
na primavera	tavasszal	[tɒvɒssɒl]
primaveril	tavaszi	[tɒvɒsi]
verão (m)	nyár	[ɲa:r]

| no verão | nyáron | [ɲaːron] |
| de verão | nyári | [ɲaːri] |

outono (m)	ősz	[øːs]
no outono	ősszel	[øːssɛl]
outonal	őszi	[øːsi]

inverno (m)	tél	[teːl]
no inverno	télen	[teːlɛn]
de inverno	téli	[teːli]
mês (m)	hónap	[hoːnɒp]
este mês	ebben a hónapban	[ɛbbɛn ɒ hoːnɒpbɒn]
no próximo mês	a következő hónapban	[ɒ køvɛtkɛzøː hoːnɒpbɒn]
no mês passado	a múlt hónapban	[ɒ muːlt hoːnɒpbɒn]

há um mês	egy hónappal ezelőtt	[ɛɟ hoːnɒppɒl ɛzɛløːtt]
dentro de um mês	egy hónap múlva	[ɛɟ hoːnɒp muːlvɒ]
dentro de dois meses	két hónap múlva	[keːt hoːnɒp muːlvɒ]
todo o mês	az egész hónap	[ɒz ɛgeːs hoːnɒp]
um mês inteiro	az egész hónap	[ɒz ɛgeːs hoːnɒp]

mensal	havi	[hɒvi]
mensalmente	havonta	[hɒvontɒ]
cada mês	minden hónap	[mindɛn hoːnɒp]
duas vezes por mês	kétszer havonta	[keːtsɛr hɒvontɒ]

ano (m)	év	[eːv]
este ano	ebben az évben	[ɛbbɛn ɒz eːvbɛn]
no próximo ano	a következő évben	[ɒ køvɛtkɛzøː eːvbɛn]
no ano passado	a múlt évben	[ɒ muːlt eːvbɛn]
há um ano	egy évvel ezelőtt	[ɛɟ eːvvɛl ɛzɛløːtt]
dentro dum ano	egy év múlva	[ɛɟ eːv muːlvɒ]
dentro de 2 anos	két év múlva	[keːt eːv muːlvɒ]
todo o ano	az egész év	[ɒz ɛgeːs eːv]
um ano inteiro	az egész év	[ɒz ɛgeːs eːv]

cada ano	minden év	[mindɛn eːv]
anual	évi	[eːvi]
anualmente	évente	[eːvɛntɛ]
quatro vezes por ano	négyszer évente	[neːɟsɛr eːvɛntɛ]

data (~ de hoje)	nap	[nɒp]
data (ex. ~ de nascimento)	dátum	[daːtum]
calendário (m)	naptár	[nɒptaːr]

meio ano	fél év	[feːl eːv]
seis meses	félév	[feːleːv]
estação (f)	évszak	[eːvsɒk]
século (m)	század	[saːzɒd]

23. Tempo. Diversos

| tempo (m) | idő | [idøː] |
| momento (m) | pillanat | [pillɒnɒt] |

instante (m)	pillanat	[pillɒnɒt]
instantâneo	pillanatnyi	[pillɒnɒtni]
lapso (m) de tempo	szakasz	[sɔkɒs]
vida (f)	élet	[e:lɛt]
eternidade (f)	örökkévalóság	[ørøkke:vɒlo:ʃa:g]

época (f)	korszak	[korsɒk]
era (f)	korszak	[korsɒk]
ciclo (m)	ciklus	[tsikluʃ]
período (m)	időköz	[idø:køz]
prazo (m)	határidő	[hɒta:ridø:]

futuro (m)	jövő	[jøvø:]
futuro	jövő	[jøvø:]
da próxima vez	máskor	[ma:ʃkor]
passado (m)	múlt	[mu:lt]
passado	elmúlt	[ɛlmu:lt]
na vez passada	legutóbb	[lɛguto:bb]
mais tarde	később	[ke:ʃø:bb]
depois	után	[uta:n]
atualmente	mostanában	[moʃtɒna:bɒn]
agora	most	[moʃt]
imediatamente	azonnal	[ɒzonnɒl]
em breve, brevemente	hamarosan	[hɒmɒroʃɒn]
de antemão	előre	[ɛlø:rɛ]

há muito tempo	régen	[re:gɛn]
há pouco tempo	nemrég	[nɛmre:g]
destino (m)	sors	[ʃorʃ]
recordações (f pl)	emlék	[ɛmle:k]
arquivo (m)	irattár	[irɒtta:r]
durante ...	... közben	[køzbɛn]
durante muito tempo	sokáig	[ʃoka:ig]
pouco tempo	röviden	[røvidɛn]
cedo (levantar-se ~)	korán	[kora:n]
tarde (deitar-se ~)	későn	[ke:ʃø:n]

para sempre	örökre	[ørøkrɛ]
começar (vt)	kezd	[kɛzd]
adiar (vt)	elhalaszt	[ɛlhɒlɒst]

simultaneamente	egyszerre	[ɛcsɛrrɛ]
permanentemente	állandóan	[a:llɒndo:ɒn]
constante (ruído, etc.)	állandó	[a:llɒndo:]
temporário	ideiglenes	[idɛiglɛnɛʃ]

às vezes	néha	[ne:hɒ]
raramente	ritkán	[ritka:n]
frequentemente	gyakran	[ɟokrɒn]

24. Linhas e formas

quadrado (m)	négyzet	[ne:ɟzɛt]
quadrado	négyszögletes	[ne:ɟsøglɛtɛʃ]

círculo (m)	kör	[kør]
redondo	kerek	[kɛrɛk]
triângulo (m)	háromszög	[haːromsøg]
triangular	háromszögű	[haːromsøgy:]

oval (f)	tojásidom	[tojaːʃidom]
oval	ovális	[ovaːliʃ]
retângulo (m)	téglalap	[teːglɒlɒp]
retangular	derékszögű	[dɛreːksøgy:]

pirâmide (f)	gúla	[guːlɒ]
rombo, losango (m)	rombusz	[rombus]
trapézio (m)	trapéz	[trɒpeːz]
cubo (m)	kocka	[kotskɒ]
prisma (m)	prizma	[prizmɒ]

circunferência (f)	körvonal	[kørvonɒl]
esfera (f)	gömb	[gømb]
globo (m)	gömb	[gømb]
diâmetro (m)	átmérő	[aːtmeːrø:]
raio (m)	sugár	[ʃugaːr]
perímetro (m)	kerület	[kɛrylɛt]
centro (m)	középpont	[køzeːppont]

horizontal	vízszintes	[viːzsintɛʃ]
vertical	függőleges	[fyggø:lɛgɛʃ]
paralela (f)	párhuzamos egyenes	[paːrhuzɒmoʃ ɛɟɛnɛʃ]
paralelo	párhuzamos	[paːrhuzɒmoʃ]

linha (f)	vonal	[vonɒl]
traço (m)	vonal	[vonɒl]
reta (f)	egyenes	[ɛɟɛnɛʃ]
curva (f)	görbe	[gørbɛ]
fino (linha ~a)	vékony	[veːkoɲ]
contorno (m)	körvonal	[kørvonɒl]

interseção (f)	metszés	[mɛtseːʃ]
ângulo (m) reto	derékszög	[dɛreːksøg]
segmento (m)	körszelet	[kørsɛlɛt]
setor (m)	szektor	[sɛktor]
lado (de um triângulo, etc.)	oldal	[oldɒl]
ângulo (m)	szög	[søg]

25. Unidades de medida

peso (m)	súly	[ʃuːj]
comprimento (m)	hosszúság	[hossuːʃaːg]
largura (f)	szélesség	[seːlɛʃeːg]
altura (f)	magasság	[mɒgɒʃaːg]
profundidade (f)	mélység	[meːjʃeːg]
volume (m)	térfogat	[teːrfogɒt]
área (f)	terület	[tɛrylɛt]
grama (m)	gramm	[grɒmm]
miligrama (m)	milligramm	[milligrɒmm]

quilograma (m)	kilógramm	[kilo:grɒmm]
tonelada (f)	tonna	[tonnɒ]
libra (453,6 gramas)	font	[font]
onça (f)	uncia	[untsiɒ]

metro (m)	méter	[me:tɛr]
milímetro (m)	milliméter	[millime:tɛr]
centímetro (m)	centiméter	[tsɛntime:tɛr]
quilómetro (m)	kilométer	[kilome:tɛr]
milha (f)	mérföld	[me:rføld]

polegada (f)	hüvelyk	[hyvɛjk]
pé (304,74 mm)	láb	[la:b]
jarda (914,383 mm)	yard	[jard]

| metro (m) quadrado | négyzetméter | [ne:ɟzɛtme:tɛr] |
| hectare (m) | hektár | [hɛkta:r] |

litro (m)	liter	[litɛr]
grau (m)	fok	[fok]
volt (m)	volt	[volt]
ampere (m)	amper	[ɒmpɛr]
cavalo-vapor (m)	lóerő	[lo:ɛrø:]

quantidade (f)	mennyiség	[mɛɲɲiʃe:g]
um pouco de ...	egy kicsit ...	[ɛɟ: kitʃit]
metade (f)	fél	[fe:l]
dúzia (f)	tucat	[tutsɒt]
peça (f)	darab	[dɒrɒb]

| dimensão (f) | méret | [me:rɛt] |
| escala (f) | lépték | [le:pte:k] |

mínimo	minimális	[minima:liʃ]
menor, mais pequeno	legkisebb	[lɛgkiʃɛbb]
médio	közép	[køze:p]
máximo	maximális	[mɒksima:liʃ]
maior, mais grande	legnagyobb	[lɛgnɒɟøbb]

26. Recipientes

boião (m) de vidro	befőttes üveg	[bɛfø:tɛs yvɛg]
lata (~ de cerveja)	bádogdoboz	[ba:dogdoboz]
balde (m)	vödör	[vødør]
barril (m)	hordó	[hordo:]

bacia (~ de plástico)	tál	[ta:l]
tanque (m)	tartály	[tɒrta:j]
cantil (m) de bolso	kulacs	[kulɒtʃ]
bidão (m) de gasolina	kanna	[kɒnnɒ]
cisterna (f)	ciszterna	[tsistɛrnɒ]

| caneca (f) | bögre | [bøgrɛ] |
| chávena (f) | csésze | [ʧe:sɛ] |

pires (m)	csészealj	[ʧeːsɛɒj]
copo (m)	pohár	[pohaːr]
taça (f) de vinho	borospohár	[boroʃpohaːr]
panela, caçarola (f)	lábas	[laːbɒʃ]

| garrafa (f) | üveg | [yvɛg] |
| gargalo (m) | nyak | [ɲɒk] |

jarro, garrafa (f)	butélia	[buteːliɒ]
jarro (m) de barro	korsó	[korʃoː]
recipiente (m)	edény	[ɛdeːɲ]
pote (m)	köcsög	[køʧøg]
vaso (m)	váza	[vaːzɒ]

frasco (~ de perfume)	kölnisüveg	[kølniʃyvɛg]
frasquinho (ex. ~ de iodo)	üvegcse	[yvɛgʧɛ]
tubo (~ de pasta dentífrica)	tubus	[tubuʃ]

saca (ex. ~ de açúcar)	zsák	[ʒaːk]
saco (~ de plástico)	zacskó	[zɒʧkoː]
maço (m)	csomag	[ʧomɒg]

caixa (~ de sapatos, etc.)	doboz	[doboz]
caixa (~ de madeira)	láda	[laːdɒ]
cesta (f)	kosár	[koʃaːr]

27. Materiais

material (m)	anyag	[ɒɲɒg]
madeira (f)	fa	[fɒ]
de madeira	fa, fából való	[fɒ], [faːboːl vɒloː]

| vidro (m) | üveg | [yvɛg] |
| de vidro | üveges | [yvɛgɛʃ] |

| pedra (f) | kő | [køː] |
| de pedra | köves | [køvɛʃ] |

| plástico (m) | műanyag | [myːɒɲɒg] |
| de plástico | műanyagos | [myːɒɲɒgoʃ] |

| borracha (f) | gumi | [gumi] |
| de borracha | gumi | [gumi] |

| tecido, pano (m) | szövet | [søvɛt] |
| de tecido | szövetből készült | [søvɛtbøːl keːsyːlt] |

| papel (m) | papír | [pɒpiːr] |
| de papel | papír | [pɒpiːr] |

cartão (m)	karton	[kɒrton]
de cartão	karton	[kɒrton]
polietileno (m)	polietilén	[poliɛtileːn]
celofane (m)	celofán	[tsɛlofaːn]

contraplacado (m)	furnérlap	[furne:rlɒp]
porcelana (f)	porcelán	[portsɛla:n]
de porcelana	porcelán	[portsɛla:n]
barro (f)	agyag	[ɒɟog]
de barro	agyag	[ɒɟog]
cerâmica (f)	kerámia	[kɛra:miɒ]
de cerâmica	kerámiai	[kɛra:miɒi]

28. Metais

metal (m)	fém	[fe:m]
metálico	fémes	[fe:mɛʃ]
liga (f)	ötvözet	[øtvøzɛt]

ouro (m)	arany	[ɒrɒɲ]
de ouro	arany	[ɒrɒɲ]
prata (f)	ezüst	[ɛzyʃt]
de prata	ezüst, ezüstös	[ɛzyʃt], [ɛzyʃtøʃ]

ferro (m)	vas	[vɒʃ]
de ferro	vas	[vɒʃ]
aço (m)	acél	[ɒtse:l]
de aço	acél	[ɒtse:l]
cobre (m)	réz	[re:z]
de cobre	réz	[re:z]

alumínio (m)	alumínium	[ɒlumi:nium]
de alumínio	alumínium	[ɒlumi:nium]
bronze (m)	bronz	[bronz]
de bronze	bronz	[bronz-]

latão (m)	sárgaréz	[ʃa:rgɒre:z]
níquel (m)	nikkel	[nikkɛl]
platina (f)	platina	[plɒtinɒ]
mercúrio (m)	higany	[higɒɲ]
estanho (m)	ón	[o:n]
chumbo (m)	ólom	[o:lom]
zinco (m)	horgany	[horgɒɲ]

O SER HUMANO

O ser humano. O corpo

29. Humanos. Conceitos básicos

ser (m) humano	ember	[ɛmbɛr]
homem (m)	férfi	[fe:rfi]
mulher (f)	nő	[nø:]
criança (f)	gyerek	[ɟɛrɛk]
menina (f)	lány	[la:ɲ]
menino (m)	fiú	[fiu:]
adolescente (m)	kamasz	[kɒmɒs]
velho (m)	öregember	[ørɛgɛmbɛr]
velha, anciã (f)	öregasszony	[ørɛgɒssoɲ]

30. Anatomia humana

organismo (m)	szervezet	[sɛrvɛzɛt]
coração (m)	szív	[si:v]
sangue (m)	vér	[ve:r]
artéria (f)	ütőér	[ytø:e:r]
veia (f)	véna	[ve:nɒ]
cérebro (m)	agy	[ɒɟ]
nervo (m)	ideg	[idɛg]
nervos (m pl)	idegek	[idɛgɛk]
vértebra (f)	csigolya	[ʧigojɒ]
coluna (f) vertebral	gerinc	[gɛrints]
estômago (m)	gyomor	[ɟømor]
intestinos (m pl)	bélcsatorna	[be:lʧɒtornɒ]
intestino (m)	bél	[be:l]
fígado (m)	máj	[ma:j]
rim (m)	vese	[vɛʃɛ]
osso (m)	csont	[ʧont]
esqueleto (m)	csontváz	[ʧontva:z]
costela (f)	borda	[bordɒ]
crânio (m)	koponya	[koponɒ]
músculo (m)	izom	[izom]
bíceps (m)	bicepsz	[bitsɛps]
tendão (m)	ín	[i:n]
articulação (f)	ízület	[i:zylɛt]

pulmões (m pl)	tüdő	[tydø:]
órgãos (m pl) genitais	nemi szervek	[nɛmi sɛrvɛk]
pele (f)	bőr	[bø:r]

31. Cabeça

cabeça (f)	fej	[fɛj]
cara (f)	arc	[ɒrts]
nariz (m)	orr	[orr]
boca (f)	száj	[sa:j]

olho (m)	szem	[sɛm]
olhos (m pl)	szem	[sɛm]
pupila (f)	pupilla	[pupillɒ]
sobrancelha (f)	szemöldök	[sɛmøldøk]
pestana (f)	szempilla	[sɛmpillɒ]
pálpebra (f)	szemhéj	[sɛmhe:j]

língua (f)	nyelv	[ɲɛlv]
dente (m)	fog	[fog]
lábios (m pl)	ajak	[ɒjɒk]
maçãs (f pl) do rosto	pofacsont	[pofɒtʃont]
gengiva (f)	íny	[i:ɲ]
palato (m)	szájpadlás	[sa:jpɒdla:ʃ]

narinas (f pl)	orrlyuk	[orrjuk]
queixo (m)	áll	[a:ll]
mandíbula (f)	állkapocs	[a:llkɒpotʃ]
bochecha (f)	orca	[ortsɒ]

testa (f)	homlok	[homlok]
têmpora (f)	halánték	[hɒla:nte:k]
orelha (f)	fül	[fyl]
nuca (f)	tarkó	[tɒrko:]
pescoço (m)	nyak	[ɲɒk]
garganta (f)	torok	[torok]

cabelos (m pl)	haj	[hɒj]
penteado (m)	frizura	[frizurɒ]
corte (m) de cabelo	hajvágás	[hɒjva:ga:ʃ]
peruca (f)	paróka	[pɒro:kɒ]

bigode (m)	bajusz	[bɒjus]
barba (f)	szakáll	[sɒka:ll]
usar, ter (~ barba, etc.)	visel	[viʃɛl]
trança (f)	copf	[tsopf]
suíças (f pl)	pofaszakáll	[pofɒsɒka:ll]

ruivo	vörös hajú	[vørøʃ hɒju:]
grisalho	ősz hajú	[ø:s hɒju:]
calvo	kopasz	[kopɒs]
calva (f)	kopaszság	[kopɒʃa:g]
rabo-de-cavalo (m)	lófarok	[lo:forok]
franja (f)	sörény	[ʃøre:ɲ]

32. Corpo humano

mão (f)	kéz, kézfej	[ke:z], [ke:sfɛj]
braço (m)	kar	[kɒr]
dedo (m)	ujj	[ujj]
polegar (m)	hüvelykujj	[hyvɛjkujj]
dedo (m) mindinho	kisujj	[kiʃujj]
unha (f)	köröm	[kørøm]
punho (m)	ököl	[økøl]
palma (f) da mão	tenyér	[tɛne:r]
pulso (m)	csukló	[tʃuklo:]
antebraço (m)	alkar	[ɒlkɒr]
cotovelo (m)	könyök	[køɲøk]
ombro (m)	váll	[va:ll]
perna (f)	láb	[la:b]
pé (m)	talp	[tɒlp]
joelho (m)	térd	[te:rd]
barriga (f) da perna	lábikra	[la:bikrɒ]
anca (f)	csípő	[tʃi:pø:]
calcanhar (m)	sarok	[ʃɒrok]
corpo (m)	test	[tɛʃt]
barriga (f)	has	[hɒʃ]
peito (m)	mell	[mɛll]
seio (m)	mell	[mɛll]
lado (m)	oldal	[oldɒl]
costas (f pl)	hát	[ha:t]
região (f) lombar	derék	[dɛre:k]
cintura (f)	derék	[dɛre:k]
umbigo (m)	köldök	[køldøk]
nádegas (f pl)	far	[fɒr]
traseiro (m)	fenék	[fɛne:k]
sinal (m)	anyajegy	[ɒɲɒjɛɟ]
tatuagem (f)	tetoválás	[tɛtova:la:ʃ]
cicatriz (f)	forradás	[forrɒda:ʃ]

Vestuário & Acessórios

33. Roupa exterior. Casacos

roupa (f)	ruha	[ruhɒ]
roupa (f) exterior	felsőruha	[fɛlʃøːruhɒ]
roupa (f) de inverno	téli ruha	[teːli ruhɒ]
sobretudo (m)	kabát	[kɒbaːt]
casaco (m) de peles	bunda	[bundɒ]
casaco curto (m) de peles	bekecs	[bɛkɛtʃ]
casaco (m) acolchoado	pehelykabát	[pɛhɛj kɒbaːt]
casaco, blusão (m)	zeke	[zɛkɛ]
impermeável (m)	ballonkabát	[bɒllɒŋkɒbaːt]
impermeável	vízhatlan	[viːzhɒtlɒn]

34. Vestuário de homem & mulher

camisa (f)	ing	[iŋg]
calças (f pl)	nadrág	[nɒdraːg]
calças (f pl) de ganga	farmernadrág	[fɒrmɛrnɒdraːg]
casaco (m) de fato	zakó	[zɒkoː]
fato (m)	kosztüm	[kostym]
vestido (ex. ~ vermelho)	ruha	[ruhɒ]
saia (f)	szoknya	[sokɲɒ]
blusa (f)	blúz	[bluːz]
casaco (m) de malha	kardigán	[kɒrdigaːn]
casaco, blazer (m)	blézer	[bleːzɛr]
T-shirt, camiseta (f)	trikó	[trikoː]
calções (Bermudas, etc.)	rövidnadrág	[røvidnɒdraːg]
fato (m) de treino	sportruha	[ʃportruhɒ]
roupão (m) de banho	köntös	[køntøʃ]
pijama (m)	pizsama	[piʒɒmɒ]
suéter (m)	pulóver	[puloːvɛr]
pulôver (m)	pulóver	[puloːvɛr]
colete (m)	mellény	[mɛlleːɲ]
fraque (m)	frakk	[frɒkk]
smoking (m)	szmoking	[smokiŋg]
uniforme (m)	egyenruha	[ɛɟɛnruhɒ]
roupa (f) de trabalho	munkaruha	[muŋkɒruhɒ]
fato-macaco (m)	kezeslábas	[kɛzɛʃlaːbɒʃ]
bata (~ branca, etc.)	köpeny	[køpɛɲ]

35. Vestuário. Roupa interior

roupa (f) interior	fehérnemű	[fɛhe:rnɛmy:]
camisola (f) interior	alsóing	[ɒlʃo:iŋg]
peúgas (f pl)	zokni	[zokni]
camisa (f) de noite	hálóing	[ha:lo:iŋg]
sutiã (m)	melltartó	[mɛlltɒrto:]
meias longas (f pl)	térdzokni	[te:rdzokni]
meia-calça (f)	harisnya	[hɒriʃnɒ]
meias (f pl)	harisnya	[hɒriʃnɒ]
fato (m) de banho	fürdőruha	[fyrdø:ruhɒ]

36. Adereços de cabeça

chapéu (m)	sapka	[ʃɒpkɒ]
chapéu (m) de feltro	kalap	[kɒlɒp]
boné (m) de beisebol	baseball sapka	[bɛjsbɒll ʃɒpkɒ]
boné (m)	sport sapka	[ʃport ʃɒpkɒ]
boina (f)	svájci sapka	[ʃva:jtsi ʃɒpkɒ]
capuz (m)	csuklya	[ʧukjɒ]
panamá (m)	panamakalap	[pɒnɒmɒ kɒlɒp]
gorro (m) de malha	kötött sapka	[køtøtt ʃɒpkɒ]
lenço (m)	kendő	[kɛndø:]
chapéu (m) de mulher	női kalap	[nø:i kɒlɒp]
capacete (m) de proteção	sisak	[ʃiʃɒk]
bibico (m)	pilótasapka	[pilo:tɒ ʃɒpkɒ]
capacete (m)	sisak	[ʃiʃɒk]
chapéu-coco (m)	keménykalap	[kɛme:ɲkɒlɒp]

37. Calçado

calçado (m)	cipő	[tsipø:]
botinas (f pl)	bakancs	[bɒkɒnʧ]
sapatos (de salto alto, etc.)	félcipő	[fe:ltsipø:]
botas (f pl)	csizma	[ʧizmɒ]
pantufas (f pl)	papucs	[pɒpuʧ]
ténis (m pl)	edzőcipő	[ɛdzø:tsipø:]
sapatilhas (f pl)	tornacipő	[tornɒtsipø:]
sandálias (f pl)	szandál	[sɒnda:l]
sapateiro (m)	cipész	[tsipe:s]
salto (m)	sarok	[ʃɒrok]
par (m)	pár	[pa:r]
atacador (m)	cipőfűző	[tsipø:fy:zø:]
apertar os atacadores	befűz	[bɛfy:z]

| calçadeira (f) | cipőkanál | [tsipø:kɔna:l] |
| graxa (f) para calçado | cipőkrém | [tsipø:kre:m] |

38. Têxtil. Tecidos

algodão (m)	pamut	[pɔmut]
de algodão	pamut	[pɔmut]
linho (m)	len	[lɛn]
de linho	len	[lɛn]

seda (f)	selyem	[ʃɛjɛm]
de seda	selyem	[ʃɛjɛm]
lã (f)	gyapjú	[ɟopju:]
de lã	gyapjú	[ɟopju:]

veludo (m)	bársony	[ba:rʃoɲ]
camurça (f)	szarvasbőr	[sɔrvɒʃbø:r]
bombazina (f)	kordbársony	[kordba:rʃoɲ]

náilon (m)	nejlon	[nɛjlon]
de náilon	nejlon	[nɛjlon]
poliéster (m)	poliészter	[polie:stɛr]
de poliéster	poliészter	[polie:stɛr]

couro (m)	bőr	[bø:r]
de couro	bőr	[bø:r]
pele (f)	szőrme	[sø:rmɛ]
de peles, de pele	szőrme	[sø:rmɛ]

39. Acessórios pessoais

luvas (f pl)	kesztyű	[kɛscy:]
mitenes (f pl)	egyujjas kesztyű	[ɛɟujjɒʃ kɛscy:]
cachecol (m)	sál	[ʃa:l]

óculos (m pl)	szemüveg	[sɛmyvɛg]
armação (f) de óculos	keret	[kɛrɛt]
guarda-chuva (m)	esernyő	[ɛʃɛrɲø:]
bengala (f)	sétabot	[ʃe:tɒbot]
escova (f) para o cabelo	hajkefe	[hɒjkɛfɛ]
leque (m)	legyező	[lɛɟɛzø:]

gravata (f)	nyakkendő	[ɲɒkkɛndø:]
gravata-borboleta (f)	csokornyakkendő	[ʧokorɲɒkkɛndø:]
suspensórios (m pl)	nadrágtartó	[nɒdra:gtɒrto:]
lenço (m)	zsebkendő	[ʒɛbkɛndø:]

pente (m)	fésű	[fe:ʃy:]
travessão (m)	hajcsat	[hɒjʧɒt]
gancho (m) de cabelo	hajtű	[hɒjty:]
fivela (f)	csat	[ʧɒt]
cinto (m)	öv	[øv]

42

correia (f)	táskaszíj	[taːʃkɒsiːj]
mala (f)	táska	[taːʃkɒ]
mala (f) de senhora	kézitáska	[keːzitaːʃkɒ]
mochila (f)	hátizsák	[haːtiʒaːk]

40. Vestuário. Diversos

moda (f)	divat	[divɒt]
na moda	divatos	[divɒtoʃ]
estilista (m)	divattervező	[divɒt tɛrvɛzøː]

colarinho (m), gola (f)	gallér	[gɒlleːr]
bolso (m)	zseb	[ʒɛb]
de bolso	zseb	[ʒɛb]
manga (f)	ruhaujj	[ruhɒujj]
alcinha (f)	akasztó	[ɒkɒstoː]
braguilha (f)	slicc	[ʃlits]

fecho (m) de correr	cipzár	[tsipzaːr]
fecho (m), colchete (m)	kapocs	[kɒpotʃ]
botão (m)	gomb	[gomb]
casa (f) de botão	gomblyuk	[gombjuk]
soltar-se (vr)	elszakad	[ɛlsɒkɒd]

coser, costurar (vi)	varr	[vɒrr]
bordar (vt)	hímez	[hiːmɛz]
bordado (m)	hímzés	[hiːmzeːʃ]
agulha (f)	tű	[tyː]
fio (m)	cérna	[tseːrnɒ]
costura (f)	varrás	[vɒrraːʃ]

sujar-se (vr)	bepiszkolódik	[bɛpiskoloːdik]
mancha (f)	folt	[folt]
engelhar-se (vr)	gyűrődik	[ɟyːrøːdik]
rasgar (vt)	megszakad	[mɛgsɒkɒd]
traça (f)	molylepke	[mojlɛpkɛ]

41. Cuidados pessoais. Cosméticos

pasta (f) de dentes	fogkrém	[fogkreːm]
escova (f) de dentes	fogkefe	[fokkɛfɛ]
escovar os dentes	fogat mos	[fogɒt moʃ]

máquina (f) de barbear	borotva	[borotvɒ]
creme (m) de barbear	borotvakrém	[borotvɒkreːm]
barbear-se (vr)	borotválkozik	[borotvaːlkozik]

| sabonete (m) | szappan | [sɒppɒn] |
| champô (m) | sampon | [ʃompon] |

| tesoura (f) | olló | [olloː] |
| lima (f) de unhas | körömreszelő | [kørømrɛsɛløː] |

| corta-unhas (m) | körömvágó | [kørømva:go:] |
| pinça (f) | csipesz | [ʧipɛs] |

cosméticos (m pl)	kozmetika	[kozmɛtikɒ]
máscara (f) facial	maszk	[mɒsk]
manicura (f)	manikűr	[mɒniky:r]
fazer a manicura	manikűrözik	[mɒniky:røzik]
pedicure (f)	pedikűr	[pɛdiky:r]

mala (f) de maquilhagem	piperetáska	[pipɛrɛta:ʃkɒ]
pó (m)	púder	[pu:dɛr]
caixa (f) de pó	púderdoboz	[pu:dɛrdoboz]
blush (m)	arcpirosító	[ɒrtspiroʃi:to:]

perfume (m)	illatszer	[illɒtsɛr]
água (f) de toilette	parfüm	[pɒrfym]
loção (f)	arcápoló	[ɒrtsa:polo:]
água-de-colónia (f)	kölnivíz	[kølnivi:z]

sombra (f) de olhos	szemhéjfesték	[sɛmhe:jfɛʃte:k]
lápis (m) delineador	szemceruza	[sɛmtsɛruzɒ]
máscara (f), rímel (m)	szempillafesték	[sɛmpillɒfɛʃte:k]

batom (m)	rúzs	[ru:ʒ]
verniz (m) de unhas	körömlakk	[kørømlɒkk]
laca (f) para cabelos	hajrögzítő	[hɒjrøgzi:tø:]
desodorizante (m)	dezodor	[dɛzodor]

creme (m)	krém	[kre:m]
creme (m) de rosto	arckrém	[ɒrtskre:m]
creme (m) de mãos	kézkrém	[ke:skre:m]
creme (m) antirrugas	ránc elleni krém	[ra:nts ɛllɛni kre:m]
de dia	nappali	[nɒppɒli]
da noite	éjjeli	[e:jjɛli]

tampão (m)	tampon	[tompon]
papel (m) higiénico	vécépapír	[ve:tse:pɒpi:r]
secador (m) elétrico	hajszárító	[hɒjsa:ri:to:]

42. Joalheria

joias (f pl)	ékszerek	[e:ksɛrɛk]
precioso	drágakő	[dra:gakø:]
marca (f) de contraste	fémjelzés	[fe:mjɛlze:ʃ]

anel (m)	gyűrű	[ɟy:ry:]
aliança (f)	jegygyűrű	[jɛɟy:ry:]
pulseira (f)	karkötő	[kɒrkøtø:]

brincos (m pl)	fülbevaló	[fylbɛvɒlo:]
colar (m)	nyaklánc	[ɲɒkla:nts]
coroa (f)	korona	[koronɒ]
colar (m) de contas	gyöngydíszítés	[ɟøɲɟdi:si:te:ʃ]
diamante (m)	briliáns	[brilia:nʃ]

esmeralda (f)	smaragd	[ʃmɒrɒgd]
rubi (m)	rubin	[rubin]
safira (f)	zafír	[zɒfir]
pérola (f)	gyöngy	[ɟøɲɟ]
âmbar (m)	borostyán	[boroʃca:n]

43. Relógios de pulso. Relógios

relógio (m) de pulso	karóra	[kɒro:rɒ]
mostrador (m)	számlap	[sa:mlɒp]
ponteiro (m)	mutató	[mutɒto:]
bracelete (f) em aço	karkötő	[kɒrkøtø:]
bracelete (f) em couro	óraszíj	[o:rɒsi:j]

pilha (f)	elem	[ɛlɛm]
descarregar-se	lemerül	[lɛmɛryl]
trocar a pilha	kicseréli az elemet	[kitʃɛre:li ɒz ɛlɛmɛt]
estar adiantado	siet	[ʃiɛt]
estar atrasado	késik	[ke:ʃik]

relógio (m) de parede	fali óra	[fɒli o:rɒ]
ampulheta (f)	homokóra	[homoko:rɒ]
relógio (m) de sol	napóra	[nɒpo:rɒ]
despertador (m)	ébresztőóra	[e:brɛstø:o:rɒ]
relojoeiro (m)	órás	[o:ra:ʃ]
reparar (vt)	javít	[jɒvi:t]

Alimentação. Nutrição

44. Comida

carne (f)	hús	[hu:ʃ]
galinha (f)	csirke	[ʧirkɛ]
frango (m)	csirke	[ʧirkɛ]
pato (m)	kacsa	[kɒʧɒ]
ganso (m)	liba	[libɒ]
caça (f)	vadhús	[vɒdhu:ʃ]
peru (m)	pulyka	[pujkɒ]

carne (f) de porco	sertés	[ʃɛrte:ʃ]
carne (f) de vitela	borjúhús	[borju:hu:ʃ]
carne (f) de carneiro	birkahús	[birkɒhu:ʃ]
carne (f) de vaca	marhahús	[mɒrhɒhu:ʃ]
carne (f) de coelho	nyúl	[ɲu:l]

chouriço, salsichão (m)	kolbász	[kolba:s]
salsicha (f)	virsli	[virʃli]
bacon (m)	húsos szalonna	[hu:ʃoʃ sɒlonnɒ]
fiambre (f)	sonka	[ʃoŋkɒ]
presunto (m)	sonka	[ʃoŋkɒ]

patê (m)	pástétom	[pa:ʃte:tom]
fígado (m)	máj	[ma:j]
carne (f) moída	darált hús	[dɒra:lt hu:ʃ]
língua (f)	nyelv	[ɲɛlv]

ovo (m)	tojás	[toja:ʃ]
ovos (m pl)	tojások	[toja:ʃok]
clara (f) do ovo	tojásfehérje	[toja:ʃfɛhe:rjɛ]
gema (f) do ovo	tojássárgája	[toja:ʃa:rga:jɒ]

peixe (m)	hal	[hɒl]
mariscos (m pl)	tenger gyümölcsei	[tɛŋgɛr ɟymølʧɛi]
caviar (m)	halikra	[hɒlikrɒ]

caranguejo (m)	tarisznyarák	[tɒrisɲɒra:k]
camarão (m)	garnélarák	[gɒrne:lɒra:k]
ostra (f)	osztriga	[ostrigɒ]
lagosta (f)	languszta	[lɒŋgustɒ]
polvo (m)	nyolckarú polip	[ɲoltskɒru: polip]
lula (f)	kalmár	[kɒlma:r]

esturjão (m)	tokhal	[tokhɒl]
salmão (m)	lazac	[lɒzɒts]
halibute (m)	óriás laposhal	[o:ria:ʃ lɒpoʃhɒl]
bacalhau (m)	tőkehal	[tø:kɛhɒl]
cavala, sarda (f)	makréla	[mɒkre:lɒ]

| atum (m) | tonhal | [tonhɒl] |
| enguia (f) | angolna | [ɒŋgolnɒ] |

truta (f)	pisztráng	[pistra:ŋg]
sardinha (f)	szardínia	[sɒrdi:niɒ]
lúcio (m)	csuka	[ʧukɒ]
arenque (m)	hering	[hɛriŋg]

pão (m)	kenyér	[kɛne:r]
queijo (m)	sajt	[ʃɒjt]
açúcar (m)	cukor	[tsukor]
sal (m)	só	[ʃo:]

arroz (m)	rizs	[riʒ]
massas (f pl)	makaróni	[mɒkɒro:ni]
talharim (m)	metélttészta	[mɛte:ltte:stɒ]

manteiga (f)	vaj	[vɒj]
óleo (m) vegetal	olaj	[olɒj]
óleo (m) de girassol	napraforgóolaj	[nɒprɒforgo:olɒj]
margarina (f)	margarin	[mɒrgɒrin]

| azeitonas (f pl) | olajbogyó | [olɒjboɟø:] |
| azeite (m) | olívaolaj | [oli:vɒ olɒj] |

leite (m)	tej	[tɛj]
leite (m) condensado	sűrített tej	[ʃy:ri:tɛtt tɛj]
iogurte (m)	joghurt	[jogurt]
nata (f) azeda	tejföl	[tɛjføl]
nata (f) do leite	tejszín	[tɛjsi:n]

| maionese (f) | majonéz | [mɒjone:z] |
| creme (m) | krém | [kre:m] |

grãos (m pl) de cereais	dara	[dɒrɒ]
farinha (f)	liszt	[list]
enlatados (m pl)	konzerv	[konzɛrv]

flocos (m pl) de milho	kukoricapehely	[kukoritsɒpɛhɛj]
mel (m)	méz	[me:z]
doce (m)	dzsem	[ʤɛm]
pastilha (f) elástica	rágógumi	[ra:go:gumi]

45. Bebidas

água (f)	víz	[vi:z]
água (f) potável	ivóvíz	[ivo:vi:z]
água (f) mineral	ásványvíz	[a:ʃvaːɲvi:z]

sem gás	szóda nélkül	[so:dɒ ne:lkyl]
gaseificada	szóda	[so:dɒ]
com gás	szóda	[so:dɒ]
gelo (m)	jég	[je:g]
com gelo	jeges	[jɛgɛʃ]

47

sem álcool	alkoholmentes	[ɒlkoholmɛntɛʃ]
bebida (f) sem álcool	alkoholmentes ital	[ɒlkoholmɛntɛʃ itɒl]
refresco (m)	üdítő	[y:di:tø:]
limonada (f)	limonádé	[limona:de:]

bebidas (f pl) alcoólicas	szeszesitalok	[sɛsɛʃ itɒlok]
vinho (m)	bor	[bor]
vinho (m) branco	fehérbor	[fɛhe:rbor]
vinho (m) tinto	vörösbor	[vørøʃbor]

licor (m)	likőr	[likø:r]
champanhe (m)	pezsgő	[pɛʒgø:]
vermute (m)	vermut	[vɛrmut]

uísque (m)	whisky	[viski]
vodka (f)	vodka	[vodkɒ]
gim (m)	gin	[dʒin]
conhaque (m)	konyak	[koɲɒk]
rum (m)	rum	[rum]

café (m)	kávé	[ka:ve:]
café (m) puro	feketekávé	[fɛkɛtɛ ka:ve:]
café (m) com leite	tejeskávé	[tɛjɛʃka:ve:]
cappuccino (m)	tejszínes kávé	[tɛjsi:nɛʃ ka:ve:]
café (m) solúvel	neszkávé	[nɛska:ve:]

leite (m)	tej	[tɛj]
coquetel (m)	koktél	[kokte:l]
batido (m) de leite	tejkoktél	[tɛjkokte:l]

sumo (m)	lé	[le:]
sumo (m) de tomate	paradicsomlé	[pɒrɒditʃomle:]
sumo (m) de laranja	narancslé	[nɒrɒntʃle:]
sumo (m) fresco	frissen kifacsart lé	[friʃɛn kifɒtʃɒrt le:]

cerveja (f)	sör	[ʃør]
cerveja (f) clara	világos sör	[vila:goʃ ʃør]
cerveja (f) preta	barna sör	[bɒrnɒ ʃør]

chá (m)	tea	[tɛɒ]
chá (m) preto	feketetea	[fɛkɛtɛ tɛɒ]
chá (m) verde	zöldtea	[zølt tɛɒ]

46. Vegetais

legumes (m pl)	zöldségek	[zøldʃe:gɛk]
verduras (f pl)	zöldség	[zøldʃe:g]

tomate (m)	paradicsom	[pɒrɒditʃom]
pepino (m)	uborka	[uborkɒ]
cenoura (f)	sárgarépa	[ʃa:rgɒre:pɒ]
batata (f)	krumpli	[krumpli]
cebola (f)	hagyma	[hɒɟmɒ]
alho (m)	fokhagyma	[fokhɒɟmɒ]

couve (f)	káposzta	[ka:postɒ]
couve-flor (f)	karfiol	[kɒrfiol]
couve-de-bruxelas (f)	kelbimbó	[kɛlbimbo:]
brócolos (m pl)	brokkoli	[brokkoli]

beterraba (f)	cékla	[tse:klɒ]
beringela (f)	padlizsán	[pɒdliʒa:n]
curgete (f)	cukkini	[tsukkini]
abóbora (f)	tök	[tøk]
nabo (m)	répa	[re:pɒ]

salsa (f)	petrezselyem	[pɛtrɛʒɛjɛm]
funcho, endro (m)	kapor	[kɒpor]
alface (f)	saláta	[ʃɒla:tɒ]
aipo (m)	zeller	[zɛllɛr]
espargo (m)	spárga	[ʃpa:rgɒ]
espinafre (m)	spenót	[ʃpɛno:t]

ervilha (f)	borsó	[borʃo:]
fava (f)	bab	[bɒb]
milho (m)	kukorica	[kukoritsɒ]
feijão (m)	bab	[bɒb]

pimentão (m)	paprika	[pɒprikɒ]
rabanete (m)	hónapos retek	[ho:nɒpoʃ rɛtɛk]
alcachofra (f)	articsóka	[ɒrtiʧo:kɒ]

47. Frutos. Nozes

fruta (f)	gyümölcs	[ɟymølʧ]
maçã (f)	alma	[ɒlmɒ]
pera (f)	körte	[kørtɛ]
limão (m)	citrom	[tsitrom]
laranja (f)	narancs	[nɒrɒnʧ]
morango (m)	eper	[ɛpɛr]

tangerina (f)	mandarin	[mɒndɒrin]
ameixa (f)	szilva	[silvɒ]
pêssego (m)	őszibarack	[ø:sibɒrɒtsk]
damasco (m)	sárgabarack	[ʃa:rgɒbɒrɒtsk]
framboesa (f)	málna	[ma:lnɒ]
ananás (m)	ananász	[ɒnɒna:s]

banana (f)	banán	[bɒna:n]
melancia (f)	görögdinnye	[gørøgdiɲɲɛ]
uva (f)	szőlő	[sø:lø:]
ginja (f)	meggy	[mɛɟj]
cereja (f)	cseresznye	[ʧɛrɛsnɛ]
meloa (f)	dinnye	[diɲɲɛ]

toranja (f)	citrancs	[tsitrɒnʧ]
abacate (m)	avokádó	[ɒvoka:do:]
papaia (f)	papaya	[pɒpɒjɒ]
manga (f)	mangó	[mɒŋgo:]

romã (f)	gránátalma	[gra:na:tɒlmɒ]
groselha (f) vermelha	pirosribizli	[piroʃribizli]
groselha (f) preta	feketeribizli	[fɛkɛtɛ ribizli]
groselha (f) espinhosa	egres	[ɛgrɛʃ]
mirtilo (m)	fekete áfonya	[fɛkɛtɛ a:foɲɒ]
amora silvestre (f)	szeder	[sɛdɛr]

uvas (f pl) passas	mazsola	[mɒʒolɒ]
figo (m)	füge	[fygɛ]
tâmara (f)	datolya	[dɒtojɒ]

amendoim (m)	földimogyoró	[føldimoɟoro:]
amêndoa (f)	mandula	[mɒndulɒ]
noz (f)	dió	[dio:]
avelã (f)	mogyoró	[moɟøro:]
coco (m)	kókuszdió	[ko:kusdio:]
pistáchios (m pl)	pisztácia	[pista:tsiɒ]

48. Pão. Bolaria

pastelaria (f)	édesipari áruk	[e:dɛʃipɒri a:ruk]
pão (m)	kenyér	[kɛne:r]
bolacha (f)	sütemény	[ʃytɛme:ɲ]

chocolate (m)	csokoládé	[ʧokola:de:]
de chocolate	csokoládé	[ʧokola:de:]
rebuçado (m)	cukorka	[tsukorkɒ]
bolo (cupcake, etc.)	torta	[tortɒ]
bolo (m) de aniversário	torta	[tortɒ]

| tarte (~ de maçã) | töltött lepény | [tøltøtt lɛpe:ɲ] |
| recheio (m) | töltelék | [tøltɛle:k] |

doce (m)	lekvár	[lɛkva:r]
geleia (f) de frutas	gyümölcszselé	[ɟymølʧ ʒɛle:]
waffle (m)	ostya	[oʃcɒ]
gelado (m)	fagylalt	[fɒɟlɒlt]

49. Pratos cozinhados

prato (m)	étel	[e:tɛl]
cozinha (~ portuguesa)	konyha	[koɲhɒ]
receita (f)	recept	[rɛtsɛpt]
porção (f)	adag	[ɒdɒg]

| salada (f) | saláta | [ʃɒla:tɒ] |
| sopa (f) | leves | [lɛvɛʃ] |

caldo (m)	erőleves	[ɛrø:lɛvɛʃ]
sandes (f)	szendvics	[sɛndviʧ]
ovos (m pl) estrelados	tojásrántotta	[toja:ʃra:ntottɒ]
hambúrguer (m)	hamburger	[hɒmburgɛr]

bife (m)	bifsztek	[bifstɛk]
conduto (m)	köret	[kørɛt]
espaguete (m)	spagetti	[ʃpɒgɛtti]
puré (m) de batata	burgonyapüré	[burgoɲɒpyre:]
pizza (f)	pizza	[pitsɒ]
papa (f)	kása	[ka:ʃɒ]
omelete (f)	tojáslepény	[toja:ʃlɛpe:ɲ]

cozido em água	főtt	[fø:tt]
fumado	füstölt	[fyʃtølt]
frito	sült	[ʃylt]
seco	aszalt	[ɒsɒlt]
congelado	fagyasztott	[fɒɟostott]
em conserva	ecetben eltett	[ɛtsɛtbɛn ɛltɛtt]

doce (açucarado)	édes	[e:dɛʃ]
salgado	sós	[ʃo:ʃ]
frio	hideg	[hidɛg]
quente	meleg	[mɛlɛg]
amargo	keserű	[kɛʃɛry:]
gostoso	finom	[finom]

cozinhar (em água a ferver)	főz	[fø:z]
fazer, preparar (vt)	készít	[ke:si:t]
fritar (vt)	süt	[ʃyt]
aquecer (vt)	melegít	[mɛlɛgi:t]

salgar (vt)	sóz	[ʃo:z]
apimentar (vt)	borsoz	[borʃoz]
ralar (vt)	reszel	[rɛsɛl]
casca (f)	héj	[he:j]
descascar (vt)	hámoz	[ha:moz]

50. Especiarias

sal (m)	só	[ʃo:]
salgado	sós	[ʃo:ʃ]
salgar (vt)	sóz	[ʃo:z]

pimenta (f) preta	feketebors	[fɛkɛtɛ borʃ]
pimenta (f) vermelha	pirospaprika	[piroʃpɒprikɒ]
mostarda (f)	mustár	[muʃta:r]
raiz-forte (f)	torma	[tormɒ]

condimento (m)	fűszer	[fy:sɛr]
especiaria (f)	fűszer	[fy:sɛr]
molho (m)	szósz	[so:s]
vinagre (m)	ecet	[ɛtsɛt]

anis (m)	ánizs	[a:nis]
manjericão (m)	bazsalikom	[bɒʒɒlikom]
cravo (m)	szegfű	[sɛgfy:]
gengibre (m)	gyömbér	[ɟømbe:r]
coentro (m)	koriander	[koriɒndɛr]

canela (f)	fahéj	[fɒhe:j]
sésamo (m)	szezámmag	[sɛza:mmɒg]
folhas (f pl) de louro	babérlevél	[bɒbe:rlɛve:l]
páprica (f)	paprika	[pɒprikɒ]
cominho (m)	kömény	[køme:ɲ]
açafrão (m)	sáfrány	[ʃa:fra:ɲ]

51. Refeições

| comida (f) | étel | [e:tɛl] |
| comer (vt) | eszik | [ɛsik] |

pequeno-almoço (m)	reggeli	[rɛggɛli]
tomar o pequeno-almoço	reggelizik	[rɛggɛlizik]
almoço (m)	ebéd	[ɛbe:d]
almoçar (vi)	ebédel	[ɛbe:dɛl]
jantar (m)	vacsora	[vɒtʃorɒ]
jantar (vi)	vacsorázik	[vɒtʃora:zik]

| apetite (m) | étvágy | [e:tva:ɟ] |
| Bom apetite! | Jó étvágyat! | [jo: e:tva:ɟot] |

abrir (~ uma lata, etc.)	nyit	[ɲit]
derramar (vt)	kiönt	[kiønt]
derramar-se (vr)	kiömlik	[kiømlik]
ferver (vi)	forr	[forr]
ferver (vt)	forral	[forrɒl]
fervido	forralt	[forrɒlt]
arrefecer (vt)	lehűt	[lɛhy:t]
arrefecer-se (vr)	lehűl	[lɛhy:l]

| sabor, gosto (m) | íz | [i:z] |
| gostinho (m) | utóíz | [uto:i:z] |

fazer dieta	lefogy	[lɛfoɟ]
dieta (f)	diéta	[die:tɒ]
vitamina (f)	vitamin	[vitɒmin]
caloria (f)	kalória	[kɒlo:riɒ]
vegetariano (m)	vegetáriánus	[vɛgɛta:ria:nuʃ]
vegetariano	vegetáriánus	[vɛgɛta:ria:nuʃ]

gorduras (f pl)	zsír	[ʒi:r]
proteínas (f pl)	fehérje	[fɛhe:rjɛ]
carboidratos (m pl)	szénhidrát	[se:nhidra:t]
fatia (~ de limão, etc.)	szelet	[sɛlɛt]
pedaço (~ de bolo)	szelet	[sɛlɛt]
migalha (f)	morzsa	[morʒɒ]

52. Por a mesa

| colher (f) | kanál | [kɒna:l] |
| faca (f) | kés | [ke:ʃ] |

garfo (m)	villa	[villɒ]
chávena (f)	csésze	[tʃe:sɛ]
prato (m)	tányér	[ta:ne:r]
pires (m)	csészealj	[tʃe:sɛɒj]
guardanapo (m)	szalvéta	[sɒlve:tɒ]
palito (m)	fogpiszkáló	[fokpiska:lo:]

53. Restaurante

restaurante (m)	étterem	[e:ttɛrɛm]
café (m)	kávézó	[ka:ve:zo:]
bar (m), cervejaria (f)	bár	[ba:r]
salão (m) de chá	tea szalon	[tɛɒ sɒlon]

empregado (m) de mesa	pincér	[pintse:r]
empregada (f) de mesa	pincérnő	[pintse:rnø:]
barman (m)	bármixer	[ba:rmiksɛr]

ementa (f)	étlap	[e:tlɒp]
lista (f) de vinhos	borlap	[borlɒp]
reservar uma mesa	asztalt foglal	[ɒstɒlt foglɒl]

prato (m)	étel	[e:tɛl]
pedir (vt)	rendel	[rɛndɛl]
fazer o pedido	rendel	[rɛndɛl]

aperitivo (m)	aperitif	[ɒpɛritif]
entrada (f)	előétel	[ɛlø:e:tɛl]
sobremesa (f)	desszert	[dɛssɛrt]

conta (f)	számla	[sa:mlɒ]
pagar a conta	számlát fizet	[sa:mla:t fizɛt]
dar o troco	visszajáró pénzt ad	[vissɒja:ro: pe:nzt ɒd]
gorjeta (f)	borravaló	[borrɒvɒlo:]

Família, parentes e amigos

54. Informação pessoal. Formulários

nome (m)	név	[ne:v]
apelido (m)	vezetéknév	[vɛzɛte:k ne:v]
data (f) de nascimento	születési dátum	[sylɛte:ʃi da:tum]
local (m) de nascimento	születési hely	[sylɛte:ʃi hɛj]
nacionalidade (f)	nemzetiség	[nɛmzɛtiʃe:g]
lugar (m) de residência	lakcím	[lɒktsi:m]
país (m)	ország	[orsa:g]
profissão (f)	foglalkozás	[foglɒlkoza:ʃ]
sexo (m)	nem	[nɛm]
estatura (f)	magasság	[mɒgɒʃa:g]
peso (m)	súly	[ʃu:j]

55. Membros da família. Parentes

mãe (f)	anya	[ɒɲɒ]
pai (m)	apa	[ɒpɒ]
filho (m)	fiú	[fiu:]
filha (f)	lány	[la:ɲ]
filha (f) mais nova	fiatalabb lány	[fiɒtɒlɒbb la:ɲ]
filho (m) mais novo	fiatalabb fiú	[fiɒtɒlɒbb fiu:]
filha (f) mais velha	idősebb lány	[idø:ʃɛbb la:ɲ]
filho (m) mais velho	idősebb fiú	[idø:ʃɛbb fiu:]
irmão (m) mais velho	báty	[ba:c]
irmão (m) mais novo	öcs	[øʧ]
irmã (f) mais velha	nővér	[nø:ve:r]
irmã (f) mais nova	húg	[hu:g]
primo (m)	unokabáty	[unokɒ ba:c]
prima (f)	unokanővér	[unokɒ nø:ve:r]
mamã (f)	anya	[ɒɲɒ]
papá (m)	apa	[ɒpɒ]
pais (pl)	szülők	[sylø:k]
criança (f)	gyerek	[ɟɛrɛk]
crianças (f pl)	gyerekek	[ɟɛrɛkɛk]
avó (f)	nagyanya	[nɒɟɒɲɒ]
avô (m)	nagyapa	[nɒɟɒpɒ]
neto (m)	unoka	[unokɒ]
neta (f)	unoka	[unokɒ]
netos (pl)	unokák	[unoka:k]

tio (m)	bácsi	[ba:ʧi]
tia (f)	néni	[ne:ni]
sobrinho (m)	unokaöcs	[unokɒøʧ]
sobrinha (f)	unokahúg	[unokɒhu:g]

sogra (f)	anyós	[ɒɲø:ʃ]
sogro (m)	após	[ɒpo:ʃ]
genro (m)	vő	[vø:]
madrasta (f)	mostohaanya	[moʃtohɒɒɲɒ]
padrasto (m)	mostohaapa	[moʃtohɒɒpɒ]

criança (f) de colo	csecsemő	[ʧɛʧɛmø:]
bebé (m)	csecsemő	[ʧɛʧɛmø:]
menino (m)	kisgyermek	[kiɟɛrmɛk]

mulher (f)	feleség	[fɛlɛʃe:g]
marido (m)	férj	[fe:rj]
esposo (m)	házastárs	[ha:zɒʃta:rʃ]
esposa (f)	hitves	[hitvɛʃ]

casado	nős	[nø:ʃ]
casada	férjnél	[fe:rjne:l]
solteiro	nőtlen	[nø:tlɛn]
solteirão (m)	nőtlen ember	[nø:tlɛn ɛmbɛr]
divorciado	elvált	[ɛlva:lt]
viúva (f)	özvegy	[øzvɛɟ]
viúvo (m)	özvegy	[øzvɛɟ]

parente (m)	rokon	[rokon]
parente (m) próximo	közeli rokon	[køzɛli rokon]
parente (m) distante	távoli rokon	[ta:voli rokon]
parentes (m pl)	rokonok	[rokonok]

órfão (m), órfã (f)	árva	[a:rvɒ]
tutor (m)	gyám	[ɟa:m]
adotar (um filho)	örökbe fogad	[ørøkbɛ fogɒd]
adotar (uma filha)	örökbe fogad	[ørøkbɛ fogɒd]

56. Amigos. Colegas de trabalho

amigo (m)	barát	[bɒra:t]
amiga (f)	barátnő	[bɒra:tnø:]
amizade (f)	barátság	[bɒra:ʧa:g]
ser amigos	barátkozik	[bɒra:tkozik]

amigo (m)	barát	[bɒra:t]
amiga (f)	barátnő	[bɒra:tnø:]
parceiro (m)	partner	[pɒrtnɛr]

chefe (m)	főnök	[fø:nøk]
superior (m)	főnök	[fø:nøk]
subordinado (m)	alárendelt	[ɒla:rɛndɛlt]
colega (m)	kolléga	[kolle:gɒ]
conhecido (m)	ismerős	[iʃmɛrø:ʃ]

| companheiro (m) de viagem | útitárs | [u:tita:rʃ] |
| colega (m) de classe | osztálytárs | [osta:jta:rʃ] |

vizinho (m)	szomszéd	[somse:d]
vizinha (f)	szomszéd	[somse:d]
vizinhos (pl)	szomszédok	[somse:dok]

57. Homem. Mulher

mulher (f)	nő	[nø:]
rapariga (f)	lány	[la:ɲ]
noiva (f)	mennyasszony	[mɛɲɒssoɲ]

bonita	szép	[se:p]
alta	magas	[mɒgɒʃ]
esbelta	karcsú	[kɒrtʃu:]
de estatura média	alacsony	[ɒlɒtʃoɲ]

| loura (f) | szőke nő | [sø:kɛ nø:] |
| morena (f) | barna nő | [bɒrnɒ nø:] |

de senhora	női	[nø:i]
virgem (f)	szűz	[sy:z]
grávida	terhes	[tɛrhɛʃ]

homem (m)	férfi	[fe:rfi]
louro (m)	szőke férfi	[sø:kɛ fe:rfi]
moreno (m)	barna férfi	[bɒrnɒ fe:rfi]
alto	magas	[mɒgɒʃ]
de estatura média	alacsony	[ɒlɒtʃoɲ]

rude	goromba	[gorombɒ]
atarracado	zömök	[zømøk]
robusto	erős	[ɛrø:ʃ]
forte	erős	[ɛrø:ʃ]
força (f)	erő	[ɛrø:]

gordo	kövér	[køve:r]
moreno	barna	[bɒrnɒ]
esbelto	jó alakú	[jo: ɒlɒku:]
elegante	elegáns	[ɛlɛga:nʃ]

58. Idade

idade (f)	kor	[kor]
juventude (f)	ifjúság	[ifju:ʃa:g]
jovem	fiatal	[fiɒtɒl]

mais novo	fiatalabb	[fiɒtɒlɒbb]
mais velho	idősebb	[idø:ʃɛbb]
jovem (m)	fiatalember	[fiɒtɒl ɛmbɛr]
adolescente (m)	kamasz	[kɒmɒs]

rapaz (m)	fickó	[fitsko:]
velho (m)	öregember	[ørɛgɛmbɛr]
velhota (f)	öregasszony	[ørɛgɒssoɲ]

adulto	felnőtt	[fɛlnø:tt]
de meia-idade	középkorú	[køze:pkoru:]
idoso, de idade	idős	[idø:ʃ]
velho	öreg	[ørɛg]

reforma (f)	nyugdíj	[ɲugdi:j]
reformar-se (vr)	nyugdíjba megy	[ɲugdi:jbɒ mɛɟ]
reformado (m)	nyugdíjas	[ɲugdi:jɒʃ]

59. Crianças

criança (f)	gyerek	[ɟɛrɛk]
crianças (f pl)	gyerekek	[ɟɛrɛkɛk]
gémeos (m pl)	ikrek	[ikrɛk]

berço (m)	bölcső	[bølʧø:]
guizo (m)	csörgő	[ʧørgø:]
fralda (f)	pelenka	[pɛlɛŋkɒ]

chupeta (f)	cucli	[tsutsli]
carrinho (m) de bebé	gyerekkocsi	[ɟɛrɛkkoʧi]
jardim (m) de infância	óvoda	[o:vodɒ]
babysitter (f)	dajka	[dɒjkɒ]

infância (f)	gyermekkor	[ɟɛrmɛkkor]
boneca (f)	baba	[bɒbɒ]
brinquedo (m)	játék	[ja:te:k]
jogo (m) de armar	építő játék	[e:pi:tø: ja:te:k]
bem-educado	jól nevelt	[jol nɛvɛlt]
mal-educado	neveletlen	[nɛvɛlɛtlɛn]
mimado	elkényeztetett	[ɛlke:nɛztɛtɛtt]

ser travesso	csintalankodik	[ʧintɒlɒŋkodik]
travesso, traquinas	csintalan	[ʧintɒlɒn]
travessura (f)	csintalanság	[ʧintɒlɒnʃa:g]
criança (f) travessa	kópé	[ko:pe:]

| obediente | engedelmes | [ɛŋgɛdɛlmɛʃ] |
| desobediente | engedetlen | [ɛŋgɛdɛtlɛn] |

dócil	okos	[okoʃ]
inteligente	okos	[okoʃ]
menino (m) prodígio	csodagyerek	[ʧodɒɟɛrɛk]

60. Casais. Vida de família

| beijar (vt) | csókol | [ʧo:kol] |
| beijar-se (vr) | csókolózik | [ʧo:kolo:zik] |

família (f)	család	[ʧɒlaːd]
familiar	családos	[ʧɒlaːdoʃ]
casal (m)	pár	[paːr]
matrimónio (m)	házasság	[haːzɒʃaːg]
lar (m)	otthon	[otthon]
dinastia (f)	dinasztia	[dinɒstiɒ]

| encontro (m) | randevú | [rɒndɛvuː] |
| beijo (m) | csók | [ʧoːk] |

amor (m)	szerelem	[sɛrɛlɛm]
amar (vt)	szeret	[sɛrɛt]
amado, querido	szerető	[sɛrɛtøː]

ternura (f)	gyengédség	[ɟɛŋgeːdʃeːg]
terno, afetuoso	gyengéd	[ɟɛŋgeːd]
fidelidade (f)	hűség	[hyːʃeːg]
fiel	hűséges	[hyːʃeːgɛʃ]
cuidado (m)	gondoskodás	[gondoʃkodaːʃ]
carinhoso	gondos	[gondoʃ]

recém-casados (m pl)	fiatal házasok	[fiɒtɒl haːzɒʃok]
lua de mel (f)	mézeshetek	[meːzɛʃ hɛtɛk]
casar-se (com um homem)	férjhez megy	[feːrjhɛz mɛɟ]
casar-se (com uma mulher)	feleségül vesz	[fɛlɛʃeːgyl vɛs]

boda (f)	lakodalom	[lɒkodɒlom]
bodas (f pl) de ouro	aranylakodalom	[ɒrɒɲlɒkodɒlom]
aniversário (m)	évforduló	[eːvforduloː]

| amante (m) | szerető | [sɛrɛtøː] |
| amante (f) | szerető | [sɛrɛtøː] |

adultério (m)	megcsalás	[mɛgʧɒlaːʃ]
cometer adultério	megcsal	[mɛgʧɒl]
ciumento	féltékeny	[feːlteːkɛɲ]
divorciar-se (vr)	elválik	[ɛlvaːlik]

brigar (discutir)	veszekedik	[vɛsɛkɛdik]
fazer as pazes	békül	[beːkyl]
juntos	együtt	[ɛɟytt]
sexo (m)	szex	[sɛks]

felicidade (f)	boldogság	[boldogʃaːg]
feliz	boldog	[boldog]
infelicidade (f)	boldogtalanság	[boldogtɒlɒɲʃaːg]
infeliz	boldogtalan	[boldogtɒlɒn]

Caráter. Sentimentos. Emoções

61. Sentimentos. Emoções

sentimento (m)	érzelem	[e:rzɛlɛm]
sentimentos (m pl)	érzelmek	[e:rzɛlmɛk]
sentir (vt)	érez	[e:rɛz]

fome (f)	éhség	[e:hʃe:g]
ter fome	éhes van	[e:hɛʃ vɒn]
sede (f)	szomjúság	[somju:ʃa:g]
ter sede	szomjas van	[somjɒʃ vɒn]
sonolência (f)	álmosság	[a:lmoʃa:g]
estar sonolento	álmos van	[a:lmoʃ vɒn]

cansaço (m)	fáradtság	[fa:rɒtʧa:g]
cansado	fáradt	[fa:rɒtt]
ficar cansado	elfárad	[ɛlfa:rɒd]

humor (m)	kedv	[kɛdv]
tédio (m)	unalom	[unɒlom]
aborrecer-se (vr)	unatkozik	[unɒtkozik]
isolamento (m)	magány	[mɒga:ɲ]
isolar-se	magányba vonul	[mɒga:ɲbɒ vonul]

preocupar (vt)	nyugtalanít	[ɲugtɒlɒni:t]
preocupar-se (vr)	nyugtalankodik	[ɲugtɒlɒŋkodik]
preocupação (f)	nyugtalanság	[ɲugtɒlɒnʃa:g]
ansiedade (f)	aggodalom	[ɒggodɒlom]
preocupado	nyugtalan	[ɲugtɒlɒn]
estar nervoso	izgul	[izgul]
entrar em pânico	pánikba esik	[pa:nikbɒ ɛʃik]

esperança (f)	remény	[rɛme:ɲ]
esperar (vt)	remél	[rɛme:l]

certeza (f)	biztosság	[biztoʃa:g]
certo	biztos	[biztoʃ]
indecisão (f)	bizonytalanság	[bizoɲtɒlɒnʃa:g]
indeciso	bizonytalan	[bizoɲtɒlɒn]

ébrio, bêbado	részeg	[re:sɛg]
sóbrio	józan	[jo:zɒn]
fraco	gyenge	[ɟɛŋgɛ]
feliz	boldog	[boldog]
assustar (vt)	megijeszt	[mɛgijɛst]
fúria (f)	dühöngés	[dyhøŋge:ʃ]
ira, raiva (f)	düh	[dy]
depressão (f)	depresszió	[dɛprɛssio:]
desconforto (m)	kényelmetlenségérzet	[ke:nɛlmɛtlɛnʃe:g e:rzɛt]

conforto (m)	kényelem	[ke:nɛlɛm]
arrepender-se (vr)	sajnál	[ʃɒjna:l]
arrependimento (m)	sajnálom	[ʃɒjna:lom]
azar (m), má sorte (f)	balszerencse	[bɒlsɛrɛntʃɛ]
tristeza (f)	keserűség	[kɛʃɛry:ʃe:g]

vergonha (f)	szégyen	[se:ɟɛn]
alegria (f)	vidámság	[vida:mʃa:g]
entusiasmo (m)	lelkesedés	[lɛlkɛʃɛde:ʃ]
entusiasta (m)	lelkesedő	[lɛlkɛʃɛdø:]
mostrar entusiasmo	lelkesedik	[lɛlkɛʃɛdik]

62. Caráter. Personalidade

caráter (m)	jellem	[jɛllɛm]
falha (f) de caráter	jellemhiba	[jɛllɛmhibɒ]
mente (f)	értelem	[e:rtɛlɛm]
razão (f)	ész	[e:s]

consciência (f)	lelkiismeret	[lɛlki:ʃmɛrɛt]
hábito (m)	szokás	[soka:ʃ]
habilidade (f)	képesség	[ke:pɛʃe:g]
saber (~ nadar, etc.)	tud	[tud]

paciente	türelmes	[tyrɛlɛm]
impaciente	türelmetlen	[tyrɛlmɛtlɛn]
curioso	kíváncsi	[ki:va:ntʃi]
curiosidade (f)	kíváncsiság	[ki:vɒntʃiʃa:g]

modéstia (f)	szerénység	[sɛre:ɲʃe:g]
modesto	szerény	[sɛre:ɲ]
imodesto	szemérmetlen	[sɛme:rmɛtlɛn]

| preguiçoso | lusta | [luʃtɒ] |
| preguiçoso (m) | lusta | [luʃtɒ] |

astúcia (f)	ravaszság	[rɒvɒʃa:g]
astuto	ravasz	[rɒvɒs]
desconfiança (f)	bizalmatlanság	[bizɒlmɒtlɒnʃa:g]
desconfiado	bizalmatlan	[bizɒlmɒtlɒn]

generosidade (f)	bőkezűség	[bø:kɛzy:ʃe:g]
generoso	bőkezű	[bø:kɛzy:]
talentoso	tehetséges	[tɛhɛtʃe:gɛʃ]
talento (m)	tehetség	[tɛhɛtʃe:g]

corajoso	bátor	[ba:tor]
coragem (f)	bátorság	[ba:torʃa:g]
honesto	becsületes	[bɛtʃylɛtɛʃ]
honestidade (f)	becsületesség	[bɛtʃylɛtɛʃe:g]

prudente	óvatos	[o:vɒtoʃ]
valente	bátor	[ba:tor]
sério	komoly	[komoj]

severo	szigorú	[sigoru:]
decidido	határozott	[hɒta:rozott]
indeciso	határozatlan	[hɒta:rozotlɒn]
tímido	félénk	[fe:le:ŋk]
timidez (f)	félénkség	[fe:le:ŋkʃe:g]

confiança (f)	bizalom	[bizɒlom]
confiar (vt)	bízik	[bi:zik]
crédulo	bizalomteljes	[bizɒlomtɛjɛʃ]

sinceramente	őszintén	[ø:sinte:n]
sincero	őszinte	[ø:sintɛ]
sinceridade (f)	őszinteség	[ø:sintɛʃe:g]
aberto	nyílt	[ɲi:lt]

calmo	csendes	[tʃɛndɛʃ]
franco	nyílt	[ɲi:lt]
ingénuo	naiv	[nɒiv]
distraído	szórakozott	[so:rɒkozott]
engraçado	nevetséges	[nɛvɛtʃe:gɛʃ]

ganância (f)	kapzsiság	[kɒpʒiʃa:g]
ganancioso	kapzsi	[kɒpʒi]
avarento	zsugori	[ʒugori]
mau	gonosz	[gonos]
teimoso	makacs	[mɒkɒtʃ]
desagradável	kellemetlen	[kɛllɛmɛtlɛn]

egoísta (m)	önző	[ønzø:]
egoísta	önző	[ønzø:]
cobarde (m)	gyáva	[ɟa:vɒ]
cobarde	gyáva	[ɟa:vɒ]

63. O sono. Sonhos

dormir (vi)	alszik	[ɒlsik]
sono (m)	alvás	[ɒlva:ʃ]
sonho (m)	álom	[a:lom]
sonhar (vi)	álmodik	[a:lmodik]
sonolento	álmos	[a:lmoʃ]

cama (f)	ágy	[a:ɟ]
colchão (m)	matrac	[mɒtrɒts]
cobertor (m)	takaró	[tɒkɒro:]
almofada (f)	párna	[pa:rnɒ]
lençol (m)	lepedő	[lɛpɛdø:]

insónia (f)	álmatlanság	[a:lmɒtlɒnʃa:g]
insone	álmatlan	[a:lmɒtlɒn]
sonífero (m)	altató	[ɒltɒto:]
tomar um sonífero	altatót bevesz	[ɒltɒto:t bɛvɛs]

estar sonolento	álmos van	[a:lmoʃ vɒn]
bocejar (vi)	ásít	[a:ʃi:t]

61

ir para a cama	ágyba megy	[a:ɟbɒ mɛɟ]
fazer a cama	megágyaz	[mɛga:ɟoz]
adormecer (vi)	elalszik	[ɛlɒlsik]

pesadelo (m)	rémálom	[re:ma:lom]
ronco (m)	horkolás	[horkola:ʃ]
roncar (vi)	horkol	[horkol]

despertador (m)	ébresztőóra	[e:brɛstø:o:rɒ]
acordar, despertar (vt)	ébreszt	[e:brɛst]
acordar (vi)	ébred	[e:brɛd]
levantar-se (vr)	felkel	[fɛlkɛl]
lavar-se (vr)	mosakodik	[moʃɒkodik]

64. Humor. Riso. Alegria

humor (m)	humor	[humor]
sentido (m) de humor	humorérzék	[humore:rze:k]
divertir-se (vr)	szórakozik	[so:rɒkozik]
alegre	vidám	[vida:m]
alegria (f)	vidámság	[vida:mʃa:g]

sorriso (m)	mosoly	[moʃoj]
sorrir (vi)	mosolyog	[moʃojog]
começar a rir	felnevet	[fɛlnɛvɛt]
rir (vi)	nevet	[nɛvɛt]
riso (m)	nevetés	[nɛvɛte:ʃ]

anedota (f)	anekdota, vicc	[ɒnɛgdotɒ], [vits:]
engraçado	nevetséges	[nɛvɛtʃe:gɛʃ]
ridículo	nevetséges	[nɛvɛtʃe:gɛʃ]

brincar, fazer piadas	viccel	[vitsɛl]
piada (f)	vicc	[vits]
alegria (f)	öröm	[ørøm]
regozijar-se (vr)	örül	[øryl]
alegre	örömteli	[ørømtɛli]

65. Discussão, conversação. Parte 1

| comunicação (f) | kommunikáció | [kommunika:tsjo:] |
| comunicar-se (vr) | kommunikál | [kommunika:l] |

conversa (f)	beszélgetés	[bɛse:lgɛte:ʃ]
diálogo (m)	dialógus	[diɒlo:guʃ]
discussão (f)	megvitatás	[mɛgvitɒta:ʃ]
debate (m)	vita	[vitɒ]
debater (vt)	vitatkozik	[vitɒtkozik]

interlocutor (m)	beszédpartner	[bɛse:d pɒrtnɛr]
tema (m)	téma	[te:mɒ]
ponto (m) de vista	szempont	[sɛmpont]

| opinião (f) | vélemény | [ve:lɛme:ɲ] |
| discurso (m) | beszéd | [bɛse:d] |

discussão (f)	megbeszélés	[mɛgbɛse:le:ʃ]
discutir (vt)	megbeszél	[mɛgbɛse:l]
conversa (f)	beszélgetés	[bɛse:lgɛte:ʃ]
conversar (vi)	beszélget	[bɛse:lgɛt]
encontro (m)	találkozás	[tɒla:lkoza:ʃ]
encontrar-se (vr)	találkozik	[tɒla:lkozik]

provérbio (m)	közmondás	[køzmonda:ʃ]
ditado (m)	szólás	[so:la:ʃ]
adivinha (f)	rejtvény	[rɛjtve:ɲ]
dizer uma adivinha	rejtvényt felad	[rɛjtve:ɲt fɛlɒd]
senha (f)	jelszó	[jɛlso:]
segredo (m)	titok	[titok]

juramento (m)	eskü	[ɛʃky]
jurar (vi)	esküszik	[ɛʃkysik]
promessa (f)	ígéret	[i:ge:rɛt]
prometer (vt)	ígér	[i:ge:r]

conselho (m)	tanács	[tɒna:tʃ]
aconselhar (vt)	tanácsol	[tɒna:tʃol]
escutar (~ os conselhos)	engedelmeskedik	[ɛŋgɛdɛlmɛʃkɛdik]

novidade, notícia (f)	újság	[u:jʃa:g]
sensação (f)	szenzáció	[sɛnza:tsio:]
informação (f)	tudnivalók	[tudnivɒlo:k]
conclusão (f)	következtetés	[køvɛtkɛztɛte:ʃ]
voz (f)	hang	[hɒŋg]
elogio (m)	bók	[bo:k]
amável	kedves	[kɛdvɛʃ]

palavra (f)	szó	[so:]
frase (f)	szólam	[so:lɒm]
resposta (f)	válasz	[va:lɒs]

| verdade (f) | igazság | [igɒʃa:g] |
| mentira (f) | hazugság | [hɒzugʃa:g] |

pensamento (m)	gondolat	[gondolɒt]
ideia (f)	ötlet	[øtlɛt]
fantasia (f)	ábránd	[a:bra:nd]

66. Discussão, conversação. Parte 2

estimado	tisztelt	[tistɛlt]
respeitar (vt)	tisztel	[tistɛl]
respeito (m)	tisztelet	[tistɛlɛt]
Estimado ..., Caro ...	Tisztelt ...	[tistɛlt]

| apresentar (vt) | megismertet | [mɛgiʃmɛrtɛt] |
| intenção (f) | szándék | [sa:nde:k] |

tencionar (vt)	szándékozik	[sa:nde:kozik]
desejo (m)	kívánság	[ki:va:nʃa:g]
desejar (ex. ~ boa sorte)	kíván	[ki:va:n]

surpresa (f)	csodálkozás	[ʧoda:lkoza:ʃ]
surpreender (vt)	meglep	[mɛglɛp]
surpreender-se (vr)	csodálkozik	[ʧoda:lkozik]

dar (vt)	ad	[ɒd]
pegar (tomar)	vesz	[vɛs]
devolver (vt)	visszaad	[vissɒɒd]
retornar (vt)	visszaad	[vissɒɒd]

desculpar-se (vr)	bocsánatot kér	[boʧa:nɒtot ke:r]
desculpa (f)	bocsánat	[boʧa:nɒt]
perdoar (vt)	bocsát	[boʧa:t]

falar (vi)	beszélget	[bɛse:lgɛt]
escutar (vt)	hallgat	[hɒllgɒt]
ouvir até o fim	kihallgat	[kihɒllgɒt]
compreender (vt)	ért	[e:rt]

mostrar (vt)	mutat	[mutɒt]
olhar para …	néz	[ne:z]
chamar (dizer em voz alta o nome)	hív	[hi:v]
perturbar (vt)	zavar	[zɒvɒr]
entregar (~ em mãos)	átad	[a:tɒd]

pedido (m)	kérés	[ke:re:ʃ]
pedir (ex. ~ ajuda)	kér	[ke:r]
exigência (f)	követelés	[køvɛtɛle:ʃ]
exigir (vt)	követel	[køvɛtɛl]

chamar nomes (vt)	csúfol	[ʧu:fol]
zombar (vt)	gúnyol	[gu:nøl]
zombaria (f)	gúnyolódás	[gu:nølo:da:ʃ]
alcunha (f)	gúnynév	[gu:ɲe:v]

insinuação (f)	célzás	[tse:lza:ʃ]
insinuar (vt)	céloz	[tse:loz]
subentender (vt)	ért	[e:rt]

descrição (f)	leírás	[lɛi:ra:ʃ]
descrever (vt)	leír	[lɛi:r]
elogio (m)	dicséret	[diʧe:rɛt]
elogiar (vt)	dicsér	[diʧe:r]

desapontamento (m)	csalódás	[ʧɒlo:da:ʃ]
desapontar (vt)	kiábrándít	[kia:bra:ndi:t]
desapontar-se (vr)	csalódik	[ʧɒlo:dik]

suposição (f)	feltevés	[fɛltɛve:ʃ]
supor (vt)	feltesz	[fɛltɛs]
advertência (f)	figyelmeztetés	[fiɟɛlmɛztɛte:ʃ]
advertir (vt)	figyelmeztet	[fiɟɛlmɛztɛt]

67. Discussão, conversação. Parte 3

convencer (vt)	rábeszél	[ra:bɛse:l]
acalmar (vt)	nyugtat	[ɲugtɒt]
silêncio (o ~ é de ouro)	hallgatás	[hɒllgɒta:ʃ]
ficar em silêncio	hallgat	[hɒllgɒt]
sussurrar (vt)	suttog	[ʃuttog]
sussurro (m)	suttogás	[ʃuttoga:ʃ]
francamente	őszinte	[ø:sintɛ]
a meu ver ...	a véleményem szerint ...	[ɒ ve:lɛme:nɛm sɛrint]
detalhe (~ da história)	részlet	[re:slɛt]
detalhado	részletes	[re:slɛtɛʃ]
detalhadamente	részletesen	[re:slɛtɛʃɛn]
dica (f)	súgás	[ʃu:ga:ʃ]
dar uma dica	súg	[ʃu:g]
olhar (m)	tekintet	[tɛkintɛt]
dar uma vista de olhos	tekint	[tɛkint]
fixo (olhar ~)	merev	[mɛrɛv]
piscar (vi)	pislog	[piʃlog]
pestanejar (vt)	pislant	[piʃlɒnt]
acenar (com a cabeça)	int	[int]
suspiro (m)	sóhaj	[ʃo:hɒj]
suspirar (vi)	sóhajt	[ʃo:hɒjt]
estremecer (vi)	megrezzen	[mɛgrɛzzɛn]
gesto (m)	gesztus	[gɛstuʃ]
tocar (com as mãos)	érint	[e:rint]
agarrar (~ pelo braço)	megfog	[mɛgfog]
bater de leve	megvereget	[mɛgvɛrɛgɛt]
Cuidado!	Vigyázat!	[viɟa:zɒt]
A sério?	Tényleg?	[te:ɲlɛg]
Tem certeza?	Biztos vagy?	[biztoʃ vɒɟ]
Boa sorte!	Sikert kívánok!	[ʃikɛrt ki:va:nok]
Compreendi!	Világos!	[vila:goʃ]
Que pena!	Kár!	[ka:r]

68. Acordo. Recusa

consentimento (~ mútuo)	beleegyezés	[bɛlɛɛɟɛze:ʃ]
consentir (vi)	beleegyezik	[bɛlɛɛɟɛzik]
aprovação (f)	jóváhagyás	[jo:va:hɒɟa:ʃ]
aprovar (vt)	jóváhagy	[jo:va:hɒɟ]
recusa (f)	megtagadás	[mɛgtɒgɒda:ʃ]
negar-se (vt)	lemond	[lɛmond]
Está ótimo!	Kitűnő!	[kity:nø:]
Muito bem!	Jól van!	[jo:l vɒn]

Está bem! De acordo!	Jól van!	[jo:l vɒn]
proibido	tilos	[tiloʃ]
é proibido	tilos	[tiloʃ]
é impossível	lehetetlen	[lɛhɛtɛtlɛn]
incorreto	téves	[te:vɛʃ]

rejeitar (~ um pedido)	visszautasít	[vissɒutɒʃi:t]
apoiar (vt)	támogat	[ta:mogɒt]
aceitar (desculpas, etc.)	fogad	[fogɒd]

confirmar (vt)	elismer	[ɛliʃmɛr]
confirmação (f)	igazolás	[igɒzola:ʃ]
permissão (f)	engedély	[ɛŋgɛde:j]
permitir (vt)	enged	[ɛŋgɛd]
decisão (f)	döntés	[dønte:ʃ]
não dizer nada	elhallgat	[ɛlhɒllgɒt]

condição (com uma ~)	feltétel	[fɛlte:tɛl]
pretexto (m)	kifogás	[kifoga:ʃ]
elogio (m)	dicséret	[ditʃe:rɛt]
elogiar (vt)	dicsér	[ditʃe:r]

69. Sucesso. Boa sorte. Insucesso

êxito, sucesso (m)	siker	[ʃikɛr]
com êxito	sikeresen	[ʃikɛrɛʃɛn]
bem sucedido	sikeres	[ʃikɛrɛʃ]

sorte (fortuna)	szerencse	[sɛrɛntʃɛ]
Boa sorte!	Sok szerencsét!	[ʃok sɛrɛntʃe:t]
de sorte	szerencsés	[sɛrɛntʃe:ʃ]
sortudo, felizardo	szerencsés	[sɛrɛntʃe:ʃ]
fracasso (m)	kudarc	[kudɒrts]
pouca sorte (f)	balsiker	[bɒlʃikɛr]
azar (m), má sorte (f)	balszerencse	[bɒlsɛrɛntʃɛ]
mal sucedido	sikertelen	[ʃikɛrtɛlɛn]
catástrofe (f)	katasztrófa	[kɒtɒstro:fɒ]

orgulho (m)	büszkeség	[byskɛʃe:g]
orgulhoso	büszke	[byskɛ]
estar orgulhoso	büszkélkedik	[byske:lkɛdik]
vencedor (m)	győztes	[ɟø:ztɛʃ]
vencer (vi)	győz	[ɟø:z]
perder (vt)	veszít	[vɛsi:t]
tentativa (f)	próba	[pro:bɒ]
tentar (vt)	próbál	[pro:ba:l]
chance (m)	esély	[ɛʃe:j]

70. Conflitos. Emoções negativas

grito (m)	kiáltás	[kia:lta:ʃ]
gritar (vi)	kiabál	[kiɒba:l]

começar a gritar	felkiált	[fɛlkia:lt]
discussão (f)	veszekedés	[vɛsɛkɛde:ʃ]
discutir (vt)	veszekedik	[vɛsɛkɛdik]
escândalo (m)	botrány	[botra:ɲ]
criar escândalo	botrányt csinál	[botra:ɲt ʧina:l]
conflito (m)	konfliktus	[konfliktuʃ]
mal-entendido (m)	félreértés	[fe:lre:ɛrte:ʃ]

insulto (m)	sértés	[ʃe:rte:ʃ]
insultar (vt)	megsért	[mɛgʃe:rt]
insultado	megsértett	[mɛgʃe:rtɛtt]
ofensa (f)	sértés	[ʃe:rte:ʃ]
ofender (vt)	megsért	[mɛgʃe:rt]
ofender-se (vr)	megsértődik	[mɛgʃe:rtø:dik]

indignação (f)	felháborodás	[fɛlha:boroda:ʃ]
indignar-se (vr)	felháborodik	[fɛlha:borodik]
queixa (f)	panasz	[pɒnɒs]
queixar-se (vr)	panaszkodik	[pɒnɒskodik]

desculpa (f)	bocsánat	[boʧa:nɒt]
desculpar-se (vr)	bocsánatot kér	[boʧa:nɒtot ke:r]
pedir perdão	elnézést kér	[ɛlne:ze:ʃt ke:r]

crítica (f)	bírálat	[bi:ra:lɒt]
criticar (vt)	bírál	[bi:ra:l]
acusação (f)	vád	[va:d]
acusar (vt)	vádol	[va:dol]

vingança (f)	bosszú	[bossu:]
vingar (vt)	megbosszul	[mɛgbossul]
vingar-se (vr)	viszonoz	[visonoz]

desprezo (m)	lenézés	[lɛne:ze:ʃ]
desprezar (vt)	lenéz	[lɛne:z]
ódio (m)	gyűlölet	[ɟy:lølɛt]
odiar (vt)	gyűlöl	[ɟy:løl]

nervoso	ideges	[idɛgɛʃ]
estar nervoso	izgul	[izgul]
zangado	haragos	[hɒrɒgoʃ]
zangar (vt)	megharagít	[mɛghɒrɒgi:t]

humilhação (f)	megalázás	[mɛgɒla:za:ʃ]
humilhar (vt)	megaláz	[mɛgɒla:z]
humilhar-se (vr)	megalázkodik	[mɛgɒla:skodik]

| choque (m) | sokk | [ʃokk] |
| chocar (vt) | megbotránkoztat | [mɛgbotra:ŋkoztɒt] |

| aborrecimento (m) | kellemetlenség | [kɛllɛmɛtlɛnʃe:g] |
| desagradável | kellemetlen | [kɛllɛmɛtlɛn] |

medo (m)	félelem	[fe:lɛlɛm]
terrível (tempestade, etc.)	szörnyű	[sørɲy:]
assustador (ex. história ~a)	félelmetes	[fe:lɛlmɛtɛʃ]

| horror (m) | rémület | [re:mylɛt] |
| horrível (crime, etc.) | rémes | [re:mɛʃ] |

chorar (vi)	sír	[ʃi:r]
começar a chorar	sírva fakad	[ʃi:rvɒ fɒkɒd]
lágrima (f)	könny	[kønɲ]

falta (f)	hiba	[hibɒ]
culpa (f)	bűnbánat	[by:nba:nɒt]
desonra (f)	szégyen	[se:ɟɛn]
protesto (m)	tiltakozás	[tiltɒkoza:ʃ]
stresse (m)	stressz	[strɛss]

perturbar (vt)	zavar	[zɒvɒr]
zangar-se com ...	haragszik	[hɒrɒgsik]
zangado	haragos	[hɒrɒgoʃ]
terminar (vt)	abbahagy	[ɒbbɒhɒɟ]
praguejar	szid	[sid]

assustar-se	megijed	[mɛgijɛd]
golpear (vt)	üt	[yt]
brigar (na rua, etc.)	verekedik	[vɛrɛkɛdik]

resolver (o conflito)	megold	[mɛgold]
descontente	elégedetlen	[ɛle:gɛdɛtlɛn]
furioso	dühödt	[dyhøtt]

| Não está bem! | Ez nem jó! | [ɛz nɛm jo:] |
| É mau! | Ez rossz! | [ɛz ross] |

Medicina

71. Doenças

doença (f)	betegség	[bɛtɛgʃeːg]
estar doente	beteg van	[bɛtɛg vɒn]
saúde (f)	egészség	[ɛgeːʃeːg]
nariz (m) a escorrer	nátha	[naːthɒ]
amigdalite (f)	torokgyulladás	[torokɟyllɒdaːʃ]
constipação (f)	megfázás	[mɛgfaːzaːʃ]
constipar-se (vr)	megfázik	[mɛgfaːzik]
bronquite (f)	hörghurut	[hørgfurut]
pneumonia (f)	tüdőgyulladás	[tydøːɟyllɒjaːʃ]
gripe (f)	influenza	[influɛnzɒ]
míope	rövidlátó	[røvidlaːtoː]
presbita	távollátó	[taːvollaːtoː]
estrabismo (m)	kancsalság	[kɒnʧɒlʃaːg]
estrábico	kancsal	[kɒnʧɒl]
catarata (f)	szürke hályog	[syrkɛ haːjog]
glaucoma (m)	glaukóma	[glɒukoːmɒ]
AVC (m), apoplexia (f)	inzultus	[inzultuʃ]
ataque (m) cardíaco	infarktus	[infɒrktuʃ]
paralisia (f)	bénaság	[beːnɒʃaːg]
paralisar (vt)	megbénít	[mɛgbeːniːt]
alergia (f)	allergia	[ɒllɛrgiɒ]
asma (f)	asztma	[ɒstmɒ]
diabetes (f)	cukorbaj	[tsukorbɒj]
dor (f) de dentes	fogfájás	[fogfaːjaːʃ]
cárie (f)	fogszuvasodás	[fogsuvɒʃodaːʃ]
diarreia (f)	hasmenés	[hɒʃmɛneːʃ]
prisão (f) de ventre	szorulás	[sorulaːʃ]
desarranjo (m) intestinal	gyomorrontás	[ɟømorrontaːʃ]
intoxicação (f) alimentar	mérgezés	[meːrgɛzeːʃ]
intoxicar-se	mérgezést kap	[meːrgɛzeːʃt kɒp]
artrite (f)	ízületi gyulladás	[iːzylɛti ɟyllɒdaːʃ]
raquitismo (m)	angolkór	[ɒŋgolkoːr]
reumatismo (m)	reuma	[rɛumɒ]
arteriosclerose (f)	érelmeszesedés	[eːrɛlmɛsɛʃede:ʃ]
gastrite (f)	gyomorhurut	[ɟømorhurut]
apendicite (f)	vakbélgyulladás	[vɒkbeːlɟyllɒdaːʃ]
colecistite (f)	epehólyaggyulladás	[ɛpɛhoːjɒgɟyllɒdaːʃ]

úlcera (f)	fekély	[fɛkeːj]
sarampo (m)	kanyaró	[kɒɲɒroː]
rubéola (f)	rózsahimlő	[roːʒɒhimløː]
iterícia (f)	sárgaság	[ʃaːrgɒʃaːg]
hepatite (f)	hepatitisz	[hɛpɒtitis]

esquizofrenia (f)	szkizofrénia	[skizofreːniɒ]
raiva (f)	veszettség	[vɛsɛttʃeːg]
neurose (f)	neurózis	[nɛuroːziʃ]
comoção (f) cerebral	agyrázkódás	[ɒɟraːskodaːʃ]

cancro (m)	rák	[raːk]
esclerose (f)	szklerózis	[sklɛroːziʃ]
esclerose (f) múltipla	szklerózis multiplex	[sklɛroːziʃ multiplɛks]

alcoolismo (m)	alkoholizmus	[ɒlkoholizmuʃ]
alcoólico (m)	alkoholista	[ɒlkoholiʃtɒ]
sífilis (f)	szifilisz	[sifilis]
SIDA (f)	AIDS	[ɛjds]

tumor (m)	daganat	[dɒgɒnɒt]
febre (f)	láz	[laːz]
malária (f)	malária	[mɒlaːriɒ]
gangrena (f)	üszkösödés	[yskøʃødeːʃ]
enjoo (m)	tengeribetegség	[tɛŋgɛribɛtɛgʃeːg]
epilepsia (f)	epilepszia	[ɛpilɛpsiɒ]

epidemia (f)	járvány	[jaːrvaːɲ]
tifo (m)	tífusz	[tiːfus]
tuberculose (f)	tuberkulózis	[tubɛrkuloːziʃ]
cólera (f)	kolera	[kolɛrɒ]
peste (f)	pestis	[pɛʃtiʃ]

72. Sintomas. Tratamentos. Parte 1

sintoma (m)	tünet	[tynɛt]
temperatura (f)	láz	[laːz]
febre (f)	magas láz	[mɒgɒʃ laːz]
pulso (m)	pulzus	[pulzuʃ]

vertigem (f)	szédülés	[seːdyleːʃ]
quente (testa, etc.)	forró	[forroː]
calafrio (m)	hidegrázás	[hidɛgraːzaːʃ]
pálido	sápadt	[ʃaːpɒtt]

tosse (f)	köhögés	[køhøgeːʃ]
tossir (vi)	köhög	[køhøg]
espirrar (vi)	tüsszent	[tyssɛnt]
desmaio (m)	ájulás	[aːjulaːʃ]
desmaiar (vi)	elájul	[ɛlaːjul]

nódoa (f) negra	kék folt	[keːk folt]
galo (m)	dudor	[dudor]
magoar-se (vr)	nekiütődik	[nɛkiytøːdik]

| pisadura (f) | ütés | [yte:ʃ] |
| aleijar-se (vr) | megüti magát | [mɛgyti mɒga:t] |

coxear (vi)	sántít	[ʃa:nti:t]
deslocação (f)	ficam	[fitsɒm]
deslocar (vt)	kificamít	[kifitsɒmi:t]
fratura (f)	törés	[tøre:ʃ]
fraturar (vt)	eltör	[ɛltør]

corte (m)	vágás	[va:ga:ʃ]
cortar-se (vr)	megvágja magát	[mɛgva:gjɒ mɒga:t]
hemorragia (f)	vérzés	[ve:rze:ʃ]

| queimadura (f) | égési seb | [e:ge:ʃi ʃɛb] |
| queimar-se (vr) | megégeti magát | [mɛge:gɛti mɒga:t] |

picar (vt)	megszúr	[mɛgsu:r]
picar-se (vr)	megszúrja magát	[mɛgsu:rjɒ mɒga:t]
lesionar (vt)	megsért	[mɛgʃe:rt]
lesão (m)	sérülés	[ʃe:ryle:ʃ]
ferida (f), ferimento (m)	seb	[ʃɛb]
trauma (m)	sérülés	[ʃe:ryle:ʃ]

delirar (vi)	félrebeszél	[fe:lrɛbɛse:l]
gaguejar (vi)	dadog	[dɒdog]
insolação (f)	napszúrás	[nɒpsu:ra:ʃ]

73. Sintomas. Tratamentos. Parte 2

| dor (f) | fájdalom | [fa:jdɒlom] |
| farpa (no dedo) | szálka | [sa:lkɒ] |

suor (m)	veríték	[vɛri:te:k]
suar (vi)	izzad	[izzɒd]
vómito (m)	hányás	[ha:ɲa:ʃ]
convulsões (f pl)	görcs	[gørʧ]

grávida	terhes	[tɛrhɛʃ]
nascer (vi)	születik	[sylɛtik]
parto (m)	szülés	[syle:ʃ]
dar à luz	szül	[syl]
aborto (m)	magzatelhajtás	[mɒgzɒtɛlhɒjta:ʃ]

respiração (f)	lélegzés	[le:lɛgze:ʃ]
inspiração (f)	belégzés	[bɛle:gze:ʃ]
expiração (f)	kilégzés	[kile:gze:ʃ]
expirar (vi)	kilélegzik	[kile:lɛgzik]
inspirar (vi)	belélegzik	[bɛle:lɛgzik]

inválido (m)	rokkant	[rokkɒnt]
aleijado (m)	nyomorék	[ɲomore:k]
toxicodependente (m)	narkós	[nɒrko:ʃ]
surdo	süket	[ʃykɛt]
mudo	néma	[ne:mɒ]

surdo-mudo	süketnéma	[ʃykɛtne:mɒ]
louco (adj.)	őrült	[ø:rylt]
louco (m)	őrült férfi	[ø:rylt fe:rfi]
louca (f)	őrült nő	[ø:rylt nø:]
ficar louco	megőrül	[mɛgø:ryl]

gene (m)	gén	[ge:n]
imunidade (f)	immunitás	[immunita:ʃ]
hereditário	örökölt	[ørøkølt]
congénito	veleszületett	[vɛlɛʃsylɛtɛtt]

vírus (m)	vírus	[vi:ruʃ]
micróbio (m)	mikroba	[mikrobɒ]
bactéria (f)	baktérium	[bɒkte:rium]
infeção (f)	fertőzés	[fɛrtø:ze:ʃ]

74. Sintomas. Tratamentos. Parte 3

| hospital (m) | kórház | [ko:rha:z] |
| paciente (m) | beteg | [bɛtɛg] |

diagnóstico (m)	diagnózis	[diɒgno:ziʃ]
cura (f)	gyógyítás	[ɟø:ɟi:ta:ʃ]
tratamento (m) médico	kezelés	[kɛzɛle:ʃ]
curar-se (vr)	gyógyul	[ɟø:ɟyl]
tratar (vt)	gyógyít	[ɟø:ɟi:t]
cuidar (pessoa)	ápol	[a:pol]
cuidados (m pl)	ápolás	[a:pola:ʃ]

operação (f)	műtét	[my:te:t]
enfaixar (vt)	beköt	[bɛkøt]
enfaixamento (m)	bekötés	[bɛkøte:ʃ]
vacinação (f)	oltás	[olta:ʃ]
vacinar (vt)	beolt	[bɛolt]
injeção (f)	injekció	[iɲɛktsio:]
dar uma injeção	injekciót ad	[iɲɛktsio:t ɒd]

ataque (~ de asma, etc.)	roham	[rohɒm]
amputação (f)	amputálás	[ɒmputa:la:ʃ]
amputar (vt)	csonkol	[ʧoŋkol]
coma (f)	kóma	[ko:mɒ]
estar em coma	kómában van	[ko:ma:bɒn vɒn]
reanimação (f)	reanimáció	[rɛɒnima:tsio:]

recuperar-se (vr)	felgyógyul	[fɛlɟø:ɟyl]
estado (~ de saúde)	állapot	[a:llɒpot]
consciência (f)	eszmélet	[ɛsme:lɛt]
memória (f)	emlékezet	[ɛmle:kɛzɛt]

tirar (vt)	húz	[hu:z]
chumbo (m), obturação (f)	fogtömés	[fogtøme:ʃ]
chumbar, obturar (vt)	fogat betöm	[fogɒt bɛtøm]
hipnose (f)	hipnózis	[hipno:ziʃ]
hipnotizar (vt)	hipnotizál	[hipnotiza:l]

75. Médicos

médico (m)	orvos	[orvoʃ]
enfermeira (f)	nővér	[nø:ve:r]
médico (m) pessoal	személyes orvos	[seme:jɛʃ orvoʃ]
dentista (m)	fogász	[foga:s]
oculista (m)	szemész	[seme:s]
terapeuta (m)	belgyógyász	[bɛlɟø:ɟa:s]
cirurgião (m)	sebész	[ʃɛbe:s]
psiquiatra (m)	elmeorvos	[ɛlmɛorvoʃ]
pediatra (m)	gyermekorvos	[ɟɛrmɛk orvoʃ]
psicólogo (m)	pszichológus	[psiholo:guʃ]
ginecologista (m)	nőgyógyász	[nø:ɟø:ɟa:s]
cardiologista (m)	kardiológus	[kɒrdjolo:guʃ]

76. Medicina. Drogas. Acessórios

medicamento (m)	gyógyszer	[ɟø:ɟsɛr]
remédio (m)	orvosság	[orvoʃa:g]
receitar (vt)	felír	[fɛli:r]
receita (f)	recept	[rɛtsɛpt]
comprimido (m)	tabletta	[tɒblɛttɒ]
pomada (f)	kenőcs	[kɛnø:ʧ]
ampola (f)	ampulla	[ɒmpullɒ]
preparado (m)	gyógyszerkeverék	[ɟø:ɟsɛr kɛvɛre:k]
xarope (m)	szirup	[sirup]
cápsula (f)	pirula	[pirulɒ]
remédio (m) em pó	por	[por]
ligadura (f)	kötés	[køte:ʃ]
algodão (m)	vatta	[vɒttɒ]
iodo (m)	jódtinktúra	[jo:ttiŋktu:rɒ]
penso (m) rápido	ragtapasz	[rɒgtɒpɒs]
conta-gotas (m)	pipetta	[pipɛttɒ]
termómetro (m)	hőmérő	[hø:me:rø:]
seringa (f)	fecskendő	[fɛʧkɛndø:]
cadeira (f) de rodas	tolószék	[tolo:se:k]
muletas (f pl)	mankók	[mɒŋko:k]
analgésico (m)	fájdalomcsillapító	[fa:jdɒlomʧillɒpi:to:]
laxante (m)	hashajtó	[hɒʃhɒjto:]
álcool (m) etílico	szesz	[sɛs]
ervas (f pl) medicinais	fű	[fy:]
de ervas (chá ~)	fű	[fy:]

77. Fumar. Produtos tabágicos

tabaco (m)	dohány	[doha:ɲ]
cigarro (m)	cigaretta	[tsigɒrɛttɒ]
charuto (m)	szivar	[sivɒr]
cachimbo (m)	pipa	[pipɒ]
maço (~ de cigarros)	doboz	[doboz]
fósforos (m pl)	gyufa	[ɟyfɒ]
caixa (f) de fósforos	gyufadoboz	[ɟyfɒ ɟoboz]
isqueiro (m)	gyújtó	[ɟu:jto:]
cinzeiro (m)	hamutartó	[hɒmutɒrto:]
cigarreira (f)	szivartárca	[sivɒr ta:rtsɒ]
boquilha (f)	szopóka	[sopo:kɒ]
filtro (m)	filter	[filtɛr]
fumar (vi, vt)	dohányzik	[doha:ɲzik]
acender um cigarro	rágyújt	[ra:ɟu:jt]
tabagismo (m)	dohányzás	[doha:ɲza:ʃ]
fumador (m)	dohányos	[doha:nøʃ]
beata (f)	csikk	[tʃikk]
fumo (m)	füst	[fyʃt]
cinza (f)	hamu	[hɒmu]

HABITAT HUMANO

Cidade

78. Cidade. Vida na cidade

cidade (f)	város	[va:roʃ]
capital (f)	főváros	[fø:va:roʃ]
aldeia (f)	falu	[fɒlu]
mapa (m) da cidade	város térképe	[va:roʃ te:rke:pɛ]
centro (m) da cidade	városközpont	[va:roʃkøspont]
subúrbio (m)	külváros	[kylva:roʃ]
suburbano	külvárosi	[kylva:roʃi]
periferia (f)	külváros	[kylva:roʃ]
arredores (m pl)	környék	[kørne:k]
quarteirão (m)	városnegyed	[va:roʃnɛɟɛd]
quarteirão (m) residencial	lakótelep	[lɒko:tɛlɛp]
tráfego (m)	közlekedés	[køzlɛkɛde:ʃ]
semáforo (m)	lámpa	[la:mpɒ]
transporte (m) público	városi közlekedés	[va:roʃi køzlɛkɛde:ʃ]
cruzamento (m)	útkereszteződés	[u:tkɛrɛstɛzø:de:s]
passadeira (f)	átkelőhely	[a:tkɛlø:hɛj]
passagem (f) subterrânea	aluljáró	[ɒlulja:ro:]
cruzar, atravessar (vt)	átmegy	[a:tmɛɟ]
peão (m)	gyalogos	[ɟologoʃ]
passeio (m)	járda	[ja:rdɒ]
ponte (f)	híd	[hi:d]
margem (f) do rio	rakpart	[rɒkpɒrt]
fonte (f)	szökőkút	[søkø:ku:t]
alameda (f)	fasor	[fɒʃor]
parque (m)	park	[pɒrk]
bulevar (m)	sétány	[ʃe:ta:ɲ]
praça (f)	tér	[te:r]
avenida (f)	sugárút	[ʃuga:ru:t]
rua (f)	utca	[uttsɒ]
travessa (f)	mellékutca	[mɛlle:kutsɒ]
beco (m) sem saída	zsákutca	[ʒa:kuttsɒ]
casa (f)	ház	[ha:z]
edifício, prédio (m)	épület	[e:pylɛt]
arranha-céus (m)	felhőkarcoló	[fɛlhø:kɒrtsolo:]
fachada (f)	homlokzat	[homlogzɒt]
telhado (m)	tető	[tɛtø:]

janela (f)	ablak	[ɒblɒk]
arco (m)	boltív	[bolti:v]
coluna (f)	oszlop	[oslop]
esquina (f)	sarok	[ʃɒrok]

montra (f)	kirakat	[kirɒkɒt]
letreiro (m)	cégtábla	[tse:gta:blɒ]
cartaz (m)	poszter	[postɛr]
cartaz (m) publicitário	reklámplakát	[rɛkla:m plɒka:t]
painel (m) publicitário	hirdetőtábla	[hirdɛtø:ta:blɒ]

lixo (m)	szemét	[sɛme:t]
cesta (f) do lixo	kuka	[kukɒ]
jogar lixo na rua	szemetel	[sɛmɛtɛl]
aterro (m) sanitário	szemétlerakó hely	[sɛme:tlɛrɒko: hɛj]

cabine (f) telefónica	telefonfülke	[tɛlɛfonfylkɛ]
candeeiro (m) de rua	lámpaoszlop	[la:mpɒoslop]
banco (m)	pad	[pɒd]

polícia (m)	rendőr	[rɛndø:r]
polícia (instituição)	rendőrség	[rɛndø:rʃe:g]
mendigo (m)	koldus	[kolduʃ]
sem-abrigo (m)	hajléktalan	[hɒjle:ktɒlɒn]

79. Instituições urbanas

loja (f)	bolt	[bolt]
farmácia (f)	gyógyszertár	[ɟø:ɟsɛrta:r]
ótica (f)	optika	[optikɒ]
centro (m) comercial	vásárlóközpont	[va:ʃa:rlo: køspont]
supermercado (m)	szupermarket	[supɛrmɒrkɛt]

padaria (f)	péküzlet	[pe:kyzlɛt]
padeiro (m)	pék	[pe:k]
pastelaria (f)	cukrászda	[tsukra:sdɒ]
mercearia (f)	élelmiszerbolt	[e:lɛlmisɛrbolt]
talho (m)	húsbolt	[hu:ʃbolt]

| loja (f) de legumes | zöldségbolt | [zøldʃe:gbolt] |
| mercado (m) | piac | [piɒts] |

café (m)	kávézó	[ka:ve:zo:]
restaurante (m)	étterem	[e:ttɛrɛm]
bar (m), cervejaria (f)	söröző	[ʃørøzø:]
pizzaria (f)	pizzéria	[pitse:riɒ]

salão (m) de cabeleireiro	fodrászat	[fodra:sɒt]
correios (m pl)	posta	[poʃtɒ]
lavandaria (f)	vegytisztítás	[vɛɟtisti:ta:ʃ]
estúdio (m) fotográfico	fényképészet	[fe:ɲke:pe:sɛt]

| sapataria (f) | cipőbolt | [tsipø:bolt] |
| livraria (f) | könyvesbolt | [køɲvɛʃbolt] |

loja (f) de artigos de desporto | sportbolt | [ʃportbolt]
reparação (f) de roupa | ruhajavítás | [ruhɒ jɒviːtaːʃ]
aluguer (m) de roupa | ruhakölcsönzés | [ruhɒ kølʧønzeːʃ]
aluguer (m) de filmes | filmkölcsönzés | [film kølʧønzeːʃ]

circo (m) | cirkusz | [tsirkus]
jardim (m) zoológico | állatkert | [aːllɒt kɛrt]
cinema (m) | mozi | [mozi]
museu (m) | múzeum | [muːzɛum]
biblioteca (f) | könyvtár | [køɲvtaːr]

teatro (m) | színház | [siːnhaːz]
ópera (f) | opera | [opɛrɒ]
clube (m) noturno | éjjeli klub | [eːjjɛli klub]
casino (m) | kaszinó | [kɒsinoː]

mesquita (f) | mecset | [mɛʧɛt]
sinagoga (f) | zsinagóga | [ʒinɒgoːgɒ]
catedral (f) | székesegyház | [seːkɛʃɛɟhaːz]
templo (m) | templom | [tɛmplom]
igreja (f) | templom | [tɛmplom]

instituto (m) | intézet | [inteːzɛt]
universidade (f) | egyetem | [ɛɟɛtɛm]
escola (f) | iskola | [iʃkolɒ]

prefeitura (f) | polgármesteri hivatal | [polgaːrmɛʃtɛri hivɒtɒl]
câmara (f) municipal | városháza | [vaːroʃhaːzɒ]
hotel (m) | szálloda | [saːllodɒ]
banco (m) | bank | [bɒŋk]

embaixada (f) | nagykövetség | [nɒckøvɛʧeːg]
agência (f) de viagens | utazási iroda | [utɒzaːʃi irodɒ]
agência (f) de informações | tudakozóiroda | [tudɒkozoː irodɒ]
casa (f) de câmbio | pénzváltó | [peːnzvaːltoː]

metro (m) | metró | [mɛtroː]
hospital (m) | kórház | [koːrhaːz]

posto (m) de gasolina | benzinkút | [bɛnziŋkuːt]
parque (m) de estacionamento | parkolóhely | [pɒrkoloːhɛj]

80. Sinais

letreiro (m) | cégtábla | [tseːgtaːblɒ]
inscrição (f) | felirat | [fɛlirɒt]
cartaz, póster (m) | plakát | [plɒkaːt]
sinal (m) informativo | útjelző | [uːtjɛlzøː]
seta (f) | nyíl | [ɲiːl]

aviso (advertência) | figyelmeztetés | [fiɟɛlmɛztɛteːʃ]
sinal (m) de aviso | figyelmeztetés | [fiɟɛlmɛztɛteːʃ]
avisar, advertir (vt) | figyelmeztet | [fiɟɛlmɛztɛt]
dia (m) de folga | szabadnap | [sɒbɒdnɒp]

77

| horário (m) | órarend | [o:rɒrɛnd] |
| horário (m) de funcionamento | nyitvatartási idő | [ɲitvɒtɒrta:ʃi idø:] |

BEM-VINDOS!	ISTEN HOZTA!	[iʃtɛn hoztɒ]
ENTRADA	BEJÁRAT	[bɛja:rɒt]
SAÍDA	KIJÁRAT	[kija:rɒt]

EMPURRE	TOLNI	[tolni]
PUXE	HÚZNI	[hu:zni]
ABERTO	NYITVA	[ɲitvɒ]
FECHADO	ZÁRVA	[za:rvɒ]

| MULHER | NŐI | [nø:i] |
| HOMEM | FÉRFI | [fe:rfi] |

DESCONTOS	KIÁRUSÍTÁS	[kia:ruʃi:ta:ʃ]
SALDOS	KEDVEZMÉNY	[kɛdvɛzme:ɲ]
NOVIDADE!	ÚJDONSÁG!	[u:jdonʃa:g]
GRÁTIS	INGYEN	[iɲɟɛn]

ATENÇÃO!	FIGYELEM!	[fiɟɛlɛm]
NÃO HÁ VAGAS	NINCS HELY	[ninʧ hɛj]
RESERVADO	FOGLALT	[foglɒlt]

| ADMINISTRAÇÃO | IGAZGATÁS | [igɒzgɒta:ʃ] |
| SOMENTE PESSOAL AUTORIZADO | SZEMÉLYZETI BEJÁRAT | [sɛme:jzɛti bɛja:rɒt] |

CUIDADO CÃO FEROZ	HARAPOS KUTYA	[hɒrɒpoʃ kucɒ]
PROIBIDO FUMAR!	DOHÁNYOZNI TILOS!	[doha:nøzni tiloʃ]
NÃO TOCAR	NYÚJTANI TILOS!	[ɲu:jtɒni tiloʃ]

PERIGOSO	VESZÉLYES	[vɛse:jɛʃ]
PERIGO	VESZÉLY	[vɛse:j]
ALTA TENSÃO	MAGAS FESZÜLTSÉG	[mɒgɒʃ fɛsylʧe:g]
PROIBIDO NADAR	FÜRDENI TILOS	[fyrdɛni tiloʃ]
AVARIADO	NEM MŰKÖDIK	[nɛm my:kødik]

INFLAMÁVEL	TŰZVESZÉLYES	[ty:zvɛse:jɛʃ]
PROIBIDO	TILOS	[tiloʃ]
ENTRADA PROIBIDA	TILOS AZ ÁTJÁRÁS	[tiloʃ ɒz a:tja:ra:ʃ]
CUIDADO TINTA FRESCA	FESTETT	[fɛʃtɛtt]

81. Transportes urbanos

autocarro (m)	busz	[bus]
elétrico (m)	villamos	[villɒmoʃ]
troleicarro (m)	trolibusz	[trolibus]
itinerário (m)	járat	[ja:rɒt]
número (m)	szám	[sa:m]

ir de ... (carro, etc.)	megy ...vel	[mɛɟ ...vɛl]
entrar (~ no autocarro)	felszáll	[fɛlsa:ll]
descer de ...	leszáll	[lɛsa:ll]

paragem (f)	állomás	[a:lloma:ʃ]
próxima paragem (f)	következő állomás	[køvɛtkɛzø: a:lloma:ʃ]
ponto (m) final	végállomás	[ve:ga:lloma:ʃ]
horário (m)	menetrend	[mɛnɛtrɛnd]
esperar (vt)	vár	[va:r]

| bilhete (m) | jegy | [jɛɟ] |
| custo (m) do bilhete | jegyár | [jɛɟa:r] |

bilheteiro (m)	pénztáros	[pe:nsta:roʃ]
controlo (m) dos bilhetes	ellenőrzés	[ɛllɛnø:rze:ʃ]
revisor (m)	ellenőr	[ɛllɛnø:r]

atrasar-se (vr)	késik	[ke:ʃik]
perder (o autocarro, etc.)	elkésik ...re	[ɛlke:ʃik ...rɛ]
estar com pressa	siet	[ʃiɛt]

táxi (m)	taxi	[tɒksi]
taxista (m)	taxis	[tɒksiʃ]
de táxi (ir ~)	taxival	[tɒksivɒl]
praça (f) de táxis	taxiállomás	[tɒksia:lloma:ʃ]
chamar um táxi	taxit hív	[tɒksit hi:v]
apanhar um táxi	taxival megy	[tɒksival mɛɟ]

tráfego (m)	közlekedés	[køzlɛkɛde:ʃ]
engarrafamento (m)	dugó	[dugo:]
horas (f pl) de ponta	csúcsforgalom	[tʃu:tʃforgɒlom]
estacionar (vi)	parkol	[pɒrkol]
estacionar (vt)	parkol	[pɒrkol]
parque (m) de estacionamento	parkolóhely	[pɒrkolo:hɛj]

metro (m)	metró	[mɛtro:]
estação (f)	állomás	[a:lloma:ʃ]
ir de metro	metróval megy	[mɛtro:vɒl mɛɟ]
comboio (m)	vonat	[vonɒt]
estação (f)	pályaudvar	[pa:jɒudvɒr]

82. Turismo

monumento (m)	műemlék	[my:ɛmle:k]
fortaleza (f)	erőd	[ɛrø:d]
palácio (m)	palota	[pɒlotɒ]
castelo (m)	kastély	[kɒʃte:j]
torre (f)	torony	[toroɲ]
mausoléu (m)	mauzóleum	[mɒuzo:lɛum]

arquitetura (f)	építészet	[e:pi:te:sɛt]
medieval	középkori	[køze:pkori]
antigo	ősi	[ø:ʃi]
nacional	nemzeti	[nɛmzɛti]
conhecido	híres	[hi:rɛʃ]

| turista (m) | turista | [turiʃtɒ] |
| guia (pessoa) | idegenvezető | [idɛgɛn vɛzɛtø:] |

excursão (f)	kirándulás	[kira:ndula:ʃ]
mostrar (vt)	mutat	[mutɒt]
contar (vt)	mesél	[mɛʃe:l]

encontrar (vt)	talál	[tɒla:l]
perder-se (vr)	elvész	[ɛlve:s]
mapa (~ do metrô)	térkép	[te:rke:p]
mapa (~ da cidade)	térkép	[te:rke:p]

lembrança (f), presente (m)	emléktárgy	[ɛmle:kta:rɟ]
loja (f) de presentes	ajándékbolt	[ɒja:nde:kbolt]
fotografar (vt)	fényképez	[fe:ɲke:pɛz]
fotografar-se	lefényképezteti magát	[lɛfe:ɲke:pɛztɛti mɒga:t]

83. Compras

comprar (vt)	vásárol	[va:ʃa:rol]
compra (f)	vásárolt holmi	[va:ʃa:rolt holmi]
fazer compras	vásárol	[va:ʃa:rol]
compras (f pl)	vásárlás	[va:ʃa:rla:ʃ]

| estar aberta (loja, etc.) | dolgozik | [dolgozik] |
| estar fechada | bezáródik | [bɛza:ro:dik] |

calçado (m)	cipő	[tsipø:]
roupa (f)	ruha	[ruhɒ]
cosméticos (m pl)	kozmetika	[kozmɛtikɒ]
alimentos (m pl)	élelmiszer	[e:lɛlmisɛr]
presente (m)	ajándék	[ɒja:nde:k]

| vendedor (m) | eladó | [ɛlɒdo:] |
| vendedora (f) | eladónő | [ɛlɒdo:nø:] |

caixa (f)	pénztár	[pe:nsta:r]
espelho (m)	tükör	[tykør]
balcão (m)	pult	[pult]
cabine (f) de provas	próbafülke	[pro:bɒfylkɛ]

provar (vt)	felpróbál	[fɛlpro:ba:l]
servir (vi)	megfelel	[mɛgfɛlɛl]
gostar (apreciar)	tetszik	[tɛtsik]

preço (m)	ár	[a:r]
etiqueta (f) de preço	árcédula	[a:rtse:dulɒ]
custar (vt)	kerül	[kɛryl]
Quanto?	Mennyibe kerül?	[mɛɲɲibɛ kɛryl]
desconto (m)	kedvezmény	[kɛdvɛzme:ɲ]

não caro	olcsó	[oltʃo:]
barato	olcsó	[oltʃo:]
caro	drága	[dra:gɒ]
É caro	Ez drága.	[ɛz dra:gɒ]
aluguer (m)	kölcsönzés	[køltʃønze:ʃ]
alugar (vestidos, etc.)	kölcsönöz	[køltʃønøz]

| crédito (m) | hitel | [hitɛl] |
| a crédito | hitelbe | [hitɛlbɛ] |

84. Dinheiro

dinheiro (m)	pénz	[pe:nz]
câmbio (m)	váltás	[va:lta:ʃ]
taxa (f) de câmbio	árfolyam	[a:rfojɒm]
Caixa Multibanco (m)	bankautomata	[bɒŋk ɒutomɒtɒ]
moeda (f)	érme	[e:rmɛ]

| dólar (m) | dollár | [dolla:r] |
| euro (m) | euró | [ɛuro:] |

lira (f)	líra	[li:rɒ]
marco (m)	márka	[ma:rkɒ]
franco (m)	frank	[frɒŋk]
libra (f) esterlina	font sterling	[font stɛrliŋg]
iene (m)	jen	[jɛn]

dívida (f)	adósság	[ɒdo:ʃa:g]
devedor (m)	adós	[ɒdo:ʃ]
emprestar (vt)	kölcsönad	[køltʃønɒd]
pedir emprestado	kölcsönvesz	[køltʃønvɛs]

banco (m)	bank	[bɒŋk]
conta (f)	számla	[sa:mlɒ]
depositar na conta	számlára tesz	[sa:mla:rɒ tɛs]
levantar (vt)	számláról lehív	[sa:mla:ro:l lɛhi:v]

cartão (m) de crédito	hitelkártya	[hitɛlka:rcɒ]
dinheiro (m) vivo	készpénz	[ke:spe:nz]
cheque (m)	csekk	[tʃɛkk]
passar um cheque	kiállít egy csekket	[kia:lli:t ɛɟ: tʃɛkkɛt]
livro (m) de cheques	csekkkönyv	[tʃɛkkkøɲv]

carteira (f)	pénztárca	[pe:nsta:rtsɒ]
porta-moedas (m)	pénztárca	[pe:nsta:rtsɒ]
cofre (m)	páncélszekrény	[pa:ntse:lsɛkre:ɲ]

herdeiro (m)	örökös	[ørøkøʃ]
herança (f)	örökség	[ørøkʃe:g]
fortuna (riqueza)	vagyon	[vɒɟøn]

arrendamento (m)	bérlet	[be:rlɛt]
renda (f) de casa	lakbér	[lɒkbe:r]
alugar (vt)	bérel	[be:rɛl]

preço (m)	ár	[a:r]
custo (m)	költség	[køltʃe:g]
soma (f)	összeg	[øssɛg]

| gastar (vt) | költ | [kølt] |
| gastos (m pl) | kiadások | [kiɒda:ʃok] |

| economizar (vi) | takarékoskodik | [tɒkɒre:koʃkodik] |
| económico | takarékos | [tɒkɒre:koʃ] |

pagar (vt)	fizet	[fizɛt]
pagamento (m)	fizetés	[fizɛte:ʃ]
troco (m)	visszajáró pénz	[vissɒja:rɔ: pe:nz]

imposto (m)	adó	[ɒdo:]
multa (f)	büntetés	[byntɛte:ʃ]
multar (vt)	büntet	[byntɛt]

85. Correios. Serviço postal

correios (m pl)	posta	[poʃtɒ]
correio (m)	posta	[poʃtɒ]
carteiro (m)	postás	[poʃta:ʃ]
horário (m)	nyitvatartási idő	[ɲitvɒtɒrta:ʃi idø:]

carta (f)	levél	[lɛve:l]
carta (f) registada	ajánlott levél	[ɒja:nlott lɛve:l]
postal (m)	képeslap	[ke:pɛʃlɒp]
telegrama (m)	távirat	[ta:virɒt]
encomenda (f) postal	csomag	[ʧomɒg]
remessa (f) de dinheiro	pénzátutalás	[pe:nza:tutɒla:ʃ]

receber (vt)	kap	[kɒp]
enviar (vt)	felad	[fɛlɒd]
envio (m)	feladás	[fɛlɒda:ʃ]

endereço (m)	cím	[tsi:m]
código (m) postal	irányítószám	[ira:ɲi:tɔ:sa:m]
remetente (m)	feladó	[fɛlɒdo:]
destinatário (m)	címzett	[tsi:mzɛtt]

| nome (m) | név | [ne:v] |
| apelido (m) | vezetéknév | [vɛzɛte:k ne:v] |

tarifa (f)	tarifa	[tarifa]
ordinário	normál	[norma:l]
económico	kedvezményes	[kɛdvɛzme:ɲɛʃ]

peso (m)	súly	[ʃu:j]
pesar (estabelecer o peso)	megmér	[mɛgme:r]
envelope (m)	boríték	[bori:te:k]
selo (m)	márka	[ma:rkɒ]

Moradia. Casa. Lar

86. Casa. Habitação

casa (f)	ház	[ha:z]
em casa	itthon	[itthon]
pátio (m)	udvar	[udvɒr]
cerca (f)	kerítés	[kɛri:te:ʃ]
tijolo (m)	tégla	[te:glɒ]
de tijolos	tégla	[te:glɒ]
pedra (f)	kő	[kø:]
de pedra	kő	[kø:]
betão (m)	beton	[bɛton]
de betão	beton	[bɛton]
novo	új	[u:j]
velho	régi	[re:gi]
decrépito	omladozó	[omladozo:]
moderno	modern	[modɛrn]
de muitos andares	többemeletes	[tøbbɛmɛlɛtɛʃ]
alto	magas	[mɒgɒʃ]
andar (m)	emelet	[ɛmɛlɛt]
de um andar	földszintes	[føldsintɛʃ]
andar (m) de baixo	földszint	[føldsint]
andar (m) de cima	felső emelet	[fɛlʃø: ɛmɛlɛt]
telhado (m)	tető	[tɛtø:]
chaminé (f)	kémény	[ke:me:ɲ]
telha (f)	cserép	[ʧɛre:p]
de telha	cserép	[ʧɛre:p]
sótão (m)	padlás	[pɒdla:ʃ]
janela (f)	ablak	[ɒblɒk]
vidro (m)	üveg	[yvɛg]
parapeito (m)	ablakdeszka	[ɒblɒg dɛskɒ]
portadas (f pl)	zsalugáter	[ʒɒluga:tɛr]
parede (f)	fal	[fɒl]
varanda (f)	erkély	[ɛrke:j]
tubo (m) de queda	vízlevezető cső	[vi:zlɛvɛzɛtø: ʧø:]
em cima	fent	[fɛnt]
subir (~ as escadas)	felmegy	[fɛlmɛɟ]
descer (vi)	lemegy	[lɛmɛɟ]
mudar-se (vr)	átköltözik	[a:tkøltøzik]

87. Casa. Entrada. Elevador

entrada (f)	bejárat	[bɛjaːrɒt]
escada (f)	lépcső	[leːpʧøː]
degraus (m pl)	lépcsőfok	[leːpʧøːfok]
corrimão (m)	korlát	[korlaːt]
hall (m) de entrada	előcsarnok	[ɛløːʧɒrnok]
caixa (f) de correio	postaláda	[poʃtɒlaːdɒ]
caixote (m) do lixo	kuka	[kukɒ]
conduta (f) do lixo	szemétledobó	[sɛmeːt lɛdoboː]
elevador (m)	lift	[lift]
elevador (m) de carga	teherfelvonó	[tɛhɛr fɛlvonoː]
cabine (f)	fülke	[fylkɛ]
pegar o elevador	lifttel megy	[lifttɛl mɛɟ]
apartamento (m)	lakás	[lɒkaːʃ]
moradores (m pl)	lakók	[lɒkoːk]
vizinho (m)	szomszéd	[somseːd]
vizinha (f)	szomszéd	[somseːd]
vizinhos (pl)	szomszédok	[somseːdok]

88. Casa. Eletricidade

eletricidade (f)	villany	[villɒɲ]
lâmpada (f)	körte	[kørtɛ]
interruptor (m)	bekapcsoló	[bɛkɒpʧoloː]
fusível (m)	biztosíték	[bistoʃiːteːk]
fio, cabo (m)	vezeték	[vɛzɛteːk]
instalação (f) elétrica	vezetés	[vɛzɛteːʃ]
contador (m) de eletricidade	villanyóra	[villɒɲ oːrɒ]
indicação (f), registo (m)	állás	[aːllaːʃ]

89. Casa. Portas. Fechaduras

porta (f)	ajtó	[ɒjtoː]
portão (m)	kapu	[kɒpu]
maçaneta (f)	kilincs	[kilinʧ]
destrancar (vt)	kinyit	[kiɲit]
abrir (vt)	kinyit	[kiɲit]
fechar (vt)	bezár	[bɛzaːr]
chave (f)	kulcs	[kulʧ]
molho (m)	kulcscsomó	[kulʧ ʧomoː]
ranger (vi)	nyikorog	[ɲikorog]
rangido (m)	nyikorgás	[ɲikorgaːʃ]
dobradiça (f)	zsanér	[ʒaneːr]
tapete (m) de entrada	lábtörlő	[laːptørlø]
fechadura (f)	zár	[zaːr]

buraco (m) da fechadura	zárlyuk	[zaːrjuk]
ferrolho (m)	retesz	[rɛtɛs]
fecho (ferrolho pequeno)	tolózár	[toloːzaːr]
cadeado (m)	lakat	[lɒkɒt]

tocar (vt)	csenget	[ʧɛŋgɛt]
toque (m)	csengetés	[ʧɛŋgɛteːʃ]
campainha (f)	csengő	[ʧɛŋgøː]
botão (m)	gomb	[gomb]
batida (f)	kopogás	[kopogaːʃ]
bater (vi)	kopog	[kopog]

código (m)	kód	[koːd]
fechadura (f) de código	kódzár	[koːʣaːr]
telefone (m) de porta	kaputelefon	[kɒputɛlɛfon]
número (m)	szám	[saːm]
placa (f) de porta	felirat	[fɛlirɒt]
vigia (f), olho (m) mágico	kukucskáló	[kukuʧkaːloː]

90. Casa de campo

aldeia (f)	falu	[fɒlu]
horta (f)	konyhakert	[koɲhɒkɛrt]
cerca (f)	kerítés	[kɛriːteːʃ]
paliçada (f)	kerítés	[kɛriːteːʃ]
cancela (f) do jardim	kiskapu	[kiʃkɒpu]

celeiro (m)	magtár	[mɒgtaːr]
adega (f)	pince	[pintsɛ]
galpão, barracão (m)	pajta	[pɒjtɒ]
poço (m)	kút	[kuːt]

fogão (m)	kemence	[kɛmɛntsɛ]
atiçar o fogo	begyújt	[bɛɟuːjt]
lenha (carvão ou ~)	tűzifa	[tyːzifɒ]
acha (lenha)	fahasáb	[fɒhɒʃaːb]

varanda (f)	veranda	[vɛrɒndɒ]
alpendre (m)	terasz	[tɛrɒs]
degraus (m pl) de entrada	feljárat	[fɛljaːrɒt]
balouço (m)	hinta	[hintɒ]

91. Moradia. Mansão

casa (f) de campo	hétvégi ház	[heːtveːgi haːz]
vila (f)	villa	[villɒ]
ala (~ do edifício)	szárny	[saːrɲ]

jardim (m)	kert	[kɛrt]
parque (m)	park	[pɒrk]
estufa (f)	melegház	[mɛlɛkhaːz]
cuidar de …	ápol	[aːpol]

85

piscina (f)	medence	[mɛdɛntsɛ]
ginásio (m)	tornacsarnok	[tornɒtʃɒrnok]
campo (m) de ténis	teniszpálya	[tɛnispa:jɒ]
cinema (m)	házimozi	[ha:zimozi]
garagem (f)	garázs	[gɒra:ʒ]

| propriedade (f) privada | magánterület | [mɒga:n tɛrylɛt] |
| terreno (m) privado | magánterület | [mɒga:n tɛrylɛt] |

| advertência (f) | figyelmeztetés | [fiɟɛlmɛztɛte:ʃ] |
| sinal (m) de aviso | figyelmeztető felirat | [fiɟɛlmɛztɛtø: fɛlirɒt] |

guarda (f)	őrség	[ø:rʃe:g]
guarda (m)	biztonsági őr	[bistonʃa:gi ø:r]
alarme (m)	riasztó	[riɒsto:]

92. Castelo. Palácio

castelo (m)	kastély	[kɒʃte:j]
palácio (m)	palota	[pɒlotɒ]
fortaleza (f)	erőd	[ɛrø:d]
muralha (f)	fal	[fɒl]
torre (f)	torony	[toroɲ]
calabouço (m)	főtorony	[fø:toroɲ]

grade (f) levadiça	felvonókapu	[fɛlvono: kɒpu]
passagem (f) subterrânea	föld alatti járat	[føld ɒlɒtti ja:rɒt]
fosso (m)	árok	[a:rok]
corrente, cadeia (f)	lánc	[la:nts]
seteira (f)	lőrés	[lø:re:ʃ]

magnífico	nagyszerű	[nɒɟsɛry:]
majestoso	magasztos	[mɒgɒstoʃ]
inexpugnável	bevehetetlen	[bɛvɛhɛtɛtlɛn]
medieval	középkori	[køze:pkori]

93. Apartamento

apartamento (m)	lakás	[lɒka:ʃ]
quarto (m)	szoba	[sobɒ]
quarto (m) de dormir	hálószoba	[ha:lo:sobɒ]
sala (f) de jantar	ebédlő	[ɛbe:dlø:]
sala (f) de estar	nappali	[nɒppɒli]
escritório (m)	dolgozószoba	[dolgozo:sobɒ]

antessala (f)	előszoba	[ɛlø:sobɒ]
quarto (m) de banho	fürdőszoba	[fyrdø:sobɒ]
toilette (lavabo)	vécé	[ve:tse:]

teto (m)	mennyezet	[mɛnɲɛzɛt]
chão, soalho (m)	padló	[pɒdlo:]
canto (m)	sarok	[ʃɒrok]

94. Apartamento. Limpeza

arrumar, limpar (vt)	takarít	[tɔkɔri:t]
guardar (no armário, etc.)	eltesz	[ɛltɛs]
pó (m)	por	[por]
empoeirado	poros	[poroʃ]
limpar o pó	port töröl	[port tørøl]
aspirador (m)	porszívó	[porsi:vo:]
aspirar (vt)	porszívózik	[porsi:vo:zik]
varrer (vt)	söpör	[ʃøpør]
sujeira (f)	szemét	[sɛme:t]
arrumação (f), ordem (f)	rend	[rɛnd]
desordem (f)	rendetlenség	[rɛndɛtlɛnʃe:g]
esfregão (m)	seprő	[ʃɛprø:]
pano (m), trapo (m)	rongy	[roɲɟ]
vassoura (f)	söprű	[ʃɛpry:]
pá (f) de lixo	lapát	[lɒpa:t]

95. Mobiliário. Interior

mobiliário (m)	bútor	[bu:tor]
mesa (f)	asztal	[ɒstɒl]
cadeira (f)	szék	[se:k]
cama (f)	ágy	[a:ɟ]
divã (m)	dívány	[di:va:ɲ]
cadeirão (m)	fotel	[fotɛl]
estante (f)	könyvszekrény	[køɲvsɛkre:ɲ]
prateleira (f)	könyvpolc	[køɲvpolts]
guarda-vestidos (m)	ruhaszekrény	[ruhɒ sɛkre:ɲ]
cabide (m) de parede	ruhatartó	[ruhɒtɔrto:]
cabide (m) de pé	fogas	[fogɒʃ]
cómoda (f)	komód	[komo:d]
mesinha (f) de centro	dohányzóasztal	[doha:ɲzo:ɒstɒl]
espelho (m)	tükör	[tykør]
tapete (m)	szőnyeg	[sø:nɛg]
tapete (m) pequeno	kis szőnyeg	[kiʃ sø:nɛg]
lareira (f)	kandalló	[kɔndɒllo:]
vela (f)	gyertya	[ɟɛrcɒ]
castiçal (m)	gyertyatartó	[ɟɛrcɒtɔrto:]
cortinas (f pl)	függöny	[fyggøɲ]
papel (m) de parede	tapéta	[tɒpe:tɒ]
estores (f pl)	redőny	[rɛdø:ɲ]
candeeiro (m) de mesa	asztali lámpa	[ɒstɒli la:mpɒ]
candeeiro (m) de parede	lámpa	[la:mpɒ]

| candeeiro (m) de pé | állólámpa | [a:llo:la:mpɒ] |
| lustre (m) | csillár | [ʧilla:r] |

pé (de mesa, etc.)	láb	[la:b]
braço (m)	kartámla	[kɒrta:mlɒ]
costas (f pl)	támla	[ta:mlɒ]
gaveta (f)	fiók	[fio:k]

96. Quarto de dormir

roupa (f) de cama	ágynemű	[a:ɟnɛmy:]
almofada (f)	párna	[pa:rnɒ]
fronha (f)	párnahuzat	[pa:rnɒhuzɒt]
cobertor (m)	takaró	[tɒkɒro:]
lençol (m)	lepedő	[lɛpɛdø:]
colcha (f)	takaró	[tɒkɒro:]

97. Cozinha

cozinha (f)	konyha	[koɲhɒ]
gás (m)	gáz	[ga:z]
fogão (m) a gás	gáztűzhely	[ga:zty:zhɛj]
fogão (m) elétrico	elektromos tűzhely	[ɛlɛktromoʃ ty:shɛj]
forno (m)	sütő	[ʃytø:]
forno (m) de micro-ondas	mikrohullámú sütő	[mikrohulla:mu: ʃytø:]

frigorífico (m)	hűtőszekrény	[hy:tø:sɛkre:ɲ]
congelador (m)	fagyasztóláda	[fɒɟɒsto:la:dɒ]
máquina (f) de lavar louça	mosogatógép	[moʃogɒto:ge:p]

moedor (m) de carne	húsdaráló	[hu:ʃdɒra:lo:]
espremedor (m)	gyümölcscentrifuga	[ɟymølʧ tsɛntrifugɒ]
torradeira (f)	kenyérpirító	[kɛne:rpiri:to:]
batedeira (f)	turmixgép	[turmiksge:p]

máquina (f) de café	kávéfőző	[ka:ve:fø:zø:]
cafeteira (f)	kávéskanna	[ka:ve:ʃkɒnnɒ]
moinho (m) de café	kávéőrlő	[ka:ve:ø:rlø:]

chaleira (f)	kanna	[kɒnnɒ]
bule (m)	teáskanna	[tɛa:ʃkɒnnɒ]
tampa (f)	fedél	[fɛde:l]
coador (m) de chá	szűrő	[sy:rø:]

colher (f)	kanál	[kɒna:l]
colher (f) de chá	teáskanál	[tɛa:ʃkɒna:l]
colher (f) de sopa	evőkanál	[ɛvø:kɒna:l]
garfo (m)	villa	[villɒ]
faca (f)	kés	[ke:ʃ]

| louça (f) | edény | [ɛde:ɲ] |
| prato (m) | tányér | [ta:ne:r] |

pires (m)	csészealj	[ʧeːsɛɒj]
cálice (m)	kupica	[kupitsɒ]
copo (m)	pohár	[pohaːr]
chávena (f)	csésze	[ʧeːsɛ]

açucareiro (m)	cukortartó	[tsukortɒrtoː]
saleiro (m)	sótartó	[ʃoːtɒrtoː]
pimenteiro (m)	borstartó	[borʃtɒrtoː]
manteigueira (f)	vajtartó	[vɒj tɒrtoː]

panela, caçarola (f)	lábas	[laːbɒʃ]
frigideira (f)	serpenyő	[ʃɛrpɛɲøː]
concha (f)	merőkanál	[mɛrøːkɒnaːl]
passador (m)	tésztaszűrő	[teːstɒsyːrøː]
bandeja (f)	tálca	[taːltsɒ]

garrafa (f)	palack, üveg	[pɒlɒsk], [yvɛg]
boião (m) de vidro	befőttes üveg	[bɛføːtɛs yvɛg]
lata (f)	bádogdoboz	[baːdogdoboz]

abre-garrafas (m)	üvegnyitó	[yvɛg ɲitoː]
abre-latas (m)	konzervnyitó	[konzɛrv ɲitoː]
saca-rolhas (m)	dugóhúzó	[dugoːhuːzoː]
filtro (m)	filter	[filtɛr]
filtrar (vt)	szűr	[syːr]

| lixo (m) | szemét | [sɛmeːt] |
| balde (m) do lixo | kuka | [kukɒ] |

98. Casa de banho

quarto (m) de banho	fürdőszoba	[fyrdøːsobɒ]
água (f)	víz	[viːz]
torneira (f)	csap	[ʧɒp]
água (f) quente	meleg víz	[mɛlɛg viːz]
água (f) fria	hideg víz	[hidɛg viːz]

| pasta (f) de dentes | fogkrém | [fogkreːm] |
| escovar os dentes | fogat mos | [fogɒt moʃ] |

barbear-se (vr)	borotválkozik	[borotvaːlkozik]
espuma (f) de barbear	borotvahab	[borotvɒhɒb]
máquina (f) de barbear	borotva	[borotvɒ]

lavar (vt)	mos	[moʃ]
lavar-se (vr)	mosakodik	[moʃɒkodik]
duche (m)	zuhany	[zuhɒɲ]
tomar um duche	zuhanyozik	[zuhɒɲozik]

banheira (f)	fürdőkád	[fyrdøːkaːd]
sanita (f)	vécékagyló	[veːtse kɒɟloː]
lavatório (m)	mosdókagyló	[moʒdoːkɒɟloː]
sabonete (m)	szappan	[sɒppɒn]
saboneteira (f)	szappantartó	[sɒppɒntɒrtoː]

esponja (f)	szivacs	[sivɒtʃ]
champô (m)	sampon	[ʃɒmpon]
toalha (f)	törülköző	[tørylkøzø:]
roupão (m) de banho	köntös	[køntøʃ]

lavagem (f)	mosás	[moʃa:ʃ]
máquina (f) de lavar	mosógép	[moʃo:ge:p]
lavar a roupa	ruhát mos	[ruha:t moʃ]
detergente (m)	mosópor	[moʃo:por]

99. Eletrodomésticos

televisor (m)	televízió	[tɛlɛvi:zio:]
gravador (m)	magnó	[mɒgno:]
videogravador (m)	videomagnó	[vidɛomɒgno:]
rádio (m)	vevőkészülék	[vɛvø:ke:syle:k]
leitor (m)	sétálómagnó	[ʃe:ta:lo: mɒgno:]

projetor (m)	videovetítő	[vidɛovɛti:tø:]
cinema (m) em casa	házimozi	[ha:zimozi]
leitor (m) de DVD	DVDlejátszó	[dɛvɛdɛlɛja:tso:]
amplificador (m)	erősítő	[ɛrø:ʃi:tø:]
console (f) de jogos	videojáték	[vidɛoja:te:k]

câmara (f) de vídeo	videokamera	[vidɛokɒmɛrɒ]
máquina (f) fotográfica	fényképezőgép	[fe:ɲke:pɛzø:ge:p]
câmara (f) digital	digitális fényképezőgép	[digita:liʃ fe:ɲke:pɛzø:ge:p]

aspirador (m)	porszívó	[porsi:vo:]
ferro (m) de engomar	vasaló	[vɒʃɒlo:]
tábua (f) de engomar	vasalódeszka	[vɒʃɒlo:dɛskɒ]

telefone (m)	telefon	[tɛlɛfon]
telemóvel (m)	mobiltelefon	[mobiltɛlɛfon]
máquina (f) de escrever	írógép	[i:ro:ge:p]
máquina (f) de costura	varrógép	[vɒrro:ge:p]

microfone (m)	mikrofon	[mikrofon]
auscultadores (m pl)	fejhallgató	[fɛlhɒllgɒto:]
controlo remoto (m)	távkapcsoló	[ta:v kɒptʃolo:]

CD (m)	CDlemez	[tsɛdɛlɛmɛz]
cassete (f)	kazetta	[kɒzɛttɒ]
disco (m) de vinil	lemez	[lɛmɛz]

100. Reparações. Renovação

renovação (f)	felújítás	[fɛlu:ji:ta:ʃ]
renovar (vt), fazer obras	renovál	[rɛnova:l]
reparar (vt)	javít	[jɒvi:t]
consertar (vt)	rendbe hoz	[rɛndbɛ hoz]

T&P Books. Vocabulário Português-Húngaro - 9000 palavras

refazer (vt)	újra csinál	[u:jrɒ tʃina:l]
tinta (f)	festék	[fɛʃte:k]
pintar (vt)	fest	[fɛʃt]
pintor (m)	festő	[fɛʃtø:]
pincel (m)	ecset	[ɛtʃɛt]

| cal (f) | mészfesték | [me:sfɛʃte:k] |
| caiar (vt) | meszel | [mɛsɛl] |

papel (m) de parede	tapéta	[tɒpe:tɒ]
colocar papel de parede	tapétáz	[tɒpe:ta:z]
verniz (m)	lakk	[lɒkk]
envernizar (vt)	lakkoz	[lɒkkoz]

101. Canalizações

água (f)	víz	[vi:z]
água (f) quente	meleg víz	[mɛlɛg vi:z]
água (f) fria	hideg víz	[hidɛg vi:z]
torneira (f)	csap	[tʃɒp]

gota (f)	csepp	[tʃɛpp]
gotejar (vi)	csepeg	[tʃɛpɛg]
vazar (vt)	szivárog	[siva:rog]
vazamento (m)	szivárgás	[siva:rga:s]
poça (f)	tócsa	[to:tʃɒ]

tubo (m)	cső	[tʃø:]
válvula (f)	szelep	[sɛlɛp]
entupir-se (vr)	eldugul	[ɛldugul]

ferramentas (f pl)	szerszámok	[sɛrsa:mok]
chave (f) inglesa	állítható csavarkulcs	[a:lli:thɒto: tʃɒvɒrkultʃ]
desenroscar (vt)	kicsavar	[kitʃɒvɒr]
enroscar (vt)	becsavar	[bɛtʃɒvɒr]

desentupir (vt)	kitisztít	[kitisti:t]
canalizador (m)	vízvezetékszerelő	[vi:zvɛzɛte:ksɛrɛlø:]
cave (f)	pince	[pintsɛ]
sistema (m) de esgotos	csatornázás	[tʃɒtorna:za:ʃ]

102. Fogo. Deflagração

incêndio (m)	tűz	[ty:z]
chama (f)	láng	[la:ŋg]
faísca (f)	szikra	[sikrɒ]
fumo (m)	füst	[fyʃt]
tocha (f)	fáklya	[fa:kjɒ]
fogueira (f)	tábortűz	[ta:borty:z]

| gasolina (f) | benzin | [bɛnzin] |
| querosene (m) | kerozin | [kɛrozin] |

91

inflamável	gyúlékony	[ɟu:le:koɲ]
explosivo	robbanásveszélyes	[robbɒna:ʃ vɛse:jɛʃ]
PROIBIDO FUMAR!	DOHÁNYOZNI TILOS!	[doha:nøzni tiloʃ]
segurança (f)	biztonság	[bistonʃa:g]
perigo (m)	veszély	[vɛse:j]
perigoso	veszélyes	[vɛse:jɛʃ]
incendiar-se (vr)	meggyullad	[mɛɟɟyllɒd]
explosão (f)	robbanás	[robbɒna:ʃ]
incendiar (vt)	felgyújt	[fɛlɟu:jt]
incendiário (m)	gyújtogató	[ɟu:jtogɒto:]
incêndio (m) criminoso	gyújtogatás	[ɟu:jtogɒta:ʃ]
arder (vi)	lángol	[la:ŋgol]
queimar (vi)	ég	[e:g]
queimar tudo (vi)	leég	[le:ɛg]
bombeiro (m)	tűzoltó	[ty:zolto:]
carro (m) de bombeiros	tűzoltóautó	[ty:zolto:ɒuto:]
corpo (m) de bombeiros	tűzoltócsapat	[ty:zolto: ʧɒpɒt]
mangueira (f)	tűzoltótömlő	[ty:zolto:tømlø:]
extintor (m)	tűzoltó készülék	[ty:zolto: ke:syle:k]
capacete (m)	sisak	[ʃiʃɒk]
sirene (f)	riadó	[riɒdo:]
gritar (vi)	kiabál	[kiɒba:l]
chamar por socorro	segítségre hív	[ʃɛgi:ʧe:grɛ hi:v]
salvador (m)	mentő	[mɛntø:]
salvar, resgatar (vt)	megment	[mɛgmɛnt]
chegar (vi)	érkezik	[e:rkɛzik]
apagar (vt)	olt	[olt]
água (f)	víz	[vi:z]
areia (f)	homok	[homok]
ruínas (f pl)	romok	[romok]
ruir (vi)	beomlik	[bɛomlik]
desmoronar (vi)	leomlik	[lɛomlik]
desabar (vi)	összedől	[øssɛdø:l]
fragmento (m)	töredék	[tørɛde:k]
cinza (f)	hamu	[hɒmu]
sufocar (vi)	megfullad	[mɛgfullɒd]
perecer (vi)	elpusztul	[ɛlpustul]

ATIVIDADES HUMANAS

Emprego. Negócios. Parte 1

103. Escritório. O trabalho no escritório

escritório (~ de advogados)	iroda	[irodɒ]
escritório (do diretor, etc.)	iroda	[irodɒ]
receção (f)	recepció	[rɛtsɛptsio:]
secretário (m)	titkár	[titka:r]
diretor (m)	igazgató	[igɒzgɒto:]
gerente (m)	menedzser	[mɛnɛdʒɛr]
contabilista (m)	könyvelő	[køɲvɛlø:]
empregado (m)	munkatárs	[muŋkɒta:rʃ]
mobiliário (m)	bútor	[bu:tor]
mesa (f)	asztal	[ɒstɒl]
cadeira (f)	munkaszék	[muŋkɒse:k]
bloco (m) de gavetas	fiókos elem	[fjo:kos ɛlɛm]
cabide (m) de pé	fogas	[fogɒʃ]
computador (m)	számítógép	[sa:mi:to:ge:p]
impressora (f)	nyomtató	[ɲomtɒto:]
fax (m)	fax	[fɒks]
fotocopiadora (f)	másoló	[ma:ʃolo:]
papel (m)	papír	[pɒpi:r]
artigos (m pl) de escritório	irodaszerek	[irodɒsɛrɛk]
tapete (m) de rato	egérpad	[ɛge:rpɒd]
folha (f) de papel	lap	[lɒp]
pasta (f)	irattartó	[irɒttɒrto:]
catálogo (m)	katalógus	[kɒtɒlo:guʃ]
diretório (f) telefónico	címkönyv	[tsi:mkøɲv]
documentação (f)	dokumentáció	[dokumɛnta:tsjo:]
brochura (f)	brosúra	[broʃu:rɒ]
flyer (m)	röplap	[røplɒp]
amostra (f)	mintadarab	[mintɒdɒrɒb]
formação (f)	tréning	[tre:niŋg]
reunião (f)	értekezlet	[e:rtɛkɛzlɛt]
hora (f) de almoço	ebédszünet	[ɛbe:dsynɛt]
fazer uma cópia	lemásol	[lɛma:ʃol]
tirar cópias	sokszoroz	[ʃoksoroz]
receber um fax	faxot kap	[fɒksot kɒp]
enviar um fax	faxot küld	[fɒksot kyld]
fazer uma chamada	felhív	[fɛlhi:v]

| responder (vt) | válaszol | [va:lɒsol] |
| passar (vt) | összekapcsol | [øssɛkɒptʃol] |

marcar (vt)	megszervez	[mɛksɛrvɛz]
demonstrar (vt)	bemutat	[bɛmutɒt]
estar ausente	hiányzik	[hia:ɲzik]
ausência (f)	távolmaradás	[ta:volmɒrɒda:ʃ]

104. Processos negociais. Parte 1

ocupação (f)	üzlet	[yzlɛt]
firma, empresa (f)	cég	[tse:g]
companhia (f)	társaság	[ta:rʃɒʃa:g]
corporação (f)	vállalat	[va:llɒlɒt]
empresa (f)	vállalat	[va:llɒlɒt]
agência (f)	ügynökség	[yɟnøkʃe:g]

acordo (documento)	egyezmény	[ɛɟ:ɛzme:ɲ]
contrato (m)	szerződés	[sɛrzø:de:ʃ]
acordo (transação)	ügylet	[yɟlɛt]
encomenda (f)	megrendelés	[mɛgrɛndɛle:ʃ]
cláusulas (f pl), termos (m pl)	feltétel	[fɛlte:tɛl]

por grosso (adv)	nagyban	[nɒɟbɒn]
por grosso (adj)	nagykereskedelmi	[nɒckɛrɛʃkɛdɛlmi]
venda (f) por grosso	nagykereskedelem	[nɒckɛrɛʃkɛdɛlɛm]
a retalho	kiskereskedelmi	[kiʃkɛrɛʃkɛdɛlmi]
venda (f) a retalho	kiskereskedelem	[kiʃkɛrɛʃkɛdɛlɛm]

concorrente (m)	versenytárs	[vɛrʃɛɲta:rʃ]
concorrência (f)	verseny	[vɛrʃɛɲ]
competir (vi)	versenyez	[vɛrʃɛnɛz]

| sócio (m) | társ | [ta:rʃ] |
| parceria (f) | partnerség | [pɒrtnɛrʃe:g] |

crise (f)	válság	[va:lʃa:g]
bancarrota (f)	csőd	[tʃø:d]
entrar em falência	tönkremegy	[tønkrɛmɛɟ]
dificuldade (f)	nehézség	[nɛhe:zʃe:g]
problema (m)	probléma	[proble:mɒ]
catástrofe (f)	katasztrófa	[kɒtɒstro:fɒ]

economia (f)	gazdaság	[gɒzdɒʃa:g]
económico	gazdasági	[gɒzdɒʃa:gi]
recessão (f) económica	gazdasági hanyatlás	[gɒzdɒʃa:gi hɒɲɒtla:ʃ]

| objetivo (m) | cél | [tse:l] |
| tarefa (f) | feladat | [fɛlɒdɒt] |

comerciar (vi, vt)	kereskedik	[kɛrɛʃkɛdik]
rede (de distribuição)	háló	[ha:lo:]
estoque (m)	raktár	[rɒkta:r]
sortimento (m)	választék	[va:lɒste:k]

líder (m)	vezető	[vɛzɛtø:]
grande (~ empresa)	nagy	[nɒɟ]
monopólio (m)	monopólium	[monopo:lium]

teoria (f)	elmélet	[ɛlme:lɛt]
prática (f)	gyakorlat	[ɟokorlɒt]
experiência (falar por ~)	tapasztalat	[tɒpɒstɒlɒt]
tendência (f)	tendencia	[tɛndɛntsiɒ]
desenvolvimento (m)	fejlődés	[fɛjlø:de:ʃ]

105. Processos negociais. Parte 2

| rentabilidade (f) | előny | [ɛlø:ɲ] |
| rentável | előnyös | [ɛlø:nøʃ] |

delegação (f)	küldöttség	[kyldøtʧe:g]
salário, ordenado (m)	fizetés	[fizɛte:ʃ]
corrigir (um erro)	javít	[jɒvi:t]
viagem (f) de negócios	szolgálati utazás	[solga:lɒti utɒza:ʃ]
comissão (f)	bizottság	[bizotʧa:g]

controlar (vt)	ellenőriz	[ɛllɛnø:riz]
conferência (f)	konferencia	[konfɛrɛntsiɒ]
licença (f)	licencia	[litsɛntsiɒ]
confiável	megbízható	[mɛgbi:shɒto:]

empreendimento (m)	kezdeményezés	[kɛzdɛme:nɛze:ʃ]
norma (f)	szabvány	[sɒbva:ɲ]
circunstância (f)	körülmény	[kørylme:ɲ]
dever (m)	kötelesség	[køtɛlɛʃe:g]

empresa (f)	szervezet	[sɛrvɛzɛt]
organização (f)	szervezet	[sɛrvɛzɛt]
organizado	szervezett	[sɛrvɛzɛtt]
anulação (f)	törlés	[tørle:ʃ]
anular, cancelar (vt)	eltöröl	[ɛltørøl]
relatório (m)	beszámoló	[bɛsa:molo:]

patente (f)	szabadalom	[sɒbɒdɒlom]
patentear (vt)	szabadalmaztat	[sɒbɒdɒlmɒztɒt]
planear (vt)	tervez	[tɛrvɛz]

prémio (m)	prémium	[pre:mjum]
profissional	szakmai	[sɒkmɒi]
procedimento (m)	eljárás	[ɛlja:ra:ʃ]

examinar (a questão)	vizsgál	[viʒga:l]
cálculo (m)	számítás	[sa:mi:ta:ʃ]
reputação (f)	hírnév	[hi:rne:v]
risco (m)	kockázat	[kotska:zɒt]

dirigir (~ uma empresa)	irányít	[ira:ni:t]
informação (f)	tudnivalók	[tudnivɒlo:k]
propriedade (f)	tulajdon	[tulɒjdon]

95

união (f)	szövetség	[søvɛtʃeːg]
seguro (m) de vida	életbiztosítás	[eːlɛt bistoʃiːtaːʃ]
fazer um seguro	biztosít	[bistoʃiːt]
seguro (m)	biztosíték	[bistoʃiːteːk]

leilão (m)	árverés	[aːrvɛreːʃ]
notificar (vt)	értesít	[eːrtɛʃiːt]
gestão (f)	igazgatás	[igɒzgɒtaːʃ]
serviço (indústria de ~s)	szolgálat	[solgaːlɒt]

fórum (m)	fórum	[foːrum]
funcionar (vi)	működik	[myːkødik]
estágio (m)	szakasz	[sɒkɒs]
jurídico	jogi	[jogi]
jurista (m)	jogász	[jogaːs]

106. Produção. Trabalhos

usina (f)	gyár	[ɟaːr]
fábrica (f)	üzem	[yzɛm]
oficina (f)	műhely	[myːhɛj]
local (m) de produção	üzem	[yzɛm]

indústria (f)	ipar	[ipɒr]
industrial	ipari	[ipɒri]
indústria (f) pesada	nehézipar	[nɛheːzipɒr]
indústria (f) ligeira	könnyűipar	[kønɲyːipɒr]

produção (f)	termék	[tɛrmeːk]
produzir (vt)	termel	[tɛrmɛl]
matérias-primas (f pl)	nyersanyag	[ɲɛrʃɒɲɒg]

chefe (m) de brigada	előmunkás	[ɛløːmuŋkaːʃ]
brigada (f)	brigád	[brigaːd]
operário (m)	munkás	[muŋkaːʃ]

dia (m) de trabalho	munkanap	[muŋkɒnɒp]
pausa (f)	szünet	[synɛt]
reunião (f)	gyűlés	[ɟyːleːʃ]
discutir (vt)	megbeszél	[mɛgbɛseːl]

plano (m)	terv	[tɛrv]
cumprir o plano	tervet teljesít	[tɛrvɛt tɛjɛʃiːt]
taxa (f) de produção	norma	[normɒ]
qualidade (f)	minőség	[minøːʃeːg]
controlo (m)	ellenőrzés	[ɛllɛnøːrzeːʃ]
controlo (m) da qualidade	minőség ellenőrzése	[minøːʃeːg ɛllɛnøːrzeːʃɛ]

segurança (f) no trabalho	munkabiztonság	[muŋkɒbistonʃaːg]
disciplina (f)	fegyelem	[fɛɟɛlɛm]
infração (f)	megsértés	[mɛgʃeːrteːʃ]
violar (as regras)	megsért	[mɛgʃeːrt]
greve (f)	sztrájk	[straːjk]
grevista (m)	sztrájkoló	[straːjkoloː]

| estar em greve | sztrájkol | [stra:jkol] |
| sindicato (m) | szakszervezet | [sɒksɛrvɛzɛt] |

inventar (vt)	feltalál	[fɛltɒla:l]
invenção (f)	feltalálás	[fɛltɒla:la:ʃ]
pesquisa (f)	kutatás	[kutɒta:ʃ]
melhorar (vt)	megjavít	[mɛgjɒvi:t]
tecnologia (f)	technológia	[tɛhnolo:giɒ]
desenho (m) técnico	tervrajz	[tɛrvrɒjz]

carga (f)	teher	[tɛhɛr]
carregador (m)	rakodómunkás	[rɒkodo:muŋka:ʃ]
carregar (vt)	megrak	[mɛgrɒk]
carregamento (m)	berakás	[bɛrɒka:ʃ]
descarregar (vt)	kirak	[kirɒk]
descarga (f)	kirakás	[kirɒka:ʃ]

transporte (m)	közlekedés	[køzlɛkɛde:ʃ]
companhia (f) de transporte	szállítócég	[sa:lli:to:tse:g]
transportar (vt)	szállít	[sa:lli:t]

vagão (m) de carga	tehervagon	[tɛhɛrvɒgon]
cisterna (f)	ciszterna	[tsistɛrnɒ]
camião (m)	kamion	[kɒmion]

| máquina-ferramenta (f) | szerszámgép | [sɛrsa:mge:p] |
| mecanismo (m) | szerkezet | [sɛrkɛzɛt] |

resíduos (m pl) industriais	hulladék	[hullɒde:k]
embalagem (f)	csomagolás	[tʃomɒgola:ʃ]
embalar (vt)	csomagol	[tʃomɒgol]

107. Contrato. Acordo

contrato (m)	szerződés	[sɛrzø:de:ʃ]
acordo (m)	megállapodás	[mɛga:llɒpoda:ʃ]
adenda (f), anexo (m)	melléklet	[mɛlle:klɛt]

assinar o contrato	szerződést köt	[sɛrzø:de:ʃt køt]
assinatura (f)	aláírás	[ɒla:i:ra:ʃ]
assinar (vt)	aláír	[ɒla:i:r]
carimbo (m)	pecsét	[pɛtʃe:t]

objeto (m) do contrato	szerződés tárgya	[sɛrzø:de:ʃ ta:rɟo]
cláusula (f)	tétel	[te:tɛl]
partes (f pl)	felek	[fɛlɛk]
morada (f) jurídica	bejegyzett cím	[bɛjɛɟɛzɛtt tsi:m]

violar o contrato	szerződést szeg	[sɛrzø:de:ʃt sɛg]
obrigação (f)	kötelezettség	[køtɛlɛzɛttʃe:g]
responsabilidade (f)	felelősség	[fɛlɛlø:ʃe:g]
força (f) maior	vis maior	[vis mɒjor]
litígio (m), disputa (f)	vita	[vitɒ]
multas (f pl)	büntető szankciók	[byntɛtø: sɒŋktsio:k]

108. Importação & Exportação

importação (f)	import	[import]
importador (m)	importőr	[importø:r]
importar (vt)	importál	[importa:l]
de importação	import	[import]
exportador (m)	exportőr	[ɛskportø:r]
exportar (vt)	exportál	[ɛksporta:l]
mercadoria (f)	áru	[a:ru]
lote (de mercadorias)	szállítmány	[sa:lli:tma:ɲ]
peso (m)	súly	[ʃu:j]
volume (m)	űrtartalom	[y:rtɒrtɒlom]
metro (m) cúbico	köbméter	[købme:tɛr]
produtor (m)	gyártó	[ɟa:rto:]
companhia (f) de transporte	szállítócég	[sa:lli:to:tse:g]
contentor (m)	konténer	[konte:nɛr]
fronteira (f)	határ	[hɒta:r]
alfândega (f)	vám	[va:m]
taxa (f) alfandegária	vám	[va:m]
funcionário (m) da alfândega	vámos	[va:moʃ]
contrabando (atividade)	csempészés	[ʧɛmpe:se:ʃ]
contrabando (produtos)	csempészáru	[ʧɛmpe:sa:ru]

109. Finanças

ação (f)	részvény	[re:sve:ɲ]
obrigação (f)	adóslevél	[ɒdo:ʃɛve:l]
nota (f) promissória	váltó	[va:lto:]
bolsa (f)	tőzsde	[tø:ʒdɛ]
cotação (m) das ações	tőzsdei árfolyam	[tø:ʒdɛi a:rfojɒm]
tornar-se mais barato	olcsóbb lesz	[olʧo:bb lɛs]
tornar-se mais caro	drágul	[dra:gul]
participação (f) maioritária	többségi részesedést	[tøpʃe:gi re:sɛʃɛde:ʃt]
investimento (m)	beruházás	[bɛruha:za:ʃ]
investir (vt)	beruház	[bɛruha:z]
percentagem (f)	százalék	[sa:zɒle:k]
juros (m pl)	kamat	[kɒmɒt]
lucro (m)	nyereség	[ɲɛrɛʃe:g]
lucrativo	hasznot hozó	[hɒsnot hozo:]
imposto (m)	adó	[ɒdo:]
divisa (f)	valuta	[vɒlutɒ]
nacional	nemzeti	[nɛmzɛti]
câmbio (m)	váltás	[va:lta:ʃ]

| contabilista (m) | könyvelő | [køɲvɛlø:] |
| contabilidade (f) | könyvelés | [køɲvɛle:ʃ] |

bancarrota (f)	csőd	[ʧø:d]
falência (f)	csőd	[ʧø:d]
ruína (f)	tönkremenés	[tøŋkrɛmɛne:ʃ]
arruinar-se (vr)	tönkremegy	[tøŋkrɛmɛɟ]
inflação (f)	infláció	[infla:tsio:]
desvalorização (f)	értékcsökkentés	[e:rte:kʧøkkɛnte:ʃ]

capital (m)	tőke	[tø:kɛ]
rendimento (m)	bevétel	[bɛve:tɛl]
volume (m) de negócios	forgalom	[forgɒlom]
recursos (m pl)	tartalékok	[tɒrtɒle:kok]
recursos (m pl) financeiros	pénzeszközök	[pe:ns ɛskøzøk]
reduzir (vt)	csökkent	[ʧøkkɛnt]

110. Marketing

marketing (m)	marketing	[mɒrkɛtiŋg]
mercado (m)	piac	[piɒts]
segmento (m) do mercado	piacrész	[piɒtsre:s]
produto (m)	termék	[tɛrme:k]
mercadoria (f)	áru	[a:ru]

marca (f)	márkanév	[ma:rkɒne:v]
logotipo (m)	logó	[logo:]
logo (m)	logó	[logo:]

demanda (f)	kereslet	[kɛrɛʃlɛt]
oferta (f)	kínálat	[ki:na:lɒt]
necessidade (f)	igény	[ige:ɲ]
consumidor (m)	fogyasztó	[foɟosto:]

análise (f)	elemzés	[ɛlɛmze:ʃ]
analisar (vt)	elemez	[ɛlɛmɛz]
posicionamento (m)	pozicionálás	[pozitsiona:la:ʃ]
posicionar (vt)	pozicionál	[pozitsiona:l]

preço (m)	ár	[a:r]
política (f) de preços	árpolitika	[a:rpolitikɒ]
formação (f) de preços	árképzés	[a:rke:pze:ʃ]

111. Publicidade

publicidade (f)	reklám	[rɛkla:m]
publicitar (vt)	reklámoz	[rɛkla:moz]
orçamento (m)	költségvetés	[køltʃe:gvɛte:ʃ]

anúncio (m) publicitário	reklám	[rɛkla:m]
publicidade (f) televisiva	tévéreklám	[te:ve: rɛkla:m]
publicidade (f) na rádio	rádióreklám	[ra:dio:rɛkla:m]

publicidade (f) exterior	külső reklám	[kylʃøː rɛklaːm]
comunicação (f) de massa	tömegtájékoztatási eszközök	[tømɛgtaːjeːkoztɒtaːʃi ɛskøzøk]
periódico (m)	folyóirat	[fojoːjrɒt]
imagem (f)	imázs	[imaːʒ]

| slogan (m) | jelszó | [jɛlsoː] |
| mote (m), divisa (f) | jelmondat | [jɛlmondɒt] |

campanha (f)	kampány	[kɒmpaːɲ]
companha (f) publicitária	reklámkampány	[rɛklaːm kɒmpaːɲ]
grupo (m) alvo	célcsoport	[tseːlʧoport]

cartão (m) de visita	névjegy	[neːvjɛɟ]
flyer (m)	röplap	[røplɒp]
brochura (f)	brosúra	[broʃuːrɒ]
folheto (m)	brosúra	[broʃuːrɒ]
boletim (~ informativo)	közlöny	[køzløɲ]

letreiro (m)	cégtábla	[tseːgtaːblɒ]
cartaz, póster (m)	plakát	[plɒkaːt]
painel (m) publicitário	hirdetőtábla	[hirdɛtøːtaːblɒ]

112. Banca

| banco (m) | bank | [bɒŋk] |
| sucursal, balcão (f) | fiók | [fioːk] |

| consultor (m) | tanácsadó | [tɒnaːʧɒdoː] |
| gerente (m) | vezető | [vɛzɛtøː] |

conta (f)	számla	[saːmlɒ]
número (m) da conta	számlaszám	[saːmlɒsaːm]
conta (f) corrente	folyószámla	[fojoːsaːmlɒ]
conta (f) poupança	megtakarítási számla	[mɛgtɒkɒritaːʃi saːmlɒ]

abrir uma conta	számlát nyit	[saːmlaːt nit]
fechar uma conta	zárolja a számlát	[zaːrojɒ ɒ saːmlaːt]
depositar na conta	számlára tesz	[saːmlaːrɒ tɛs]
levantar (vt)	számláról lehív	[saːmlaːroːl lɛhiːv]

depósito (m)	betét	[bɛteːt]
fazer um depósito	pénzt betesz	[peːnst bɛtɛs]
transferência (f) bancária	átutalás	[aːtutɒlaːʃ]
transferir (vt)	pénzt átutal	[peːnst aːtutɒl]

| soma (f) | összeg | [øssɛg] |
| Quanto? | Mennyi? | [mɛɲɲi] |

| assinatura (f) | aláírás | [ɒlaːiːraːʃ] |
| assinar (vt) | aláír | [ɒlaːiːr] |

| cartão (m) de crédito | hitelkártya | [hitɛlkaːrcɒ] |
| código (m) | kód | [koːd] |

número (m)	hitelkártya száma	[hitɛlka:rcɒ sa:mɒ]
do cartão de crédito		
Caixa Multibanco (m)	bankautomata	[bɒŋk ɒutomɒtɒ]

cheque (m)	csekk	[ʧɛkk]
passar um cheque	kiállítja a csekket	[kia:lli:cɒ ɒ ʧɛkkɛt]
livro (m) de cheques	csekkkönyv	[ʧɛkkkøɲv]

empréstimo (m)	hitel	[hitɛl]
pedir um empréstimo	hitelért fordul	[hitɛle:rt fordul]
obter um empréstimo	hitelt felvesz	[hitɛlt fɛlvɛs]
conceder um empréstimo	hitelt nyújt	[hitɛlt nju:jt]
garantia (f)	biztosíték	[bistoʃi:te:k]

113. Telefone. Conversação telefónica

telefone (m)	telefon	[tɛlɛfon]
telemóvel (m)	mobiltelefon	[mobiltɛlɛfon]
secretária (f) electrónica	üzenetrögzítő	[yzɛnɛt røgzi:tø:]

fazer uma chamada	felhív	[fɛlhi:v]
chamada (f)	felhívás	[fɛlhi:va:ʃ]

marcar um número	telefonszámot tárcsáz	[tɛlɛfonsa:mot ta:rʧa:z]
Alô!	Halló!	[hɒllo:]
perguntar (vt)	kérdez	[ke:rdɛz]
responder (vt)	válaszol	[va:lɒsol]

ouvir (vt)	hall	[hɒll]
bem	jól	[jo:l]
mal	rosszul	[rossul]
ruído (m)	zavar	[zɒvɒr]

auscultador (m)	kagyló	[kɒɟlo:]
pegar o telefone	kagylót felvesz	[kɒɟlo:t fɛlvɛs]
desligar (vi)	kagylót letesz	[kɒɟlo:t lɛtɛs]

ocupado	foglalt	[foglɒlt]
tocar (vi)	csörög	[ʧørøg]
lista (f) telefónica	telefonkönyv	[tɛlɛfoŋkøɲv]

local	helyi	[hɛji]
de longa distância	interurbán	[intɛrurba:n]
internacional	nemzetközi	[nɛmzɛtkøzi]

114. Telefone móvel

telemóvel (m)	mobiltelefon	[mobiltɛlɛfon]
ecrã (m)	kijelző	[kijɛlzø:]
botão (m)	gomb	[gomb]
cartão SIM (m)	SIM kártya	[sim ka:rcɒ]
bateria (f)	akkumulátor	[ɒkkumula:tor]

| descarregar-se | kisül | [kiʃyl] |
| carregador (m) | telefontöltő | [tɛlɛfon tøltø:] |

menu (m)	menü	[mɛny]
definições (f pl)	beállítások	[bɛa:lli:ta:ʃok]
melodia (f)	dallam	[dɒllɒm]
escolher (vt)	választ	[va:lɒst]

calculadora (f)	kalkulátor	[kɒlkula:tor]
correio (m) de voz	üzenetrögzítő	[yzɛnɛt røgzi:tø:]
despertador (m)	ébresztőóra	[e:brɛstø:o:rɒ]
contatos (m pl)	telefonkönyv	[tɛlɛfoŋkøɲv]

| mensagem (f) de texto | SMS | [ɛʃɛmɛʃ] |
| assinante (m) | előfizető | [ɛlø:fizɛtø:] |

115. Estacionário

| caneta (f) | golyóstoll | [gojo:ʃtoll] |
| caneta (f) tinteiro | töltőtoll | [tøltø:toll] |

lápis (m)	ceruza	[tsɛruzɒ]
marcador (m)	filctoll	[filtstoll]
caneta (f) de feltro	filctoll	[filtstoll]

| bloco (m) de notas | notesz | [notɛs] |
| agenda (f) | határidőnapló | [hɒta:ridø:nɒplo:] |

régua (f)	vonalzó	[vonɒlzo:]
calculadora (f)	kalkulátor	[kɒlkula:tor]
borracha (f)	radír	[rɒdi:r]
pionés (m)	rajzszeg	[rɒjzsɛg]
clipe (m)	gémkapocs	[ge:mkɒpotʃ]

cola (f)	ragasztó	[rɒgɒsto:]
agrafador (m)	tűzőgép	[ty:zø:ge:p]
furador (m)	lyukasztó	[jukɒsto:]
afia-lápis (m)	ceruzahegyező	[tsɛruzɒhɛɟɛzø:]

116. Vários tipos de documentos

relatório (m)	beszámoló	[bɛsa:molo:]
acordo (m)	állapodás	[a:llɒpoda:ʃ]
ficha (f) de inscrição	bejelentés	[bɛjɛlɛnte:ʃ]
autêntico	eredeti	[ɛrɛdɛti]
crachá (m)	jelvény	[jɛlve:ɲ]
cartão (m) de visita	névjegykártya	[ne:vjɛcka:rcɒ]

certificado (m)	bizonyítvány	[bizoni:tva:ɲ]
cheque (m)	csekk	[ʧɛkk]
conta (f)	számla	[sa:mlɒ]
constituição (f)	alkotmány	[ɒlkotma:ɲ]

contrato (m)	szerződés	[sɛrzø:de:ʃ]
cópia (f)	másolat	[ma:ʃolɒt]
exemplar (m)	példány	[pe:lda:ɲ]

declaração (f) alfandegária	vámnyilatkozat	[va:mɲilɒtkozɒt]
documento (m)	irat	[irɒt]
carta (f) de condução	jogosítvány	[jogoʃi:tva:ɲ]
adenda (ao contrato)	melléklet	[mɛlle:klɛt]
questionário (m)	kérdőív	[ke:rdø:i:v]

bilhete (m) de identidade	igazolvány	[igɒzolva:ɲ]
inquérito (m)	megkeresés	[mɛgkɛrɛʃe:ʃ]
convite (m)	meghívó	[mɛghi:vo:]
fatura (f)	számla	[sa:mlɒ]

lei (f)	törvény	[tørve:ɲ]
carta (correio)	levél	[lɛve:l]
papel (m) timbrado	űrlap	[y:rlɒp]
lista (f)	lista	[liʃtɒ]
manuscrito (m)	kézirat	[ke:zirɒt]
boletim (~ informativo)	közlöny	[køzløɲ]
bilhete (mensagem breve)	cédula	[tse:dulɒ]

passe (m)	belépési engedély	[bɛle:pe:ʃi ɛŋgɛde:j]
passaporte (m)	útlevél	[u:tlɛve:l]
permissão (f)	engedély	[ɛŋgɛde:j]
CV, currículo (m)	rezümé	[rɛzyme:]
vale (nota promissória)	elismervény	[ɛliʃmɛrve:ɲ]
recibo (m)	vevény	[vɛve:ɲ]
talão (f)	nyugta	[ɲugtɒ]
relatório (m)	beszámoló	[bɛsa:molo:]

mostrar (vt)	felmutat	[fɛlmutɒt]
assinar (vt)	aláír	[ɒla:i:r]
assinatura (f)	aláírás	[ɒla:i:ra:ʃ]
carimbo (m)	pecsét	[pɛtʃe:t]
texto (m)	szöveg	[søvɛg]
bilhete (m)	jegy	[jɛɟ]

| riscar (vt) | kihúz | [kihu:z] |
| preencher (vt) | kitölt | [kitølt] |

| guia (f) de remessa | fuvarlevél | [fuvɒrlɛve:l] |
| testamento (m) | végrendelet | [ve:grɛrɛndɛlɛt] |

117. Tipos de negócios

serviços (m pl)	könyvelési	[køɲvɛle:ʃi
de contabilidade	szolgáltatások	solga:ltɒta:ʃok]
publicidade (f)	reklám	[rɛkla:m]
agência (f) de publicidade	reklámiroda	[rɛkla:m irodɒ]
ar (m) condicionado	légkondicionálók	[le:gkonditsiona:lo:k]
companhia (f) aérea	légitársaság	[le:gi ta:rʃɒʃa:g]
bebidas (f pl) alcoólicas	szeszesitalok	[sɛsɛʃ itɒlok]

comércio (m) de antiguidades	régiségkereskedés	[re:giʃe:gkɛrɛʃkɛde:ʃ]
galeria (f) de arte	galéria	[gɒle:riɒ]
serviços (m pl) de auditoria	számlaellenőrzés	[sa:mlɒɛllɛnø:rze:ʃ]

negócios (m pl) bancários	banküzlet	[bɒŋkyzlɛt]
bar (m)	bár	[ba:r]
salão (m) de beleza	szépségszalon	[se:pʃe:gsɒlon]
livraria (f)	könyvesbolt	[kønvɛʃbolt]
cervejaria (f)	sörfőzde	[ʃørfø:zdɛ]
centro (m) de escritórios	üzletközpont	[yzlɛtkøspont]
escola (f) de negócios	üzleti iskola	[yzlɛti iʃkolɒ]

casino (m)	kaszinó	[kɒsino:]
construção (f)	építés	[e:pi:te:ʃ]
serviços (m pl) de consultoria	tanácsadás	[tɒna:tʃɒda:ʃ]

estomatologia (f)	fogászat	[foga:sɒt]
design (m)	dizájn	[diza:jn]
farmácia (f)	gyógyszertár	[ɟø:ɟsɛrta:r]
lavandaria (f)	vegytisztítás	[vɛɟtisti:ta:ʃ]
agência (f) de emprego	munkaközvetítő	[muŋkɒkøzvɛti:tø:]

serviços (m pl) financeiros	pénzügyi szolgáltatások	[pe:nzyɟi solga:ltɒta:ʃok]
alimentos (m pl)	élelmiszer	[e:lɛlmisɛr]
agência (f) funerária	temetkezési vállalat	[tɛmɛtkɛze:ʃi va:llɒlɒt]
mobiliário (m)	bútor	[bu:tor]
roupa (f)	ruha	[ruhɒ]
hotel (m)	szálloda	[sa:llodɒ]

gelado (m)	fagylalt	[fɒɟlɒlt]
indústria (f)	ipar	[ipɒr]
seguro (m)	biztosítás	[biztoʃi:ta:ʃ]
internet (f)	internet	[intɛrnɛt]
investimento (m)	beruházás	[bɛruha:za:ʃ]

joalheiro (m)	ékszerész	[e:ksɛre:s]
joias (f pl)	ékszerek	[e:ksɛrɛk]
lavandaria (f)	mosoda	[moʃodɒ]
serviços (m pl) jurídicos	jogi tanácsadás	[jogi tɒna:tʃɒda:ʃ]
indústria (f) ligeira	könnyűipar	[kønɲy:ipɒr]

revista (f)	folyóirat	[fojo:jrɒt]
vendas (f pl) por catálogo	csomagküldőkereskedelem	[tʃomɒgkyldø:kɛrɛʃkɛdɛlɛm]
medicina (f)	orvostudomány	[orvoʃtudoma:ɲ]
cinema (m)	mozi	[mozi]
museu (m)	múzeum	[mu:zɛum]

agência (f) de notícias	tájékoztató iroda	[ta:je:koztɒto: irodɒ]
jornal (m)	újság	[u:jʃa:g]
clube (m) noturno	éjjeli klub	[e:jjɛli klub]

petróleo (m)	nyersolaj	[ɲɛrʃolɒj]
serviço (m) de encomendas	futárszolgálatok	[futa:r solga:lɒtok]
indústria (f) farmacêutica	gyógyszerészet	[ɟø:ɟsɛre:sɛt]
poligrafia (f)	nyomdaipar	[ɲomdɒ ipɒr]
editora (f)	kiadó	[kiɒdo:]

rádio (m)	rádió	[ra:dio:]
imobiliário (m)	ingatlan	[iŋgɒtlɒn]
restaurante (m)	étterem	[e:ttɛrɛm]

empresa (f) de segurança	őrszolgálat	[ø:rsolga:lɒt]
desporto (m)	sport	[ʃport]
bolsa (f)	tőzsde	[tø:ʒdɛ]
loja (f)	bolt	[bolt]
supermercado (m)	szupermarket	[supɛrmɒrkɛt]
piscina (f)	uszoda	[usodɒ]

alfaiataria (f)	szalon	[sɒlon]
televisão (f)	televízió	[tɛlɛvi:zio:]
teatro (m)	színház	[si:nha:z]
comércio (atividade)	kereskedelem	[kɛrɛʃkɛdɛlɛm]
serviços (m pl) de transporte	fuvarozás	[fuvɒroza:ʃ]
viagens (f pl)	turizmus	[turizmuʃ]

veterinário (m)	állatorvos	[a:llɒt orvoʃ]
armazém (m)	raktár	[rɒkta:r]
recolha (f) do lixo	szemét elszállítása	[sɛme:t ɛlsa:lli:ta:ʃɒ]

Emprego. Negócios. Parte 2

118. Espetáculo. Feira

feira (f)	kiállítás	[kia:lli:ta:ʃ]
feira (f) comercial	kereskedelmi kiállítás	[kɛrɛʃkɛdɛlmi kia:lli:ta:ʃ]
participação (f)	részvétel	[re:sve:tɛl]
participar (vi)	részt vesz	[re:st vɛs]
participante (m)	résztvevő	[re:stvɛvø:]
diretor (m)	igazgató	[igɒzgɒto:]
direção (f)	igazgatóság	[igɒzgɒto:ʃa:g]
organizador (m)	szervező	[sɛrvɛzø:]
organizar (vt)	szervez	[sɛrvɛz]
ficha (f) de inscrição	részvételi jelentkezés	[re:sve:tɛli jɛlɛntkɛze:ʃ]
preencher (vt)	kitölt	[kitølt]
detalhes (m pl)	részletek	[re:slɛtɛk]
informação (f)	információ	[informa:tsio:]
preço (m)	ár	[a:r]
incluindo	beleértve	[bɛlɛje:rtvɛ]
incluir (vt)	magába foglal	[mɒga:bɒ foglɒl]
pagar (vt)	fizet	[fizɛt]
taxa (f) de inscrição	regisztrációs díj	[rɛgistra:tsio:ʃ di:j]
entrada (f)	bejárat	[bɛja:rɒt]
pavilhão (m)	csarnok	[ʧɒrnok]
inscrever (vt)	regisztrál	[rɛgistra:l]
crachá (m)	jelvény	[jɛlve:ɲ]
stand (m)	kiállítási állvány	[kia:lli:ta:ʃi a:llva:ɲ]
reservar (vt)	foglal	[foglɒl]
vitrina (f)	kirakat	[kirɒkɒt]
foco, spot (m)	fényvető	[fe:ɲvɛtø:]
design (m)	dizájn	[diza:jn]
pôr, colocar (vt)	elhelyez	[ɛlhɛjɛz]
distribuidor (m)	terjesztő	[tɛrjɛstø:]
fornecedor (m)	szállító	[sa:lli:to:]
país (m)	ország	[orsa:g]
estrangeiro	idegen	[idɛgɛn]
produto (m)	termék	[tɛrme:k]
associação (f)	egyesület	[ɛɟɛʃylɛt]
sala (f) de conferências	ülésterem	[yle:ʃ tɛrɛm]
congresso (m)	kongresszus	[koɲgrɛssuʃ]

concurso (m)	pályázat	[pa:ja:zɒt]
visitante (m)	látogató	[la:togɒto:]
visitar (vt)	látogat	[la:togɒt]
cliente (m)	megrendelő	[mɛgrɛndɛløː]

119. Media

jornal (m)	újság	[u:jʃa:g]
revista (f)	folyóirat	[fojo:jrɒt]
imprensa (f)	sajtó	[ʃɒjto:]
rádio (m)	rádió	[ra:dio:]
estação (f) de rádio	rádióállomás	[ra:dio:a:lloma:ʃ]
televisão (f)	televízió	[tɛlɛvi:zio:]

apresentador (m)	műsorvezető	[my:ʃor vɛzɛtøː]
locutor (m)	műsorközlő	[my:ʃorkøzløː]
comentador (m)	kommentátor	[kommɛnta:tor]

jornalista (m)	újságíró	[u:jʃa:gi:ro:]
correspondente (m)	tudósító	[tudo:ʃi:to:]
repórter (m) fotográfico	fotóriporter	[foto:riportɛr]
repórter (m)	riporter	[riportɛr]

redator (m)	szerkesztő	[sɛrkɛstøː]
redator-chefe (m)	főszerkesztő	[føːsɛrkɛstøː]
assinar a ...	előfizet	[ɛløːfizɛt]
assinatura (f)	előfizetés	[ɛløːfizɛte:ʃ]
assinante (m)	előfizető	[ɛløːfizɛtøː]
ler (vt)	olvas	[olvɒʃ]
leitor (m)	olvasó	[olvɒʃo:]

tiragem (f)	példányszám	[pe:lda:ɲsa:m]
mensal	havi	[hɒvi]
semanal	heti	[hɛti]
número (jornal, revista)	szám	[sa:m]
recente	új	[u:j]

manchete (f)	cím	[tsi:m]
pequeno artigo (m)	jegyzet	[jɛɟɛzɛt]
coluna (~ semanal)	állandó rovat	[a:llɒndo: rovɒt]
artigo (m)	cikk	[tsikk]
página (f)	oldal	[oldɒl]

reportagem (f)	riport	[riport]
evento (m)	esemény	[ɛʃɛme:ɲ]
sensação (f)	szenzáció	[sɛnza:tsio:]
escândalo (m)	botrány	[botra:ɲ]
escandaloso	botrányos	[botra:nøʃ]
grande	hírhedt	[hi:rhɛtt]

programa (m) de TV	tévéadás	[te:ve:ɒda:ʃ]
entrevista (f)	interjú	[intɛrju:]
transmissão (f) em direto	élő közvetítés	[e:løː køzvɛti:te:ʃ]
canal (m)	csatorna	[ʧɒtornɒ]

120. Agricultura

agricultura (f)	mezőgazdaság	[mɛzøːgɒzdɒʃaːg]
camponês (m)	paraszt	[pɒrɒst]
camponesa (f)	parasztnő	[pɒrɒstnøː]
agricultor (m)	gazda	[gɒzdɒ]

| trator (m) | traktor | [trɒktor] |
| ceifeira-debulhadora (f) | kombájn | [kombaːjn] |

arado (m)	eke	[ɛkɛ]
arar (vt)	szánt	[saːnt]
campo (m) lavrado	szántóföld	[saːntoːføld]
rego (m)	barázda	[bɒraːzdɒ]

semear (vt)	elvet	[ɛlvɛt]
semeadora (f)	vetőgép	[vɛtøːgeːp]
semeadura (f)	vetés	[vɛteːʃ]

| gadanha (f) | kasza | [kɒsɒ] |
| gadanhar (vt) | kaszál | [kɒsaːl] |

| pá (f) | lapát | [lɒpaːt] |
| cavar (vt) | ás | [aːʃ] |

enxada (f)	kapa	[kɒpɒ]
carpir (vt)	gyomlál	[ɟomlaːl]
erva (f) daninha	gyom	[ɟom]

regador (m)	öntözőkanna	[øntøzøːkɒnnɒ]
regar (vt)	öntöz	[øntøz]
rega (f)	öntözés	[øntøzeːʃ]

| forquilha (f) | vasvilla | [vɒʃvillɒ] |
| ancinho (m) | gereblye | [gɛrɛbjɛ] |

fertilizante (m)	trágya	[traːɟo]
fertilizar (vt)	trágyáz	[traːɟaːz]
estrume (m)	trágya	[traːɟo]

campo (m)	mező	[mɛzøː]
prado (m)	rét	[reːt]
horta (f)	konyhakert	[koɲhɒkɛrt]
pomar (m)	gyümölcsöskert	[ɟymølt͡ʃøʃkɛrt]

pastar (vt)	legeltet	[lɛgɛltɛt]
pastor (m)	pásztor	[paːstor]
pastagem (f)	legelő	[lɛgɛløː]

| pecuária (f) | állattenyésztés | [aːllɒt tɛneːsteːʃ] |
| criação (f) de ovelhas | juhtenyésztés | [juhtɛneːsteːʃ] |

plantação (f)	ültetvény	[yltɛtveːɲ]
canteiro (m)	veteményes ágy	[vɛtɛmeːneʃ aːɟ]
invernadouro (m)	melegház	[mɛlɛkhaːz]

| seca (f) | aszály | [ɒsaːj] |
| seco (verão ~) | aszályos | [ɒsaːjoʃ] |

| cereais (m pl) | gabonafélék | [gɒbonɒfeːleːk] |
| colher (vt) | betakarít | [bɛtɒkɒriːt] |

moleiro (m)	molnár	[molnaːr]
moinho (m)	malom	[mɒlom]
moer (vt)	őröl	[øːrøl]
farinha (f)	liszt	[list]
palha (f)	szalma	[sɒlmɒ]

121. Construção. Processo de construção

canteiro (m) de obras	építkezés	[eːpiːtkɛzeːʃ]
construir (vt)	épít	[eːpiːt]
construtor (m)	építő	[eːpiːtø:]

projeto (m)	terv	[tɛrv]
arquiteto (m)	építész	[eːpiːteːs]
operário (m)	munkás	[muŋkaːʃ]

fundação (f)	alapzat	[ɒlɒpzɒt]
telhado (m)	tető	[tɛtø:]
estaca (f)	cölöp	[tsøløp]
parede (f)	fal	[fɒl]

| varões (m pl) para betão | betétvas | [bɛteːtvɒʃ] |
| andaime (m) | állványzat | [aːllvaːɲzɒt] |

betão (m)	beton	[bɛton]
granito (m)	gránit	[graːnit]
pedra (f)	kő	[kø:]
tijolo (m)	tégla	[teːglɒ]

| areia (f) | homok | [homok] |
| cimento (m) | cement | [tsɛmɛnt] |

| emboço (m) | vakolat | [vɒkolɒt] |
| emboçar (vt) | vakol | [vɒkol] |

tinta (f)	festék	[fɛʃteːk]
pintar (vt)	fest	[fɛʃt]
barril (m)	hordó	[hordoː]

grua (f), guindaste (m)	daru	[dɒru]
erguer (vt)	felemel	[fɛlɛmɛl]
baixar (vt)	leenged	[lɛɛŋgɛd]

buldózer (m)	buldózer	[buldoːzɛr]
escavadora (f)	kotrógép	[kotroːgeːp]
caçamba (f)	kotrószerleg	[kotroːʃɛrlɛg]
escavar (vt)	ás	[aːʃ]
capacete (m) de proteção	sisak	[ʃiʃɒk]

122. Ciência. Investigação. Cientistas

ciência (f)	tudomány	[tudoma:ɲ]
científico	tudományos	[tudoma:nøʃ]
cientista (m)	tudós	[tudo:ʃ]
teoria (f)	elmélet	[ɛlme:lɛt]

axioma (m)	axióma	[ɒksio:mɒ]
análise (f)	elemzés	[ɛlɛmze:ʃ]
analisar (vt)	elemez	[ɛlɛmɛz]
argumento (m)	érv	[e:rv]
substância (f)	anyag	[ɒɲɒg]

hipótese (f)	hipotézis	[hipote:ziʃ]
dilema (m)	dilemma	[dilɛmmɒ]
tese (f)	disszertáció	[dissɛrta:tsio:]
dogma (m)	dogma	[dogmɒ]

doutrina (f)	tan	[tɒn]
pesquisa (f)	kutatás	[kutɒta:ʃ]
pesquisar (vt)	kutat	[kutɒt]
teste (m)	ellenőrzés	[ɛllɛnø:rze:ʃ]
laboratório (m)	laboratórium	[lɒborɒto:rium]

método (m)	módszer	[mo:dsɛr]
molécula (f)	molekula	[molɛkulɒ]
monitoramento (m)	ellenőrzés	[ɛllɛnø:rze:ʃ]
descoberta (f)	felfedezés	[fɛlfɛdɛze:ʃ]

postulado (m)	posztulátum	[postula:tum]
princípio (m)	elv	[ɛlv]
prognóstico (previsão)	prognózis	[progno:ziʃ]
prognosticar (vt)	prognózist készít	[progno:ziʃt ke:si:t]

síntese (f)	szintézis	[sinte:ziʃ]
tendência (f)	tendencia	[tɛndɛntsiɒ]
teorema (m)	tétel	[te:tɛl]

ensinamentos (m pl)	tanítás	[tɒni:ta:ʃ]
facto (m)	tény	[te:ɲ]
expedição (f)	kutatóút	[kutɒto:u:t]
experiência (f)	kísérlet	[ki:ʃe:rlɛt]

académico (m)	akadémikus	[ɒkɒde:mikuʃ]
bacharel (m)	baccalaureatus	[bɒkkɒlɒurɛa:tuʃ]
doutor (m)	doktor	[doktor]
docente (m)	docens	[dotsɛnʃ]
mestre (m)	magiszter	[magistɛr]
professor (m) catedrático	professzor	[profɛssor]

Profissões e ocupações

123. Procura de emprego. Demissão

trabalho (m)	munkahely	[muŋkɒhɛj]
equipa (f)	személyzet	[sɛmeːjzɛt]
carreira (f)	karrier	[kɒrriɛr]
perspetivas (f pl)	távlat	[taːvlɒt]
mestria (f)	képesség	[keːpɛʃeːg]
seleção (f)	kiválasztás	[kivaːlɒstaːʃ]
agência (f) de emprego	munkaközvetítő	[muŋkɒkøzvɛtiːtø:]
CV, currículo (m)	rezümé	[rɛzyme:]
entrevista (f) de emprego	felvételi interjú	[fɛlveːtɛli intɛrjuː]
vaga (f)	betöltetlen állás	[bɛtøltɛtlɛn aːllaːʃ]
salário (m)	fizetés	[fizɛteːʃ]
salário (m) fixo	bér	[beːr]
pagamento (m)	fizetés	[fizɛteːʃ]
posto (m)	állás	[aːllaːʃ]
dever (do empregado)	kötelezettség	[køtɛlɛzɛttʃeːg]
gama (f) de deveres	munkakör	[muŋkɒkør]
ocupado	foglalt	[foglɒlt]
despedir, demitir (vt)	elbocsát	[ɛlbotʃaːt]
demissão (f)	elbocsátás	[ɛlbotʃaːtaːʃ]
desemprego (m)	munkanélküliség	[muŋkɒneːlkyliʃeːg]
desempregado (m)	munkanélküli	[muŋkɒneːlkyli]
reforma (f)	nyugdíj	[ɲugdiːj]
reformar-se	nyugdíjba megy	[ɲugdiːjbɒ mɛj]

124. Gente de negócios

diretor (m)	igazgató	[igɒzgɒtoː]
gerente (m)	vezető	[vɛzɛtø:]
patrão, chefe (m)	főnök	[fø:nøk]
superior (m)	főnök	[fø:nøk]
superiores (m pl)	vezetőség	[vɛzɛtø:ʃeːg]
presidente (m)	elnök	[ɛlnøk]
presidente (m) de direção	elnök	[ɛlnøk]
substituto (m)	helyettes	[hɛjɛttɛʃ]
assistente (m)	segéd	[ʃɛgeːd]
secretário (m)	titkár	[titkaːr]

secretário (m) pessoal	személyes titkár	[sɛme:jɛʃ titka:r]
homem (m) de negócios	üzletember	[yzlɛtɛmbɛr]
empresário (m)	vállakozó	[va:llɒlkozo:]
fundador (m)	alapító	[ɒlɒpi:to:]
fundar (vt)	alapít	[ɒlɒpi:t]

fundador, sócio (m)	alapító	[ɒlɒpi:to:]
parceiro, sócio (m)	partner	[pɒrtnɛr]
acionista (m)	részvényes	[re:sve:nɛʃ]

milionário (m)	milliomos	[milliomoʃ]
bilionário (m)	milliárdos	[millia:rdoʃ]
proprietário (m)	tulajdonos	[tulɒjdonoʃ]
proprietário (m) de terras	földbirtokos	[føldbirtokoʃ]

cliente (m)	ügyfél	[yɟfe:l]
cliente (m) habitual	törzsügyfél	[tørʒ yɟfe:l]
comprador (m)	vevő	[vɛvø:]
visitante (m)	látogató	[la:togɒto:]

profissional (m)	szakember	[sɒkɛmbɛr]
perito (m)	szakértő	[sɒke:rtø:]
especialista (m)	specialista	[spɛtsialista]

| banqueiro (m) | bankár | [bɒŋka:r] |
| corretor (m) | ügynök | [yɟnøk] |

caixa (m, f)	pénztáros	[pe:nsta:roʃ]
contabilista (m)	könyvelő	[køɲvɛlø:]
guarda (m)	biztonsági őr	[bistonʃa:gi ø:r]

investidor (m)	befektető	[bɛfɛktɛtø:]
devedor (m)	adós	[ɒdo:ʃ]
credor (m)	hitelező	[hitɛlɛzø:]
mutuário (m)	kölcsönvevő	[køltʃønvɛvø:]

| importador (m) | importőr | [importø:r] |
| exportador (m) | exportőr | [ɛskportø:r] |

produtor (m)	gyártó	[ɟa:rto:]
distribuidor (m)	terjesztő	[tɛrjɛstø:]
intermediário (m)	közvetítő	[køzvɛti:tø:]

consultor (m)	tanácsadó	[tɒna:tʃɒdo:]
representante (m)	képviselő	[ke:pviʃɛlø:]
agente (m)	ügynök	[yɟnøk]
agente (m) de seguros	biztosítási ügynök	[bistoʃi:ta:ʃi yɟnøk]

125. Profissões de serviços

cozinheiro (m)	szakács	[sɒka:tʃ]
cozinheiro chefe (m)	főszakács	[fø:sɒka:tʃ]
padeiro (m)	pék	[pe:k]
barman (m)	bármixer	[ba:rmiksɛr]

| empregado (m) de mesa | pincér | [pintse:r] |
| empregada (f) de mesa | pincérnő | [pintse:rnø:] |

advogado (m)	ügyvéd	[yɟve:d]
jurista (m)	jogász	[joga:s]
notário (m)	közjegyző	[køzjɛɟzø:]

eletricista (m)	villanyszerelő	[villɒɲsɛrɛlø:]
canalizador (m)	vízvezetékszerelő	[vi:zvɛzɛte:ksɛrɛlø:]
carpinteiro (m)	ács	[a:ʧ]

massagista (m)	masszírozó	[mɒssi:rozo:]
massagista (f)	masszírozónő	[mɒssi:rozo:nø:]
médico (m)	orvos	[orvoʃ]

taxista (m)	taxis	[tɒksiʃ]
condutor (automobilista)	sofőr	[ʃofø:r]
entregador (m)	küldönc	[kyldønts]

camareira (f)	szobalány	[sobɒla:ɲ]
guarda (m)	biztonsági őr	[bistonʃa:gi ø:r]
hospedeira (f) de bordo	légikisasszony	[le:gikiʃɒssoɲ]

professor (m)	tanár	[tɒna:r]
bibliotecário (m)	könyvtáros	[køɲvta:roʃ]
tradutor (m)	fordító	[fordi:to:]
intérprete (m)	tolmács	[tolma:ʧ]
guia (pessoa)	idegenvezető	[idɛgɛn vɛzɛtø:]

cabeleireiro (m)	fodrász	[fodra:s]
carteiro (m)	postás	[poʃta:ʃ]
vendedor (m)	eladó	[ɛlɒdo:]

jardineiro (m)	kertész	[kɛrte:s]
criado (m)	szolga	[solgɒ]
criada (f)	szolgálóleány	[solga:lo: lɛa:ɲ]
empregada (f) de limpeza	takarítónő	[tɒkɒri:to:nø:]

126. Profissões militares e postos

soldado (m) raso	közlegény	[køzlɛge:ɲ]
sargento (m)	szakaszvezető	[sɒkɒsvɛzɛtø:]
tenente (m)	hadnagy	[hɒdnɒɟ]
capitão (m)	százados	[sa:zɒdoʃ]

major (m)	őrnagy	[ø:rnɒɟ]
coronel (m)	ezredes	[ɛzrɛdɛʃ]
general (m)	tábornok	[ta:bornok]
marechal (m)	tábornagy	[ta:bornɒɟ]
almirante (m)	tengernagy	[tɛŋgɛrnɒɟ]

militar (m)	katona	[kɒtonɒ]
soldado (m)	katona	[kɒtonɒ]
oficial (m)	tiszt	[tist]

113

comandante (m)	parancsnok	[pɒrɒntʃnok]
guarda (m) fronteiriço	határőr	[hɒta:rø:r]
operador (m) de rádio	rádiós	[ra:dio:ʃ]
explorador (m)	felderítő	[fɛldɛri:tø:]
sapador (m)	árkász	[a:rka:s]
atirador (m)	lövész	[løve:s]
navegador (m)	kormányos	[korma:nøʃ]

127. Oficiais. Padres

rei (m)	király	[kira:j]
rainha (f)	királynő	[kira:jnø:]
príncipe (m)	herceg	[hɛrtsɛg]
princesa (f)	hercegnő	[hɛrtsɛgnø:]
czar (m)	cár	[tsa:r]
czarina (f)	cárné	[tsa:rne:]
presidente (m)	elnök	[ɛlnøk]
ministro (m)	miniszter	[ministɛr]
primeiro-ministro (m)	miniszterelnök	[ministɛrɛlnøk]
senador (m)	szenátor	[sɛna:tor]
diplomata (m)	diplomata	[diplomɒtɒ]
cônsul (m)	konzul	[konzul]
embaixador (m)	nagykövet	[nɒckøvɛt]
conselheiro (m)	tanácsadó	[tɒna:tʃɒdo:]
funcionário (m)	hivatalnok	[hivɒtɒlnok]
prefeito (m)	polgármester	[polga:rmɛʃtɛr]
Presidente (m) da Câmara	polgármester	[polga:rmɛʃtɛr]
juiz (m)	bíró	[bi:ro:]
procurador (m)	államügyész	[a:llɒmyɟe:s]
missionário (m)	hittérítő	[hitte:ri:tø:]
monge (m)	barát	[bɒra:t]
abade (m)	apát	[ɒpa:t]
rabino (m)	rabbi	[rɒbbi]
vizir (m)	vezír	[vɛzi:r]
xá (m)	sah	[ʃɒh]
xeque (m)	sejk	[ʃɛjk]

128. Profissões agrícolas

apicultor (m)	méhész	[me:he:s]
pastor (m)	pásztor	[pa:stor]
agrónomo (m)	agronómus	[ɒgrono:muʃ]
criador (m) de gado	állattenyésztő	[a:llɒt tɛne:stø:]
veterinário (m)	állatorvos	[a:llɒt orvoʃ]

agricultor (m)	gazda	[gɒzdɒ]
vinicultor (m)	bortermelő	[bortɛrmɛløː]
zoólogo (m)	zoológus	[zoolo:guʃ]
cowboy (m)	cowboy	[kovboj]

129. Profissões artísticas

ator (m)	színész	[siːneːs]
atriz (f)	színésznő	[siːneːsnøː]
cantor (m)	énekes	[eːnɛkɛʃ]
cantora (f)	énekesnő	[eːnɛkɛʃnøː]
bailarino (m)	táncos	[taːntsoʃ]
bailarina (f)	táncos nő	[taːntsoʃ nøː]
artista (m)	művész	[myːveːs]
artista (f)	művésznő	[myːveːsnøː]
músico (m)	zenész	[zɛneːs]
pianista (m)	zongoraművész	[zoŋgorɒmyːveːs]
guitarrista (m)	gitáros	[gitaːroʃ]
maestro (m)	karmester	[kɒrmɛʃtɛr]
compositor (m)	zeneszerző	[zɛnɛsɛrzøː]
empresário (m)	impresszárió	[imprɛssaːrioː]
realizador (m)	rendező	[rɛndɛzøː]
produtor (m)	producer	[produsɛr]
argumentista (m)	forgatókönyvíró	[forgɒtoːkøɲviːroː]
crítico (m)	kritikus	[kritikuʃ]
escritor (m)	író	[iːroː]
poeta (m)	költő	[køltøː]
escultor (m)	szobrász	[sobraːs]
pintor (m)	festő	[fɛʃtøː]
malabarista (m)	zsonglőr	[ʒoŋgløːr]
palhaço (m)	bohóc	[bohoːts]
acrobata (m)	akrobata	[ɒkrobɒtɒ]
mágico (m)	bűvész	[byːveːs]

130. Várias profissões

médico (m)	orvos	[orvoʃ]
enfermeira (f)	nővér	[nøːveːr]
psiquiatra (m)	elmeorvos	[ɛlmɛorvoʃ]
estomatologista (m)	fogorvos	[fogorvoʃ]
cirurgião (m)	sebész	[ʃɛbeːs]
astronauta (m)	űrhajós	[yːrhɒjoːʃ]
astrónomo (m)	csillagász	[tʃillɒgaːs]

piloto (m)	pilóta	[pilo:tɒ]
motorista (m)	sofőr	[ʃofø:r]
maquinista (m)	vezető	[vɛzɛtø:]
mecânico (m)	gépész	[ge:pe:s]

mineiro (m)	bányász	[ba:nja:s]
operário (m)	munkás	[muŋka:ʃ]
serralheiro (m)	lakatos	[lɒkɒtoʃ]
marceneiro (m)	asztalos	[ɒstɒloʃ]
torneiro (m)	esztergályos	[ɛstɛrga:joʃ]
construtor (m)	építő	[e:pi:tø:]
soldador (m)	hegesztő	[hɛgɛstø:]

professor (m) catedrático	professzor	[profɛssor]
arquiteto (m)	építész	[e:pi:te:s]
historiador (m)	történész	[tørte:ne:s]
cientista (m)	tudós	[tudo:ʃ]
físico (m)	fizikus	[fizikuʃ]
químico (m)	vegyész	[vɛɟe:s]

arqueólogo (m)	régész	[re:ge:s]
geólogo (m)	geológus	[gɛolo:guʃ]
pesquisador (cientista)	kutató	[kutɒto:]

babysitter (f)	dajka	[dɒjkɒ]
professor (m)	tanár	[tɒna:r]

redator (m)	szerkesztő	[sɛrkɛstø:]
redator-chefe (m)	főszerkesztő	[fø:sɛrkɛstø:]
correspondente (m)	tudósító	[tudo:ʃi:to:]
datilógrafa (f)	gépírónő	[ge:pi:ro:nø:]

designer (m)	formatervező	[formɒtɛrvɛzø:]
especialista (m) em informática	számítógép specialista	[sa:mi:to:ge:p ʃpɛtsia:liʃtɒ]
programador (m)	programozó	[progrɒmozo:]
engenheiro (m)	mérnök	[me:rnøk]

marujo (m)	tengerész	[tɛŋgɛre:s]
marinheiro (m)	tengerész	[tɛŋgɛre:s]
salvador (m)	mentő	[mɛntø:]

bombeiro (m)	tűzoltó	[ty:zolto:]
polícia (m)	rendőr	[rɛndø:r]
guarda-noturno (m)	éjjeliőr	[e:jjɛliø:r]
detetive (m)	nyomozó	[ɲomozo:]

funcionário (m) da alfândega	vámos	[va:moʃ]
guarda-costas (m)	testőr	[tɛʃtø:r]
guarda (m) prisional	börtönőr	[børtønø:r]
inspetor (m)	felügyelő	[fɛlyɟɛlø:]

desportista (m)	sportoló	[ʃportolo:]
treinador (m)	edző	[ɛdzø:]
talhante (m)	hentes	[hɛntɛʃ]
sapateiro (m)	cipész	[tsipe:s]

| comerciante (m) | kereskedő | [kɛrɛʃkɛdø:] |
| carregador (m) | rakodómunkás | [rɒkodo:muŋka:ʃ] |

| estilista (m) | divattervező | [divɒt tɛrvɛzø:] |
| modelo (f) | modell | [modɛll] |

131. Ocupações. Estatuto social

| aluno, escolar (m) | diák | [dia:k] |
| estudante (~ universitária) | hallgató | [hɒllgɒto:] |

filósofo (m)	filozófus	[filozo:fuʃ]
economista (m)	közgazdász	[køzgɒzda:ʃ]
inventor (m)	feltaláló	[fɛltɒla:lo:]

desempregado (m)	munkanélküli	[muŋkɒne:lkyli]
reformado (m)	nyugdíjas	[ɲugdi:jɒʃ]
espião (m)	kém	[ke:m]

preso (m)	fogoly	[fogoj]
grevista (m)	sztrájkoló	[stra:jkolo:]
burocrata (m)	bürokrata	[byrokrɒtɒ]
viajante (m)	utazó	[utɒzo:]

| homossexual (m) | homoszexuális | [homosɛksua:liʃ] |
| hacker (m) | hacker | [hɒkɛr] |

bandido (m)	bandita	[bɒnditɒ]
assassino (m) a soldo	bérgyilkos	[be:rɟilkoʃ]
toxicodependente (m)	narkós	[nɒrko:ʃ]
traficante (m)	kábítószerkereskedő	[ka:bi:to:sɛrkɛrɛʃkɛdø]
prostituta (f)	prostituált	[proʃtitua:lt]
chulo (m)	strici	[ʃtritsi]

bruxo (m)	varázsló	[vɒra:ʒlo:]
bruxa (f)	boszorkány	[bosorka:ɲ]
pirata (m)	kalóz	[kɒlo:z]
escravo (m)	rab	[rɒb]
samurai (m)	szamuráj	[sɒmura:j]
selvagem (m)	vadember	[vɒdɛmbɛr]

Desportos

132. Tipos de desportos. Desportistas

desportista (m)	sportoló	[ʃportolo:]
tipo (m) de desporto	sportág	[sporta:g]
basquetebol (m)	kosárlabda	[koʃa:rlɒbdɒ]
jogador (m) de basquetebol	kosárlabdázó	[koʃa:rlɒbda:zo:]
beisebol (m)	baseball	[bɛjsbɒll]
jogador (m) de beisebol	baseballjátékos	[bɛjsbɒll ja:te:koʃ]
futebol (m)	futball, foci	[futbɒll], [fotsi]
futebolista (m)	futballista	[futbɒlliʃtɒ]
guarda-redes (m)	kapus	[kɒpuʃ]
hóquei (m)	jégkorong	[je:gkoroŋg]
jogador (m) de hóquei	jégkorongjátékos	[je:gkoroŋg ja:te:koʃ]
voleibol (m)	röplabda	[røplɒbdɒ]
jogador (m) de voleibol	röplabdázó	[røplɒbda:zo:]
boxe (m)	boksz	[boks]
boxeador, pugilista (m)	bokszoló	[boksolo:]
luta (f)	birkózás	[birko:za:ʃ]
lutador (m)	birkózó	[birko:zo:]
karaté (m)	karate	[kɒrɒtɛ]
karateca (m)	karatés	[kɒrɒte:ʃ]
judo (m)	cselgáncs	[ʧɛlga:nʧ]
judoca (m)	cselgáncsozó	[ʧɛlga:nʧozo:]
ténis (m)	tenisz	[tɛnis]
tenista (m)	teniszjátékos	[tɛnis ja:te:koʃ]
natação (f)	úszás	[u:sa:ʃ]
nadador (m)	úszó	[u:so:]
esgrima (f)	vívás	[vi:va:ʃ]
esgrimista (m)	vívó	[vi:vo:]
xadrez (m)	sakk	[ʃɒkk]
xadrezista (m)	sakkozó	[ʃɒkkozo:]
alpinismo (m)	alpinizmus	[ɒlpinizmuʃ]
alpinista (m)	alpinista	[ɒlpiniʃtɒ]
corrida (f)	futás	[futa:ʃ]

corredor (m)	futó	[futo:]
atletismo (m)	atlétika	[ɒtle:tikɒ]
atleta (m)	atléta	[ɒtle:tɒ]

| hipismo (m) | lovassport | [lovɒʃport] |
| cavaleiro (m) | lovas | [lovɒʃ] |

patinagem (f) artística	műkorcsolyázás	[my:kortʃoja:za:ʃ]
patinador (m)	műkorcsolyázó	[my:kortʃoja:zo:]
patinadora (f)	műkorcsolyázó nő	[my:kortʃoja:zo: nø:]

halterofilismo (m)	súlyemelés	[ʃu:jɛmɛle:ʃ]
corrida (f) de carros	autóverseny	[ɒuto:vɛrʃɛɲ]
piloto (m)	autóversenyző	[ɒuto:vɛrʃɛɲzø:]

| ciclismo (m) | kerékpározás | [kɛre:kpa:roza:ʃ] |
| ciclista (m) | kerékpáros | [kɛre:kpa:roʃ] |

salto (m) em comprimento	távolugrás	[ta:volugra:ʃ]
salto (m) à vara	rúdugrás	[ru:dugra:ʃ]
atleta (m) de saltos	ugró	[ugro:]

133. Tipos de desportos. Diversos

futebol (m) americano	amerikai futball	[ɒmɛrikɒi futbɒll]
badminton (m)	tollaslabda	[tollɒʃlɒbdɒ]
biatlo (m)	biatlon	[biɒtlon]
bilhar (m)	biliárd	[bilia:rd]

bobsled (m)	bob	[bob]
musculação (f)	testépítés	[tɛʃte:pi:te:ʃ]
polo (m) aquático	vízilabda	[vi:zilɒbdɒ]
andebol (m)	kézilabda	[ke:zilɒbdɒ]
golfe (m)	golf	[golf]

remo (m)	evezés	[ɛvɛze:ʃ]
mergulho (m)	búvárkodás	[bu:va:rkoda:ʃ]
corrida (f) de esqui	síverseny	[ʃi:vɛrʃɛɲ]
ténis (m) de mesa	asztali tenisz	[ɒstɒli tɛnis]

vela (f)	vitorlázás	[vitorla:za:ʃ]
rali (m)	rali	[rɒli]
râguebi (m)	rögbi	[røgbi]
snowboard (m)	hódeszka	[ho:dɛskɒ]
tiro (m) com arco	íjászat	[i:ja:sɒt]

134. Ginásio

barra (f)	súlyzó	[ʃu:jzo:]
halteres (m pl)	súlyozók	[ʃu:jozo:k]
aparelho (m) de musculaçao	gyakorló berendezés	[jokorlo: bɛrɛnɛze:ʃ]
bicicleta (f) ergométrica	szobakerékpár	[sobɒkɛre:kpa:r]

passadeira (f) de corrida	futószalag	[futo:sɒlɒg]
barra (f) fixa	nyújtó	[ɲu:jto:]
barras (f) paralelas	korlát	[korla:t]
cavalo (m)	ló	[lo:]
tapete (m) de ginástica	ugrószőnyeg	[ugro: sø:nɛg]

| aeróbica (f) | aerobik | [ɒɛrobik] |
| ioga (f) | jóga | [jo:gɒ] |

135. Hóquei

hóquei (m)	jégkorong	[je:gkoroŋg]
jogador (m) de hóquei	jégkorongjátékos	[je:gkoroŋg ja:te:koʃ]
jogar hóquei	jégkorongozik	[je:gkoroŋgozik]
gelo (m)	jég	[je:g]

disco (m)	korong	[koroŋg]
taco (m) de hóquei	ütő	[ytø:]
patins (m pl) de gelo	korcsolya	[kortʃojɒ]

| muro (m) | palánk | [pɒla:ŋk] |
| tiro (m) | dobás | [doba:ʃ] |

guarda-redes (m)	kapus	[kɒpuʃ]
golo (m)	gól	[go:l]
marcar um golo	gólt rúg	[go:lt ru:g]

| tempo (m) | harmad | [hɒrmɒd] |
| banco (m) de reservas | kispad | [kiʃpɒd] |

136. Futebol

futebol (m)	futball, foci	[futbɒll], [fotsi]
futebolista (m)	futballista	[futbɒlliʃtɒ]
jogar futebol	futballozik	[futbɒllozik]

Liga Principal (f)	bajnokok ligája	[bɒjnokok liga:jɒ]
clube (m) de futebol	futballklub	[futbɒllklub]
treinador (m)	edző	[ɛdzø:]
proprietário (m)	tulajdonos	[tulɒjdonoʃ]

equipa (f)	csapat	[tʃɒpɒt]
capitão (m) da equipa	csapatkapitány	[tʃɒpɒtkɒpita:ɲ]
jogador (m)	játékos	[ja:te:koʃ]
jogador (m) de reserva	tartalék játékos	[tɒrtɒle:k ja:te:koʃ]

atacante (m)	csatár	[tʃɒta:r]
avançado (m) centro	középcsatár	[køze:p+U4527tʃɒta:r]
marcador (m)	csatár	[tʃɒta:r]
defesa (m)	védőjátékos	[ve:dø: ja:te:koʃ]
médio (m)	fedezetjátékos	[fɛdɛzɛtja:te:koʃ]
jogo (desafio)	meccs	[mɛtʃ:]

encontrar-se (vr)	találkozik	[tɒlaːlkozik]
final (m)	döntő	[døntøː]
meia-final (f)	elődöntő	[ɛløːdøntøː]
campeonato (m)	bajnokság	[bɒjnokʃaːg]

tempo (m)	félidő	[feːlidøː]
primeiro tempo (m)	az első félidő	[ɒz ɛlʃø feːlidøː]
intervalo (m)	szünet	[synɛt]

baliza (f)	kapu	[kɒpu]
guarda-redes (m)	kapus	[kɒpuʃ]
trave (f)	kapufa	[kɒpufɒ]
barra (f) transversal	keresztgerenda	[kɛrɛstgɛrɛndɒ]
rede (f)	háló	[haːloː]
sofrer um golo	beengedi a gólt	[bɛɛŋgɛdi ɒ goːlt]

bola (f)	labda	[lɒbdɒ]
passe (m)	átadás	[aːtɒdaːʃ]
chute (m)	rúgás	[ruːgaːʃ]
chutar (vt)	ütést mér	[yteːʃt meːr]
tiro (m) livre	büntető rúgás	[byntɛtøː ruːgaːʃ]
canto (m)	szögletrúgás	[søglɛtruːgaːʃ]

ataque (m)	támadás	[taːmɒdaːʃ]
contra-ataque (m)	ellentámadás	[ɛllɛntaːmɒdaːʃ]
combinação (f)	kombináció	[kombinaːtsioː]

árbitro (m)	bíró	[biːroː]
apitar (vi)	fütyül	[fycyl]
apito (m)	fütty	[fycː]
falta (f)	megsértés	[mɛgʃeːrteːʃ]
cometer a falta	megsért	[mɛgʃeːrt]
expulsar (vt)	kiállít a pályáról	[kiɒlliːt ɒ paːjaːroːl]

cartão (m) amarelo	sárga lap	[ʃaːrgɒ lɒp]
cartão (m) vermelho	piros lap	[piroʃ lɒp]
desqualificação (f)	diszkvalifikálás	[diskvɒlifikaːlaːʃ]
desqualificar (vt)	diszkvalifikál	[diskvɒlifikaːl]

penálti (m)	tizenegyes	[tizɛnɛɟɛʃ]
barreira (f)	fal	[fɒl]
marcar (vt)	berúg	[bɛruːg]
golo (m)	gól	[goːl]
marcar um golo	gólt rúg	[goːlt ruːg]

substituição (f)	helyettesítés	[hɛjɛttɛʃiːteːʃ]
substituir (vt)	helyettesít	[hɛjɛttɛʃiːt]
regras (f pl)	szabályok	[sɒbaːjok]
tática (f)	taktika	[tɒktikɒ]

estádio (m)	stadion	[ʃtɒdion]
bancadas (f pl)	lelátó	[lɛlaːtoː]
fã, adepto (m)	szurkoló	[surkoloː]
gritar (vi)	kiabál	[kiɒbaːl]
marcador (m)	tabló	[tɒbloː]
resultado (m)	eredmény	[ɛrɛdmeːɲ]

derrota (f)	vereség	[vɛrɛʃeːg]
perder (vt)	elveszít	[ɛlvɛsiːt]
empate (m)	döntetlen	[døntɛtlɛn]
empatar (vi)	döntetlenre játszik	[døntɛtlɛnrɛ jaːtsik]

vitória (f)	győzelem	[ɟøːzɛlɛm]
ganhar, vencer (vi, vt)	győz	[ɟøːz]
campeão (m)	bajnok	[bɒjnok]
melhor	legjobb	[lɛgjobb]
felicitar (vt)	gratulál	[grɒtulaːl]

comentador (m)	kommentátor	[kommɛntaːtor]
comentar (vt)	kommentál	[kommɛntaːl]
transmissão (f)	közvetítés	[køzvɛtiːteːʃ]

137. Esqui alpino

esqui (m)	sí	[ʃiː]
esquiar (vi)	síel	[ʃiːɛl]
estância (f) de esqui	alpesi lesikló hely	[ɒlpɛʃi lɛʃiklo: hɛj]
teleférico (m)	felvonó	[fɛlvonoː]

bastões (m pl) de esqui	síbot	[ʃiːbot]
declive (m)	lejtő	[lɛjtøː]
slalom (m)	műlesiklás	[myːlɛʃiːklaːʃ]

138. Ténis. Golfe

golfe (m)	golf	[golf]
clube (m) de golfe	golf klub	[golf klub]
jogador (m) de golfe	golfjátékos	[golfjaːteːkoʃ]

buraco (m)	lyuk	[juk]
taco (m)	ütő	[ytøː]
trolley (m)	golf táska	[golf taːʃkɒ]

ténis (m)	tenisz	[tɛnis]
quadra (f) de ténis	teniszpálya	[tɛnispaːjɒ]
saque (m)	adogatás	[ɒdogɒtaːʃ]
sacar (vi)	adogat	[ɒdogɒt]
raquete (f)	teniszütő	[tɛnisytøː]
rede (f)	háló	[haːloː]
bola (f)	labda	[lɒbdɒ]

139. Xadrez

xadrez (m)	sakk	[ʃɒkk]
peças (f pl) de xadrez	sakkfigurák	[ʃɒkfiguraːk]
xadrezista (m)	sakkozó	[ʃɒkkozoː]
tabuleiro (m) de xadrez	sakktábla	[ʃɒkktaːblɒ]

peça (f) de xadrez	bábu	[ba:bu]
brancas (f pl)	világos	[vila:goʃ]
pretas (f pl)	sötét	[ʃøte:t]

peão (m)	gyalog	[ɟolog]
bispo (m)	futó	[futo:]
cavalo (m)	huszár	[husa:r]
torre (f)	bástya	[ba:ʃcɒ]
dama (f)	vezér	[vɛze:r]
rei (m)	király	[kira:j]

vez (m)	lépés	[le:pe:ʃ]
mover (vt)	lép	[le:p]
sacrificar (vt)	feláldoz	[fɛla:ldoz]
roque (m)	rosálás	[roʃa:la:ʃ]
xeque (m)	sakk	[ʃɒkk]
xeque-mate (m)	matt	[mɒtt]

torneio (m) de xadrez	sakktorna	[ʃɒkktornɒ]
grão-mestre (m)	nagymester	[nɒɟmɛʃtɛr]
combinação (f)	kombináció	[kombina:tsio:]
partida (f)	sakkparti	[ʃɒkkpɒrti]
jogo (m) de damas	dámajáték	[da:mɒja:te:k]

140. Boxe

boxe (m)	boksz	[boks]
combate (m)	ökölvívó mérkőzés	[økølvi:vo: me:rkø:ze:ʃ]
duelo (m)	párbaj	[pa:rbɒj]
round (m)	menet	[mɛnɛt]

| ringue (m) | szorító | [sori:to:] |
| gongo (m) | gong | [goŋg] |

murro, soco (m)	ütés	[yte:ʃ]
knockdown (m)	leütés	[lɛyte:ʃ]
nocaute (m)	kiütés	[kiyte:ʃ]
nocautear (vt)	kiüt	[kiyt]

| luva (f) de boxe | bokszkesztyű | [boks kɛscy:] |
| árbitro (m) | versenybíró | [vɛrʃɛɲbi:ro:] |

peso-leve (m)	könnyűsúly	[kønɲy:ʃu:j]
peso-médio (m)	középsúly	[køze:pʃu:j]
peso-pesado (m)	nehézsúly	[nɛhe:zʃu:j]

141. Desportos. Diversos

Jogos (m pl) Olímpicos	Olimpiai játékok	[olimpiɒi ja:te:kok]
vencedor (m)	győztes	[ɟø:ztɛʃ]
vencer (vi)	győz	[ɟø:z]
vencer, ganhar (vi)	legyőz	[lɛɟø:z]

| líder (m) | vezető | [vɛzɛtøː] |
| liderar (vt) | vezet | [vɛzɛt] |

primeiro lugar (m)	első helyezés	[ɛlʃøː hɛjɛzeːʃ]
segundo lugar (m)	második helyezés	[maːʃodik hɛjɛzeːʃ]
terceiro lugar (m)	harmadik helyezés	[hɒrmɒdik hɛjɛzeːʃ]

medalha (f)	érem	[eːrɛm]
troféu (m)	trófea	[troːfɛɒ]
taça (f)	kupa	[kupɒ]
prémio (m)	díj	[diːj]
prémio (m) principal	első díj	[ɛlʃøː diːj]

| recorde (m) | csúcseredmény | [tʃuːtʃɛrɛdmeːɲ] |
| estabelecer um recorde | csúcsot állít fel | [tʃuːtʃot aːlliːt fɛl] |

| final (m) | döntő | [døntøː] |
| final | döntő | [døntøː] |

| campeão (m) | bajnok | [bɒjnok] |
| campeonato (m) | bajnokság | [bɒjnokʃaːg] |

estádio (m)	stadion	[ʃtɒdion]
bancadas (f pl)	lelátó	[lɛlaːtoː]
fã, adepto (m)	szurkoló	[surkoloː]
adversário (m)	ellenség	[ɛllɛnʃeːg]

| partida (f) | rajt | [rɒjt] |
| chegada, meta (f) | finis | [finiʃ] |

| derrota (f) | vereség | [vɛrɛʃeːg] |
| perder (vt) | elveszít | [ɛlvɛsiːt] |

árbitro (m)	bíró	[biːroː]
júri (m)	zsűri	[ʒyːri]
resultado (m)	eredmény	[ɛrɛdmeːɲ]
empate (m)	döntetlen	[døntɛtlɛn]
empatar (vi)	döntetlenre játszik	[døntɛtlɛnrɛ jaːtsik]
ponto (m)	pont	[pont]
resultado (m) final	eredmény	[ɛrɛdmeːɲ]

intervalo (m)	szünet	[synɛt]
doping (m)	dopping	[dopiŋg]
penalizar (vt)	megbüntet	[mɛgbyntɛt]
desqualificar (vt)	diszkvalifikál	[diskvɒlifikaːl]

aparelho (m)	tornaszer	[tornɒsɛr]
dardo (m)	gerely	[gɛrɛj]
peso (m)	súly	[ʃuːj]
bola (f)	golyó	[gojoː]

alvo, objetivo (m)	cél	[tseːl]
alvo (~ de papel)	célpont	[tseːlpont]
atirar, disparar (vi)	lő	[løː]
preciso (tiro ~)	pontos	[pontoʃ]
treinador (m)	edző	[ɛdzøː]

treinar (vt)	edz	[ɛdz]
treinar-se (vr)	edzeni magát	[ɛdzi mɒgaːt]
treino (m)	edzés	[ɛdzeːʃ]

ginásio (m)	tornaterem	[tornɒtɛrɛm]
exercício (m)	gyakorlat	[ɟokorlɒt]
aquecimento (m)	bemelegítés	[bɛmɛlɛgiːteːʃ]

Educação

142. Escola

escola (f)	iskola	[iʃkolɒ]
diretor (m) de escola	iskolaigazgató	[iʃkolɒ igɒzgɒto:]
aluno (m)	diák	[dia:k]
aluna (f)	diáklány	[dia:kla:ɲ]
escolar (m)	diák	[dia:k]
escolar (f)	diáklány	[dia:kla:ɲ]
ensinar (vt)	tanít	[tɒni:t]
aprender (vt)	tanul	[tɒnul]
aprender de cor	kívülről tanul	[ki:vylrø:l tɒnul]
estudar (vi)	tanul	[tɒnul]
andar na escola	tanul	[tɒnul]
ir à escola	iskolába jár	[iʃkola:bɒ ja:r]
alfabeto (m)	ábécé	[a:be:tse:]
disciplina (f)	tantárgy	[tɒnta:rɟ]
sala (f) de aula	tanterem	[tɒntɛrɛm]
lição (f)	tanóra	[tɒno:rɒ]
recreio (m)	szünet	[synɛt]
toque (m)	csengő	[ʧɛŋgø:]
carteira (f)	pad	[pɒd]
quadro (m) negro	tábla	[ta:blɒ]
nota (f)	jegy	[jɛɟ]
boa nota (f)	jó jegy	[jo: jɛɟ]
nota (f) baixa	rossz jegy	[ross jɛɟ]
dar uma nota	jegyet ad	[jɛɟɛt ɒd]
erro (m)	hiba	[hibɒ]
fazer erros	hibázik	[hiba:zik]
corrigir (vt)	javít	[jɒvi:t]
cábula (f)	puska	[puʃkɒ]
dever (m) de casa	házi feladat	[ha:zi fɛlɒdɒt]
exercício (m)	gyakorlat	[ɟokorlɒt]
estar presente	jelen van	[jɛlɛn vɒn]
estar ausente	hiányzik	[hia:ɲzik]
punir (vt)	büntet	[byntɛt]
punição (f)	büntetés	[byntɛte:ʃ]
comportamento (m)	magatartás	[mɒgɒtɒrta:ʃ]

126

boletim (m) escolar	iskolai bizonyítvány	[iʃkolɒi+U3738 bizoɲi:tva:ɲ]
lápis (m)	ceruza	[tsɛruzɒ]
borracha (f)	radír	[rɒdi:r]
giz (m)	kréta	[kre:tɒ]
estojo (m)	tolltartó	[tolltɒrto:]

pasta (f) escolar	iskolatáska	[iʃkolɒta:ʃkɒ]
caneta (f)	toll	[toll]
caderno (m)	füzet	[fyzɛt]
manual (m) escolar	tankönyv	[tɒŋkøɲv]
compasso (m)	körző	[kørzø:]

| traçar (vt) | rajzol | [rɒjzol] |
| desenho (m) técnico | tervrajz | [tɛrvrɒjz] |

poesia (f)	vers	[vɛrʃ]
de cor	kívülről	[ki:vylrø:l]
aprender de cor	kívülről tanul	[ki:vylrø:l tɒnul]

| férias (f pl) | szünet | [synɛt] |
| estar de férias | szünidőt tölti | [synidø:t tølti] |

teste (m)	dolgozat	[dolgozɒt]
composição, redação (f)	fogalmazás	[fogɒlmɒza:ʃ]
ditado (m)	diktandó	[diktɒndo:]

exame (m)	vizsga	[viʒgɒ]
fazer exame	vizsgázik	[viʒga:zik]
experiência (~ química)	kísérlet	[ki:ʃe:rlɛt]

143. Colégio. Universidade

academia (f)	akadémia	[ɒkɒde:miɒ]
universidade (f)	egyetem	[ɛɟɛtɛm]
faculdade (f)	kar	[kɒr]

estudante (m)	diák	[dia:k]
estudante (f)	diáklány	[dia:kla:ɲ]
professor (m)	tanár	[tɒna:r]

| sala (f) de palestras | tanterem | [tɒntɛrɛm] |
| graduado (m) | végzős | [ve:gzø:ʃ] |

| diploma (m) | szakdolgozat | [sɒgdolgozɒt] |
| tese (f) | disszertáció | [dissɛrta:tsio:] |

| estudo (obra) | kutatás | [kutɒta:ʃ] |
| laboratório (m) | laboratórium | [lɒborɒto:rium] |

| palestra (f) | előadás | [ɛlø:ɒda:ʃ] |
| colega (m) de curso | évfolyamtárs | [e:vfojɒm ta:rʃ] |

| bolsa (f) de estudos | ösztöndíj | [østøndi:j] |
| grau (m) académico | tudományos fokozat | [tudoma:nøʃ fokozɒt] |

127

144. Ciências. Disciplinas

matemática (f)	matematika	[mɒtɛmɒtikɒ]
álgebra (f)	algebra	[ɒlgɛbrɒ]
geometria (f)	mértan	[meːrtɒn]
astronomia (f)	csillagászat	[ʧillɒgaːsɒt]
biologia (f)	biológia	[biolоːgiɒ]
geografia (f)	földrajz	[føldrɒjz]
geologia (f)	földtan	[følttɒn]
história (f)	történelem	[tørteːnɛlɛm]
medicina (f)	orvostudomány	[orvoʃtudomaːɲ]
pedagogia (f)	pedagógia	[pɛdɒgoːgiɒ]
direito (m)	jog	[jog]
física (f)	fizika	[fizikɒ]
química (f)	kémia	[keːmiɒ]
filosofia (f)	filozófia	[filozoːfiɒ]
psicologia (f)	lélektan	[leːlɛktɒn]

145. Sistema de escrita. Ortografia

gramática (f)	nyelvtan	[ɲɛlvtɒn]
vocabulário (m)	szókincs	[soːkinʧ]
fonética (f)	hangtan	[hɒŋgtɒn]
substantivo (m)	főnév	[føːneːv]
adjetivo (m)	melléknév	[mɛlleːkneːv]
verbo (m)	ige	[igɛ]
advérbio (m)	határozószó	[hɒtaːrozoːsoː]
pronome (m)	névmás	[neːvmaːʃ]
interjeição (f)	indulatszó	[indulɒtsoː]
preposição (f)	elöljárószó	[ɛløljaːroːsoː]
raiz (f) da palavra	szógyök	[soːɟøk]
terminação (f)	végződés	[veːgzøːdeːʃ]
prefixo (m)	prefixum	[prɛfiksum]
sílaba (f)	szótag	[soːtɒg]
sufixo (m)	rag	[rɒg]
acento (m)	hangsúly	[hɒŋgʃuːj]
apóstrofo (m)	aposztróf	[ɒpostroːf]
ponto (m)	pont	[pont]
vírgula (f)	vessző	[vɛssøː]
ponto e vírgula (m)	pontosvessző	[pontoʃvɛssøː]
dois pontos (m pl)	kettőspont	[kɛttøːʃpont]
reticências (f pl)	három pont	[haːrom pont]
ponto (m) de interrogação	kérdőjel	[keːrdøːjɛl]
ponto (m) de exclamação	felkiáltójel	[fɛlkiaːltoːjɛl]

aspas (f pl)   idézőjel   [ide:zø:jɛl]
entre aspas   idézőjelben   [ide:zø:jɛlbɛn]
parênteses (m pl)   zárójel   [za:ro:jɛl]
entre parênteses   zárójelben   [za:ro:jɛlbɛn]

hífen (m)   kötőjel   [køtø:jɛl]
travessão (m)   gondolatjel   [gondolɒtjɛl]
espaço (m)   szóköz   [so:køz]

letra (f)   betű   [bɛty:]
letra (f) maiúscula   nagybetű   [nɒjbɛty:]

vogal (f)   magánhangzó   [mɒga:nhɒŋgzo:]
consoante (f)   mássalhangzó   [ma:ʃɒlhɒŋgzo:]

frase (f)   mondat   [mondɒt]
sujeito (m)   alany   [ɒlɒɲ]
predicado (m)   állítmány   [a:lli:tma:ɲ]

linha (f)   sor   [ʃor]
em uma nova linha   egy új sorban   [ɛɟ: u:j ʃorbɒn]
parágrafo (m)   bekezdés   [bɛkɛzde:ʃ]

palavra (f)   szó   [so:]
grupo (m) de palavras   összetett szavak   [øs:ɛtɛtt sɒvɒk]
expressão (f)   kifejezés   [kifɛjɛze:ʃ]
sinónimo (m)   szinonima   [sinonimɒ]
antónimo (m)   antoníma   [ɒntoni:mɒ]

regra (f)   szabály   [sɒba:j]
exceção (f)   kivétel   [kive:tɛl]
correto   helyes   [hɛjɛʃ]

conjugação (f)   igeragozás   [igɛrɒgoza:ʃ]
declinação (f)   névszóragozás   [ne:vso:rɒgoza:ʃ]
caso (m)   eset   [ɛʃɛt]
pergunta (f)   kérdés   [ke:rde:ʃ]
sublinhar (vt)   aláhúz   [ɒla:hu:z]
linha (f) pontilhada   kipontozott vonal   [kipontozott vonɒl]

146. Línguas estrangeiras

língua (f)   nyelv   [ɲɛlv]
língua (f) estrangeira   idegen nyelv   [idɛgɛn ɲɛlv]
estudar (vt)   tanul   [tɒnul]
aprender (vt)   tanul   [tɒnul]

ler (vt)   olvas   [olvɒʃ]
falar (vi)   beszél   [bɛse:l]
compreender (vt)   ért   [e:rt]
escrever (vt)   ír   [i:r]

rapidamente   gyorsan   [ɟorʃɒn]
devagar   lassan   [lɒʃɒn]

fluentemente	folyékonyan	[foje:koɲɒn]
regras (f pl)	szabályok	[sɒba:jok]
gramática (f)	nyelvtan	[ɲɛlvtɒn]
vocabulário (m)	szókincs	[so:kinʧ]
fonética (f)	hangtan	[hɒŋgtɒn]

manual (m) escolar	tankönyv	[tɒŋkøɲv]
dicionário (m)	szótár	[so:ta:r]
manual (m) de autoaprendizagem	önálló tanulásra szolgáló könyv	[øna:llo: tɒnula:ʃrɒ solga:lo: køɲv]
guia (m) de conversação	társalgási nyelvkönyv	[ta:rʃɒlga:ʃi nɛlvkøɲv]

cassete (f)	kazetta	[kɒzɛttɒ]
vídeo cassete (m)	videokazetta	[fidɛokɒzɛttɒ]
CD (m)	CDlemez	[tsɛdɛlɛmɛz]
DVD (m)	DVDlemez	[dɛvɛdɛlɛmɛz]

alfabeto (m)	ábécé	[a:be:tse:]
soletrar (vt)	betűz	[bɛty:z]
pronúncia (f)	kiejtés	[kiɛjte:ʃ]

sotaque (m)	akcentus	[ɒktsɛntuʃ]
com sotaque	akcentussal	[ɒktsɛntuʃɒl]
sem sotaque	akcentus nélkül	[ɒktsɛntuʃ ne:lkyl]

palavra (f)	szó	[so:]
sentido (m)	értelem	[e:rtɛlɛm]

cursos (m pl)	tanfolyam	[tɒnfojɒm]
inscrever-se (vr)	jelentkezik	[jɛlɛntkɛzik]
professor (m)	tanár	[tɒna:r]

tradução (processo)	fordítás	[fordi:ta:ʃ]
tradução (texto)	fordítás	[fordi:ta:ʃ]
tradutor (m)	fordító	[fordi:to:]
intérprete (m)	tolmács	[tolma:ʧ]

poliglota (m)	poliglott	[poliglott]
memória (f)	emlékezet	[ɛmle:kɛzɛt]

147. Personagens de contos de fadas

Pai (m) Natal	Mikulás	[mikula:ʃ]
sereia (f)	sellő	[ʃɛllø:]

mago (m)	varázsló	[vɒra:ʒlo:]
fada (f)	varázslónő	[vɒra:ʒlo:nø:]
mágico	varázslatos	[vɒra:ʒlɒtoʃ]
varinha (f) mágica	varázsvessző	[vɒra:ʒvɛssø:]

conto (m) de fadas	mese	[mɛʃɛ]
milagre (m)	csoda	[ʧodɒ]
anão (m)	törpe	[tørpɛ]
transformar-se em ...	átváltozik ... vé	[a:tva:ltozik ... ve:]

fantasma (m)	kísértet	[ki:ʃe:rtɛt]
espetro (m)	szellem	[sɛllɛm]
monstro (m)	szörny	[sørɲ]
dragão (m)	sárkány	[ʃa:rka:ɲ]
gigante (m)	óriás	[o:ria:ʃ]

148. Signos do Zodíaco

Carneiro	Kos	[koʃ]
Touro	Bika	[bikɒ]
Gémeos	Ikrek	[ikrɛk]
Caranguejo	Rák	[ra:k]
Leão	Oroszlán	[orosla:n]
Virgem (f)	Szűz	[sy:z]

Balança	Mérleg	[me:rlɛg]
Escorpião	skorpió	[ʃkorpio:]
Sagitário	Nyilas	[ɲilɒʃ]
Capricórnio	Bak	[bɒk]
Aquário	Vízöntő	[vi:zøntø:]
Peixes	Halak	[hɒlɒk]

caráter (m)	jellem	[jɛllɛm]
traços (m pl) do caráter	jellemvonás	[jɛllɛmvona:ʃ]
comportamento (m)	magatartás	[mɒgɒtɒrta:ʃ]
predizer (vt)	jósol	[jo:ʃol]
adivinha (f)	jósnő	[jo:ʃnø:]
horóscopo (m)	horoszkóp	[horosko:p]

Artes

149. Teatro

teatro (m)	színház	[si:nha:z]
ópera (f)	opera	[opɛrɒ]
opereta (f)	operett	[opɛrɛtt]
balé (m)	balett	[bɒlɛtt]

cartaz (m)	plakát	[plɒka:t]
companhia (f) teatral	társulat	[ta:rʃulɒt]
turné (digressão)	vendégszereplés	[vɛnde:gsɛrɛple:ʃ]
estar em turné	vendégszerepel	[vɛnde:gsɛrɛpɛl]
ensaiar (vt)	próbál	[pro:ba:l]
ensaio (m)	próba	[pro:bɒ]
repertório (m)	műsorterv	[my:ʃortɛrv]

apresentação (f)	előadás	[ɛlø:ɒda:ʃ]
espetáculo (m)	színházi előadás	[si:nha:zi ɛlø:ɒda:ʃ]
peça (f)	színdarab	[si:ndɒrɒb]

bilhete (m)	jegy	[jɛɟ]
bilheteira (f)	jegypénztár	[jɛɟpe:nzta:r]
hall (m)	előcsarnok	[ɛlø:tʃɒrnok]
guarda-roupa (m)	ruhatár	[ruhɒta:r]
senha (f) numerada	szám	[sa:m]
binóculo (m)	látcső	[la:tʃø:]
lanterninha (m)	jegyszedő	[jɛɟsɛdø:]

plateia (f)	földszint	[føldsint]
balcão (m)	erkély	[ɛrke:j]
primeiro balcão (m)	első emelet	[ɛlʃø: ɛmɛlɛt]
camarote (m)	páholy	[pa:hoj]
fila (f)	sor	[ʃor]
assento (m)	hely	[hɛj]

público (m)	közönség	[køzønʃe:g]
espetador (m)	néző	[ne:zø:]
aplaudir (vt)	tapsol	[tɒpʃol]
aplausos (m pl)	taps	[tɒpʃ]
ovação (f)	ováció	[ova:tsio:]

palco (m)	színpad	[si:npɒd]
pano (m) de boca	függöny	[fyggøɲ]
cenário (m)	díszlet	[di:slɛt]
bastidores (m pl)	kulisszák	[kulissa:k]

cena (f)	jelenet	[jɛlɛnɛt]
ato (m)	felvonás	[fɛlvona:ʃ]
entreato (m)	szünet	[synɛt]

150. Cinema

| ator (m) | színész | [si:ne:s] |
| atriz (f) | színésznő | [si:ne:snø:] |

cinema (m)	mozi	[mozi]
filme (m)	film	[film]
episódio (m)	sorozat	[ʃorozɒt]

filme (m) policial	krimi	[krimi]
filme (m) de ação	akciófilm	[ɒktsi:ofilm]
filme (m) de aventuras	kalandfilm	[kɒlɒndfilm]
filme (m) de ficção científica	fantasztikus film	[fɒntɒstikuʃ film]
filme (m) de terror	horrorfilm	[horrorfilm]

comédia (f)	filmvígjáték	[filmvi:g ja:te:k]
melodrama (m)	zenés dráma	[zɛne:ʃ dra:mɒ]
drama (m)	dráma	[dra:mɒ]

filme (m) ficcional	játékfilm	[ja:te:kfilm]
documentário (m)	dokumentumfilm	[dokumɛntumfilm]
desenho (m) animado	rajzfilm	[rɒjzfilm]
cinema (m) mudo	némafilm	[ne:mɒfilm]

papel (m)	szerep	[sɛrɛp]
papel (m) principal	főszerep	[fø:sɛrɛp]
representar (vt)	szerepel	[sɛrɛpɛl]

estrela (f) de cinema	filmcsillag	[filmtʃillɒg]
conhecido	ismert	[iʃmɛrt]
famoso	híres	[hi:rɛʃ]
popular	népszerű	[ne:psɛry:]

argumento (m)	forgatókönyv	[forgɒto:køɲv]
argumentista (m)	forgatókönyvíró	[forgɒto:køɲvi:ro:]
realizador (m)	rendező	[rɛndɛzø:]
produtor (m)	producer	[produsɛr]
assistente (m)	asszisztens	[ɒssistɛnʃ]
diretor (m) de fotografia	operatőr	[opɛrɒtø:r]
duplo (m)	kaszkadőr	[kɒskɒdø:r]

filmar (vt)	filmet forgat	[filmɛt forgɒt]
audição (f)	próba	[pro:bɒ]
filmagem (f)	felvétel	[fɛlve:tɛl]
equipe (f) de filmagem	forgatócsoport	[forgɒto:tʃoport]
set (m) de filmagem	forgatási helyszín	[forgɒta:ʃi hɛjsi:n]
câmara (f)	kamera	[kɒmɛrɒ]

cinema (m)	mozi	[mozi]
ecrã (m), tela (f)	vászon	[va:son]
exibir um filme	filmet mutat	[filmɛt mutɒt]

pista (f) sonora	hangsáv	[hɒŋgʃa:v]
efeitos (m pl) especiais	speciális effektusok	[ʃpɛtsja:liʃ ɛf:ɛktuʃok]
legendas (f pl)	feliratok	[fɛlirɒtok]

| crédito (m) | közreműködők felsorolása | [køzrɛmy:kødø:k fɛlʃorola:sa] |
| tradução (f) | fordítás | [fordi:ta:ʃ] |

151. Pintura

arte (f)	művészet	[my:ve:sɛt]
belas-artes (f pl)	képzőművészet	[ke:pzø:my:ve:sɛt]
galeria (f) de arte	galéria	[gɒle:riɒ]
exposição (f) de arte	tárlat	[ta:rlɒt]

pintura (f)	festészet	[fɛʃte:sɛt]
arte (f) gráfica	grafika	[grɒfikɒ]
arte (f) abstrata	absztrakt művészet	[ɒbstrɒkt my:ve:sɛt]
impressionismo (m)	impresszionizmus	[imprɛssionizmuʃ]

pintura (f), quadro (m)	kép	[ke:p]
desenho (m)	rajz	[rɒjz]
cartaz, póster (m)	poszter	[postɛr]

ilustração (f)	illusztráció	[illustra:tsio:]
miniatura (f)	miniatűr	[miniɒty:r]
cópia (f)	másolat	[ma:ʃolɒt]
reprodução (f)	reprodukció	[rɛproduktsio:]

mosaico (m)	mozaik	[mozɒik]
vitral (m)	színes üvegablak	[si:nɛʃ yvɛgɒblɒk]
fresco (m)	freskó	[frɛʃko:]
gravura (f)	metszet	[mɛtsɛt]

busto (m)	mellszobor	[mɛllsobor]
escultura (f)	szobor	[sobor]
estátua (f)	szobor	[sobor]
gesso (m)	gipsz	[gips]
em gesso	gipsz	[gips]

retrato (m)	arckép	[ɒrtske:p]
autorretrato (m)	önarckép	[ønɒrtske:p]
paisagem (f)	tájkép	[ta:jke:p]
natureza (f) morta	csendélet	[ʧɛnde:lɛt]
caricatura (f)	karikatúra	[kɒrikɒtu:rɒ]

tinta (f)	festék	[fɛʃte:k]
aguarela (f)	vízfesték	[vi:zfɛʃte:k]
óleo (m)	olaj	[olɒj]
lápis (m)	ceruza	[tsɛruzɒ]
tinta da China (f)	tus	[tuʃ]
carvão (m)	szén	[se:n]

| desenhar (vt) | rajzol | [rɒjzol] |
| pintar (vt) | fest | [fɛʃt] |

posar (vi)	pózol	[po:zol]
modelo (m)	modell	[modɛll]
modelo (f)	modell	[modɛll]

pintor (m)	festő	[fɛʃtøː]
obra (f)	műalkotás	[myːɒlkotaːʃ]
obra-prima (f)	remekmű	[rɛmɛkmyː]
estúdio (m)	műhely	[myːhɛj]

tela (f)	vászon	[vaːson]
cavalete (m)	festőállvány	[fɛʃtøːaːllvaːɲ]
paleta (f)	paletta	[pɒlɛttɒ]

moldura (f)	keret	[kɛrɛt]
restauração (f)	helyreállítás	[hɛjrɛaːlliːtaːʃ]
restaurar (vt)	helyreállít	[hɛjrɛaːlliːt]

152. Literatura & Poesia

literatura (f)	irodalom	[irodɒlom]
autor (m)	szerző	[sɛrzøː]
pseudónimo (m)	álnév	[aːlneːv]

livro (m)	könyv	[køɲv]
volume (m)	kötet	[køtɛt]
índice (m)	tartalomjegyzék	[tɒrtɒlomjɛɟzeːk]
página (f)	oldal	[oldɒl]
protagonista (m)	főszereplő	[føːsɛrɛpløː]
autógrafo (m)	autogram	[autogram]

conto (m)	rövid történet	[røvid tørteːnɛt]
novela (f)	elbeszélés	[ɛlbɛseːleːʃ]
romance (m)	regény	[rɛgeːɲ]
obra (f)	alkotás	[ɒlkotaːʃ]
fábula (m)	állatmese	[aːllɒtmɛʃɛ]
romance (m) policial	krimi	[krimi]

poesia (obra)	vers	[vɛrʃ]
poesia (arte)	költészet	[kølteːsɛt]
poema (m)	költemény, vers	[kølteme:ɲ], [vɛrʃ]
poeta (m)	költő	[køltøː]

ficção (f)	szépirodalom	[seːpirodɒlom]
ficção (f) científica	scifi	[stsifi], [skifi]
aventuras (f pl)	kalandok	[kɒlɒndok]
literatura (f) didática	tanító irodalom	[tɒniːtoː irodɒlom]
literatura (f) infantil	gyermekirodalom	[ɟɛrmɛk irodɒlom]

153. Circo

circo (m)	cirkusz	[tsirkus]
circo (m) ambulante	vándorcirkusz	[vaːndortsirkus]
programa (m)	műsor	[myːʃor]
apresentação (f)	előadás	[ɛløːɒdaːʃ]
número (m)	műsorszám	[myːʃorsaːm]
arena (f)	aréna	[ɒreːnɒ]

135

| pantomima (f) | némajáték | [ne:mɒja:te:k] |
| palhaço (m) | bohóc | [boho:ts] |

acrobata (m)	akrobata	[ɒkrobɒtɒ]
acrobacia (f)	akrobatika	[ɒkrobɒtikɒ]
ginasta (m)	tornász	[torna:s]
ginástica (f)	torna	[tornɒ]
salto (m) mortal	szaltó	[sɒlto:]

homem forte (m)	atléta	[ɒtle:tɒ]
domador (m)	állatszelídítő	[a:llɒt sɛli:di:to:]
cavaleiro (m) equilibrista	lovas	[lovɒʃ]
assistente (m)	asszisztens	[ɒssistɛnʃ]

truque (m)	mutatvány	[mutɒtva:ɲ]
truque (m) de mágica	bűvészmutatvány	[by:ve:smutɒtva:ɲ]
mágico (m)	bűvész	[by:ve:s]

malabarista (m)	zsonglőr	[ʒoŋglø:r]
fazer malabarismos	zsonglőrködik	[ʒoŋglø:rkødik]
domador (m)	idomár	[idoma:r]
adestramento (m)	idomítás	[idomi:ta:ʃ]
adestrar (vt)	idomít	[idomi:t]

154. Música. Música popular

música (f)	zene	[zɛnɛ]
músico (m)	zenész	[zɛne:s]
instrumento (m) musical	hangszer	[hɒŋgsɛr]
tocar ...	játszani	[ja:tzɒni]

guitarra (f)	gitár	[gita:r]
violino (m)	hegedű	[hɛgɛdy:]
violoncelo (m)	cselló	[ʧɛllo:]
contrabaixo (m)	nagybőgő	[nɒɟbø:gø:]
harpa (f)	hárfa	[ha:rfɒ]

piano (m)	zongora	[zoŋgorɒ]
piano (m) de cauda	zongora	[zoŋgorɒ]
órgão (m)	orgona	[orgonɒ]

instrumentos (m pl) de sopro	fúvós hangszer	[fu:vo:ʃ hɒŋgsɛr]
oboé (m)	oboa	[obɒ]
saxofone (m)	szakszofon	[sɒksofon]
clarinete (m)	klarinét	[klɒrine:t]
flauta (f)	fuvola	[fuvolɒ]
trompete (m)	trombita	[trombitɒ]

| acordeão (m) | harmonika | [hɒrmonikɒ] |
| tambor (m) | dob | [dob] |

duo, dueto (m)	duett	[duɛtt]
trio (m)	trió	[trio:]
quarteto (m)	kvartett	[kvɒrtɛtt]

| coro (m) | énekkar | [eːnɛkkɒr] |
| orquestra (f) | zenekar | [zɛnɛkɒr] |

música (f) pop	popzene	[popzɛnɛ]
música (f) rock	rockzene	[rokzɛnɛ]
grupo (m) de rock	rockegyüttes	[rokɛɟyttɛʃ]
jazz (m)	dzsessz	[dʒɛsː]

| ídolo (m) | bálvány | [baːlvaːɲ] |
| fã, admirador (m) | rajongó | [rɒjoŋgoː] |

concerto (m)	hangverseny	[hɒŋgvɛrʃɛɲ]
sinfonia (f)	szimfónia	[simfoːniɒ]
composição (f)	szerzemény	[sɛrzɛmeːɲ]

canto (m)	éneklés	[eːnɛkleːʃ]
canção (f)	dal	[dɒl]
melodia (f)	dallam	[dɒllɒm]
ritmo (m)	ritmus	[ritmuʃ]
blues (m)	blues	[blyz]

notas (f pl)	kották	[kottaːk]
batuta (f)	karmesteri pálca	[kɒrmɛʃtɛri paːltsɒ]
arco (m)	vonó	[vonoː]
corda (f)	húr	[huːr]
estojo (m)	tartó	[tɒrtoː]

Descanso. Entretenimento. Viagens

155. Viagens

turismo (m)	turizmus	[turizmuʃ]
turista (m)	turista	[turiʃtɒ]
viagem (f)	utazás	[utɒza:ʃ]
aventura (f)	kaland	[kɒlɒnd]
viagem (f)	utazás	[utɒza:ʃ]
férias (f pl)	szabadság	[sɒbɒdʃa:g]
estar de férias	szabadságon van	[sɒbɒdʃa:gon vɒn]
descanso (m)	pihenés	[pihɛne:ʃ]
comboio (m)	vonat	[vonɒt]
de comboio (chegar ~)	vonattal	[vonɒttɒl]
avião (m)	repülőgép	[rɛpylø:ge:p]
de avião	repülőgéppel	[rɛpylø:ge:ppɛl]
de carro	autóval	[ɒuto:vɒl]
de navio	hajóval	[hɒjo:vɒl]
bagagem (f)	csomag	[ʧomɒg]
mala (f)	bőrönd	[bø:rønd]
carrinho (m)	kocsi	[koʧi]
passaporte (m)	útlevél	[u:tlɛve:l]
visto (m)	vízum	[vi:zum]
bilhete (m)	jegy	[jɛɟ]
bilhete (m) de avião	repülőjegy	[rɛpylø:jɛɟ]
guia (m) de viagem	útikalauz	[u:tikɒlɒuz]
mapa (m)	térkép	[te:rke:p]
local (m), area (f)	vidék	[vide:k]
lugar, sítio (m)	hely	[hɛj]
exotismo (m)	egzotikum	[ɛgzotikum]
exótico	egzotikus	[ɛgzotikuʃ]
surpreendente	csodálatos	[ʧoda:lɒtoʃ]
grupo (m)	csoport	[ʧoport]
excursão (f)	kirándulás	[kira:ndula:ʃ]
guia (m)	idegenvezető	[idɛgɛn vɛzɛtø:]

156. Hotel

hotel (m)	szálloda	[sa:llodɒ]
motel (m)	motel	[motɛl]
três estrelas	három csillagos	[ha:rom ʧillɒgoʃ]

| cinco estrelas | öt csillagos | [øt ʧillɒgoʃ] |
| ficar (~ num hotel) | megszáll | [mɛgsa:ll] |

quarto (m)	szoba	[sobɒ]
quarto (m) individual	egyágyas szoba	[ɛja:ɟɒʃ sobɒ]
quarto (m) duplo	kétágyas szoba	[ke:ta:ɟoʃ sobɒ]
reservar um quarto	lefoglal egy szobát	[lɛfoglɒl ɛɟ soba:t]

| meia pensão (f) | félpanzió | [fe:lpɒnzio:] |
| pensão (f) completa | teljes panzió | [tɛjɛʃ pɒnzio:] |

com banheira	fürdőszobával	[fyrdø:soba:vɒl]
com duche	zuhannyal	[zuhɒnnɒl]
televisão (m) satélite	műholdas televízió	[my:holdɒʃ tɛlɛvizio:]
ar (m) condicionado	légkondicionáló	[le:gkonditsiona:lo:]
toalha (f)	törülköző	[tørylkøzø:]
chave (f)	kulcs	[kulʧ]

administrador (m)	adminisztrátor	[ɒdministra:tor]
camareira (f)	szobalány	[sobɒla:ɲ]
bagageiro (m)	hordár	[horda:r]
porteiro (m)	portás	[porta:ʃ]

restaurante (m)	étterem	[e:ttɛrɛm]
bar (m)	bár	[ba:r]
pequeno-almoço (m)	reggeli	[rɛggɛli]
jantar (m)	vacsora	[vɒʧorɒ]
buffet (m)	svédasztal	[ʃve:dɒstɒl]

elevador (m)	lift	[lift]
NÃO PERTURBE	KÉRJÜK, NE ZAVARJANAK!	[ke:rjyk nɛ zɒvɒrjɒnɒk]
PROIBIDO FUMAR!	DOHÁNYOZNI TILOS!	[doha:nøzni tiloʃ]

157. Livros. Leitura

livro (m)	könyv	[køɲv]
autor (m)	szerző	[sɛrzø:]
escritor (m)	író	[i:ro:]
escrever (vt)	megír	[mɛgi:r]

leitor (m)	olvasó	[olvɒʃo:]
ler (vt)	olvas	[olvɒʃ]
leitura (f)	olvasás	[olvɒʃa:ʃ]

| para si | magában | [mɒga:bɒn] |
| em voz alta | hangosan | [hɒŋgoʃɒn] |

publicar (vt)	kiad	[kiɒd]
publicação (f)	kiadás	[kiɒda:ʃ]
editor (m)	kiadó	[kiɒdo:]
editora (f)	kiadóvállalat	[kiɒdo: va:llɒlɒt]
sair (vi)	megjelenik	[mɛgjɛlɛnik]
lançamento (m)	megjelenés	[mɛgjɛlɛne:ʃ]

139

tiragem (f)	példányszám	[pe:lda:ɲsa:m]
livraria (f)	könyvesbolt	[køɲvɛʃbolt]
biblioteca (f)	könyvtár	[køɲvta:r]

novela (f)	elbeszélés	[ɛlbɛse:le:ʃ]
conto (m)	rövid történet	[røvid tørte:nɛt]
romance (m)	regény	[rɛge:ɲ]
romance (m) policial	krimi	[krimi]

memórias (f pl)	emlékiratok	[ɛmle:kirɒtok]
lenda (f)	legenda	[lɛgɛndɒ]
mito (m)	mítosz	[mi:tos]

poesia (f)	versek	[vɛrʃɛk]
autobiografia (f)	önéletrajz	[øne:lɛtrɒjz]
obras (f pl) escolhidas	válogatott	[va:logɒtott]
ficção (f) científica	scifi	[stsifi], [skifi]
título (m)	cím	[tsi:m]
introdução (f)	bevezetés	[bɛvɛzɛte:ʃ]
folha (f) de rosto	címlap	[tsi:mlɒp]

capítulo (m)	fejezet	[fɛjɛzɛt]
excerto (m)	részlet	[re:slɛt]
episódio (m)	epizód	[ɛpizo:d]

tema (m)	szüzsé	[syʒe:]
conteúdo (m)	tartalom	[tɒrtɒlom]
índice (m)	tartalomjegyzék	[tɒrtɒlomjɛɟze:k]
protagonista (m)	főszereplő	[fø:sɛrɛplø:]

tomo, volume (m)	kötet	[køtɛt]
capa (f)	borítólap	[bori:to:lɒp]
encadernação (f)	bekötés	[bɛkøte:ʃ]
marcador (m) de livro	könyvjelző	[køɲvjɛlzø:]

página (f)	oldal	[oldɒl]
folhear (vt)	lapoz	[lɒpoz]
margem (f)	lapszél	[lɒpse:l]
anotação (f)	jegyzet	[jɛɟzɛt]
nota (f) de rodapé	megjegyzés	[mɛgjɛɟze:ʃ]

texto (m)	szöveg	[søvɛg]
fonte (f)	betűtípus	[bɛty:ti:puʃ]
gralha (f)	sajtóhiba	[ʃɒjto:hibɒ]

tradução (f)	fordítás	[fordi:ta:ʃ]
traduzir (vt)	fordít	[fordi:t]
original (m)	az eredeti	[ɒz ɛrɛdɛti]

famoso	híres	[hi:rɛʃ]
desconhecido	ismeretlen	[iʃmɛrɛtlɛn]
interessante	érdekes	[e:rdɛkɛʃ]
best-seller (m)	bestseller	[bɛstsɛllɛr]
dicionário (m)	szótár	[so:ta:r]
manual (m) escolar	tankönyv	[tɒŋkøɲv]
enciclopédia (f)	enciklopédia	[ɛntsiklope:diɒ]

158. Caça. Pesca

caça (f)	vadászat	[vɒdaːsɒt]
caçar (vi)	vadászik	[vɒdaːsik]
caçador (m)	vadász	[vɒdaːs]

atirar (vi)	lő	[løː]
caçadeira (f)	puska	[puʃkɒ]
cartucho (m)	töltény	[tølteːɲ]
chumbo (m) de caça	sörét	[ʃøreːt]
armadilha (f)	csapda	[ʧɒbdɒ]
armadilha (com corda)	kelepce	[kɛlɛptsɛ]
pôr a armadilha	csapdát állít	[ʧɒpdaːt aːlliːt]

caçador (m) furtivo	vadorzó	[vɒdorzoː]
caça (f)	vad	[vɒd]
cão (m) de caça	vadászkutya	[vɒdaːskucɒ]
safári (m)	szafári	[sɒfaːri]
animal (m) empalhado	kitömött test	[kitømøtt tɛʃt]

pescador (m)	halász	[hɒlaːs]
pesca (f)	halászat	[hɒlaːsɒt]
pescar (vt)	halászik	[hɒlaːsik]

cana (f) de pesca	horgászbot	[horgaːsbot]
linha (f) de pesca	horgászzsinór	[horgaːsʒinoːr]
anzol (m)	horog	[horog]
boia (f)	úszó	[uːsoː]
isca (f)	csalétek	[ʧɒleːtɛk]

lançar a linha	bedobja a horgot	[bɛdobjɒ ɒ horgot]
morder (vt)	harap	[hɒrɒp]
pesca (f)	halászzsákmány	[hɒlaːs ʒaːkmaːɲ]
buraco (m) no gelo	lék	[leːk]

rede (f)	háló	[haːloː]
barco (m)	csónak	[ʧoːnɒk]
pescar com rede	halászik	[hɒlaːsik]
lançar a rede	beveti a hálót	[bɛvɛti ɒ haːloːt]
puxar a rede	kihúzza a hálót	[kihuːzzɒ ɒ haːloːt]

baleeiro (m)	bálnavadász	[baːlnɒvɒdaːs]
baleeira (f)	bálnavadászhajó	[baːlnɒvɒdaːshɒjoː]
arpão (m)	szigony	[sigoɲ]

159. Jogos. Bilhar

bilhar (m)	biliárd	[biliaːrd]
sala (f) de bilhar	biliárdszoba	[biliaːrd sobɒ]
bola (f) de bilhar	biliárdgolyó	[biliaːrdgojoː]
embolsar uma bola	elgurítja a golyót	[ɛlguriːcɒ ɒ gojoːt]
taco (m)	dákó	[daːkoː]
caçapa (f)	lyuk	[juk]

160. Jogos. Jogar cartas

ouros (m pl)	káró	[ka:ro:]
espadas (f pl)	pikk	[pikk]
copas (f pl)	kőr	[kø:r]
paus (m pl)	treff	[trɛff]
ás (m)	ász	[a:s]
rei (m)	király	[kira:j]
dama (f)	dáma	[da:mɒ]
valete (m)	alsó	[ɒlʃo:]
carta (f) de jogar	kártya	[ka:rcɒ]
cartas (f pl)	kártyák	[ka:rca:k]
trunfo (m)	adu	[ɒdu]
baralho (m)	egy csomag kártya	[ɛɟ ʧomɒg ka:rcɒ]
dar, distribuir (vt)	kioszt	[kiost]
embaralhar (vt)	kever	[kɛvɛr]
vez, jogada (f)	lépés	[le:pe:ʃ]
batoteiro (m)	csaló	[ʧɒlo:]

161. Casino. Roleta

casino (m)	kaszinó	[kɒsino:]
roleta (f)	rulett	[rulɛtt]
aposta (f)	tét	[te:t]
apostar (vt)	megteszi a tétet	[mɛgtɛsi ɒ te:tɛt]
vermelho (m)	piros	[piroʃ]
preto (m)	fekete	[fɛkɛtɛ]
apostar no vermelho	pirosra tesz	[piroʃrɒ tɛs]
apostar no preto	feketére tesz	[fɛkɛte:rɛ tɛs]
crupiê (m, f)	krupié	[krupie:]
girar a roda	forgatja a kereket	[forgɒcɒ ɒ kɛrɛkɛt]
regras (f pl) do jogo	játék szabályai	[ja:te:k sɒba:jɒi]
ficha (f)	érme	[e:rmɛ]
ganhar (vi, vt)	nyer	[ɲɛr]
ganho (m)	nyeremény	[ɲɛrɛme:ɲ]
perder (dinheiro)	elveszít	[ɛlvɛsi:t]
perda (f)	veszteség	[vɛstɛʃe:g]
jogador (m)	játékos	[ja:te:koʃ]
blackjack (m)	Black Jack	[blɛk dʒɛk]
jogo (m) de dados	kockajáték	[kotskɒja:te:k]
máquina (f) de jogo	játékautomata	[ja:te:k ɒutomɒtɒ]

162. Descanso. Jogos. Diversos

passear (vi)	sétál	[ʃeːtaːl]
passeio (m)	séta	[ʃeːtɒ]
viagem (f) de carro	kirándulás	[kiraːndulaːʃ]
aventura (f)	kaland	[kɒlɒnd]
piquenique (m)	piknik	[piknik]

jogo (m)	játék	[jaːteːk]
jogador (m)	játékos	[jaːteːkoʃ]
partida (f)	játszma	[jaːtsmɒ]

colecionador (m)	gyűjtő	[ɟyːjtøː]
colecionar (vt)	gyűjt	[ɟyːjt]
coleção (f)	gyűjtemény	[ɟyːjtɛmeːɲ]

palavras (f pl) cruzadas	keresztrejtvény	[kɛrɛstrɛjtveːɲ]
hipódromo (m)	lóversenytér	[loːvɛrʃɛɲteːr]
discoteca (f)	diszkó	[diskoː]

sauna (f)	szauna	[sɒunɒ]
lotaria (f)	sorsjáték	[ʃorʃjaːteːk]

campismo (m)	túra	[tuːrɒ]
acampamento (m)	tábor	[taːbor]
tenda (f)	sátor	[ʃaːtor]
bússola (f)	iránytű	[iraːɲtyː]
campista (m)	turista	[turiʃtɒ]

ver (vt), assistir à ...	néz	[neːz]
telespectador (m)	tévénéző	[teːveːneːzøː]
programa (m) de TV	tévéprogram	[teːveː: progrɒm]

163. Fotografia

máquina (f) fotográfica	fényképezőgép	[feːɲkeːpɛzøːgeːp]
foto, fotografia (f)	fénykép	[feːɲkeːp]

fotógrafo (m)	fényképész	[feːɲkeːpeːs]
estúdio (m) fotográfico	fotószalon	[fotoːsɒlon]
álbum (m) de fotografias	fényképalbum	[feːɲkeːp ɒlbum]

objetiva (f)	objektív	[objɛktiːv]
teleobjetiva (f)	teleobjektív	[tɛlɛobjɛktiːv]
filtro (m)	filter	[filtɛr]
lente (f)	lencse	[lɛntʃɛ]

ótica (f)	optika	[optikɒ]
abertura (f)	fényrekesz	[feːɲrɛkɛs]
exposição (f)	exponálás	[ɛkʃponaːlaːʃ]
visor (m)	képkereső	[keːpkɛrɛʃøː]
câmara (f) digital	digitális fényképezőgép	[digitaːliʃ feːɲkeːpɛzøː:geːp]

| tripé (m) | statív | [ʃtɒtiv] |
| flash (m) | vaku | [vɒku] |

fotografar (vt)	fényképez	[fe:ɲke:pɛz]
tirar fotos	fényképez	[fe:ɲke:pɛz]
fotografar-se	lefényképezteti magát	[lɛfe:ɲke:pɛztɛti mɒga:t]

foco (m)	fókusz	[fo:kus]
focar (vt)	élessé tesz	[e:lɛʃe: tɛs]
nítido	éles	[e:lɛʃ]
nitidez (f)	élesség	[e:lɛʃe:g]

| contraste (m) | kontraszt | [kontrɒst] |
| contrastante | kontrasztos | [kontrɒstoʃ] |

retrato (m)	felvétel	[fɛlve:tɛl]
negativo (m)	negatív	[nɛgɒti:v]
filme (m)	film	[film]
fotograma (m)	filmkocka	[filmkotskɒ]
imprimir (vt)	nyomtat	[ɲomtɒt]

164. Praia. Natação

praia (f)	strand	[ʃtrɒnd]
areia (f)	homok	[homok]
deserto	puszta	[pustɒ]

bronzeado (m)	lesülés	[lɛʃyle:ʃ]
bronzear-se (vr)	lesül	[lɛʃyl]
bronzeado	lesült	[lɛʃylt]
protetor (m) solar	napolaj	[nɒpolɒj]

biquíni (m)	bikini	[bikini]
fato (m) de banho	fürdőruha	[fyrdø:ruhɒ]
calção (m) de banho	fürdőnadrág	[fyrdø:nɒdra:g]

piscina (f)	uszoda	[usodɒ]
nadar (vi)	úszik	[u:sik]
duche (m)	zuhany	[zuhɒɲ]
mudar de roupa	átöltözik	[a:tøltøzik]
toalha (f)	törülköző	[tørylkøzø:]

| barco (m) | csónak | [ʧo:nɒk] |
| lancha (f) | motorcsónak | [motor ʧo:nɒk] |

esqui (m) aquático	vízisí	[vi:ziʃi:]
barco (m) de pedais	vízibicikli	[vi:zi bitsikli]
surf (m)	szörfözés	[sørføze:ʃ]
surfista (m)	szörföző	[sørføzø:]

equipamento (m) de mergulho	könnyűbúvárfelszerelés	[kønɲy:bu:va:rfɛlsɛrɛle:ʃ]
barbatanas (f pl)	uszony	[usoɲ]
máscara (f)	maszk	[mɒsk]
mergulhador (m)	búvár	[bu:va:r]

mergulhar (vi)	búvárkodik	[bu:va:rkodik]
debaixo d'água	víz alatt	[vi:z ɒlɒtt]
guarda-sol (m)	esernyő	[ɛʃɛrɲø:]
espreguiçadeira (f)	napozóágy	[nɒpozo:a:ɟ]
óculos (m pl) de sol	szemüveg	[sɛmyvɛg]
colchão (m) de ar	gumimatrac	[gumimɒtrɒts]
brincar (vi)	játszik	[ja:tsik]
ir nadar	fürdik	[fyrdik]
bola (f) de praia	labda	[lɒbdɒ]
encher (vt)	felfúj	[fɛlfu:j]
inflável, de ar	felfújható	[fɛlfu:jhɒto:]
onda (f)	hullám	[hulla:m]
boia (f)	bója	[bo:jɒ]
afogar-se (pessoa)	vízbe fullad	[vi:zbɛ fullɒd]
salvar (vt)	megment	[mɛgmɛnt]
colete (m) salva-vidas	mentőmellény	[mɛntø:mɛlle:ɲ]
observar (vt)	figyel	[fiɟɛl]
nadador-salvador (m)	mentő	[mɛntø:]

EQUIPAMENTO TÉCNICO. TRANSPORTES

Equipamento técnico. Transportes

165. Computador

computador (m)	számítógép	[sa:mi:to:ge:p]
portátil (m)	laptop	[lɒptop]
ligar (vt)	bekapcsol	[bɛkɒpʧol]
desligar (vt)	kikapcsol	[kikɒpʧol]
teclado (m)	billentyűzet	[billɛɲcy:zɛt]
tecla (f)	billentyű	[billɛɲcy:]
rato (m)	egér	[ɛge:r]
tapete (m) de rato	egérpad	[ɛge:rpɒd]
botão (m)	gomb	[gomb]
cursor (m)	kurzor	[kurzor]
monitor (m)	monitor	[monitor]
ecrã (m)	képernyő	[ke:pɛrɲø:]
disco (m) rígido	merevlemez	[mɛrɛvlɛmɛz]
memória (f)	memória	[mɛmo:riɒ]
memória RAM (f)	RAM	[rɒm]
ficheiro (m)	fájl	[fa:jl]
pasta (f)	mappa	[mɒppɒ]
abrir (vt)	nyit	[ɲit]
fechar (vt)	zár	[za:r]
guardar (vt)	ment	[mɛnt]
apagar, eliminar (vt)	töröl	[tørøl]
copiar (vt)	másol	[ma:ʃol]
ordenar (vt)	osztályoz	[osta:joz]
copiar (vt)	átír	[a:ti:r]
programa (m)	program	[progrɒm]
software (m)	szoftver	[softvɛr]
programador (m)	programozó	[progrɒmozo:]
programar (vt)	programoz	[progrɒmoz]
hacker (m)	hacker	[hɒkɛr]
senha (f)	jelszó	[jɛlso:]
vírus (m)	vírus	[vi:ruʃ]
detetar (vt)	megtalál	[mɛgtɒla:l]
byte (m)	byte	[bɒjt]
megabyte (m)	megabyte	[mɛgɒbɒjt]

| dados (m pl) | adatok | [ɒdɒtok] |
| base (f) de dados | adatbázis | [ɒdɒtba:ziʃ] |

cabo (m)	kábel	[ka:bɛl]
desconectar (vt)	szétkapcsol	[se:tkɒpʧol]
conetar (vt)	hozzákapcsol	[hozza:kɒpʧol]

166. Internet. E-mail

internet (f)	internet	[intɛrnɛt]
browser (m)	böngésző	[bøŋge:sø:]
motor (m) de busca	kereső program	[kɛrɛʃø: progrɒm]
provedor (m)	szolgáltató	[solga:ltɒto:]

webmaster (m)	webgazda	[vɛbgɒzdɒ]
website, sítio web (m)	weboldal	[vɛboldɒl]
página (f) web	weboldal	[vɛboldɒl]

| endereço (m) | cím | [tsi:m] |
| livro (m) de endereços | címkönyv | [tsi:mkøɲv] |

| caixa (f) de correio | postaláda | [poʃtɒla:dɒ] |
| correio (m) | posta | [poʃtɒ] |

mensagem (f)	levél	[lɛve:l]
remetente (m)	feladó	[fɛlɒdo:]
enviar (vt)	felad	[fɛlɒd]
envio (m)	feladás	[fɛlɒda:ʃ]

| destinatário (m) | címzett | [tsi:mzɛtt] |
| receber (vt) | kap | [kɒp] |

| correspondência (f) | levelezés | [lɛvɛlɛze:ʃ] |
| corresponder-se (vr) | levelez | [lɛvɛlɛz] |

ficheiro (m)	fájl	[fa:jl]
fazer download, baixar	letölt	[lɛtølt]
criar (vt)	teremt	[tɛrɛmt]

| apagar, eliminar (vt) | töröl | [tørøl] |
| eliminado | törölt | [tørølt] |

conexão (f)	kapcsolat	[kɒpʧolɒt]
velocidade (f)	sebesség	[ʃɛbɛʃe:g]
modem (m)	modem	[modɛm]

| acesso (m) | hozzáférés | [hoz:a:fe:re:ʃ] |
| porta (f) | port | [port] |

| conexão (f) | csatlakozás | [ʧɒtlɒkoza:ʃ] |
| conetar (vi) | csatlakozik | [ʧɒtlɒkozik] |

| escolher (vt) | választ | [va:lɒst] |
| buscar (vt) | keres | [kɛrɛʃ] |

167. Eletricidade

eletricidade (f)	villany	[villɒɲ]
elétrico	villamos	[villɒmoʃ]
central (f) elétrica	villamos erőmű	[villɒmoʃ ɛrø:my:]
energia (f)	energia	[ɛnɛrgiɒ]
energia (f) elétrica	villamos energia	[villɒmoʃ ɛnɛrgiɒ]

lâmpada (f)	körte	[kørtɛ]
lanterna (f)	zseblámpa	[ʒɛb la:mpɒ]
poste (m) de iluminação	utcalámpa	[utsɒ la:mpɒ]

luz (f)	villany	[villɒɲ]
ligar (vt)	bekapcsol	[bɛkɒpʧol]
desligar (vt)	kikapcsol	[kikɒpʧol]
apagar a luz	eloltja a villanyt	[ɛlolcɒ ɒ villɒɲt]

fundir (vi)	kiég	[kie:g]
curto-circuito (m)	rövidzárlat	[røviʣa:rlɒt]
rutura (f)	szakadás	[sɒkɒda:ʃ]
contacto (m)	érintkezés	[e:rintkɛze:ʃ]

interruptor (m)	bekapcsoló	[bɛkɒpʧolo:]
tomada (f)	konnektor	[konnɛktor]
ficha (f)	dugó	[dugo:]
extensão (f)	elosztó	[ɛlosto:]

fusível (m)	biztosíték	[bistoʃi:te:k]
fio, cabo (m)	vezeték	[vɛzɛte:k]
instalação (f) elétrica	vezetés	[vɛzɛte:ʃ]

ampere (m)	amper	[ɒmpɛr]
amperagem (f)	áramerő	[a:rɒmɛrø:]
volt (m)	volt	[volt]
voltagem (f)	feszültség	[fɛsylʧe:g]

| aparelho (m) elétrico | villamos készülék | [villɒmoʃ ke:syle:k] |
| indicador (m) | indikátor | [indika:tor] |

eletricista (m)	villanyszerelő	[villɒɲsɛrɛlø:]
soldar (vt)	forraszt	[forrɒst]
ferro (m) de soldar	forrasztópáka	[forrɒsto:pa:kɒ]
corrente (f) elétrica	áramlás	[a:rɒmla:ʃ]

168. Ferramentas

ferramenta (f)	szerszám	[sɛrsa:m]
ferramentas (f pl)	szerszámok	[sɛrsa:mok]
equipamento (m)	felszerelés	[fɛlsɛrɛle:ʃ]

martelo (m)	kalapács	[kɒlɒpa:ʧ]
chave (f) de fendas	csavarhúzó	[ʧɒvɒrhu:zo:]
machado (m)	fejsze	[fɛjsɛ]

serra (f)	fűrész	[fy:re:s]
serrar (vt)	fűrészel	[fy:re:sɛl]
plaina (f)	gyalu	[ɟolu]
aplainar (vt)	gyalul	[ɟolul]
ferro (m) de soldar	forrasztópáka	[forrɒsto:pa:kɒ]
soldar (vt)	forraszt	[forrɒst]

lima (f)	reszelő	[rɛsɛlø:]
tenaz (f)	harapófogó	[hɒrɒpo:fogo:]
alicate (m)	laposfogó	[lɒpoʃfogo:]
formão (m)	véső	[ve:ʃø:]

broca (f)	fúró	[fu:ro:]
berbequim (f)	fúrógép	[fu:ro:ge:p]
furar (vt)	fúr	[fu:r]

faca (f)	kés	[ke:ʃ]
lâmina (f)	él	[e:l]

afiado	éles	[e:lɛʃ]
cego	tompa	[tompɒ]
embotar-se (vr)	eltompul	[ɛltompul]
afiar, amolar (vt)	élesít	[e:lɛʃi:t]

parafuso (m)	csavar	[ʧɒvɒr]
porca (f)	csavaranya	[ʧɒvɒrɒɲɒ]
rosca (f)	menet	[mɛnɛt]
parafuso (m) para madeira	facsavar	[fɒʧɒvɒr]

prego (m)	szeg	[sɛg]
cabeça (f) do prego	fej	[fɛj]

régua (f)	vonalzó	[vonɒlzo:]
fita (f) métrica	mérőszalag	[me:rø:sɒlɒg]
nível (m)	vízszintező	[vi:zsintɛzø:]
lupa (f)	nagyító	[nɒɟi:to:]

medidor (m)	mérőkészülék	[me:rø:ke:syle:k]
medir (vt)	mér	[me:r]
escala (f)	skála	[ʃka:lɒ]
indicação (f), registo (m)	állás	[a:lla:ʃ]

compressor (m)	légsűrítő	[le:gʃy:ri:tø:]
microscópio (m)	mikroszkóp	[mikrosko:p]

bomba (f)	szivattyú	[sivɒc:u:]
robô (m)	robotgép	[robotge:p]
laser (m)	lézer	[le:zɛr]

chave (f) de boca	csavarkulcs	[ʧɒvɒr kulʧ]
fita (f) adesiva	ragasztószalag	[rɒgɒsto: sɒlɒg]
cola (f)	ragasztó	[rɒgɒsto:]

lixa (f)	csiszolópapír	[ʧisolo:pɒpi:r]
mola (f)	rugó	[rugo:]
íman (m)	mágnes	[ma:gnɛʃ]

luvas (f pl)	kesztyű	[kɛscy:]
corda (f)	kötél	[køte:l]
cordel (m)	zsinór	[ʒino:r]
fio (m)	vezeték	[vɛzɛte:k]
cabo (m)	kábel	[ka:bɛl]

marreta (f)	nagy kalapács	[nɒɟ kɒlɒpɒ:tʃ]
pé de cabra (m)	bontórúd	[bonto:ru:d]
escada (f) de mão	létra	[le:trɒ]
escadote (m)	létra	[le:trɒ]

enroscar (vt)	becsavar	[bɛtʃɒvɒr]
desenroscar (vt)	kicsavar	[kitʃɒvɒr]
apertar (vt)	beszorít	[bɛsori:t]
colar (vt)	ráragaszt	[ra:rɒgɒst]
cortar (vt)	vág	[va:g]

falha (mau funcionamento)	üzemzavar	[yzɛmzɒvɒr]
conserto (m)	javítás	[jɒvi:ta:ʃ]
consertar, reparar (vt)	javít	[jɒvi:t]
regular, ajustar (vt)	szabályoz	[sɒba:joz]

verificar (vt)	ellenőriz	[ɛllɛnø:riz]
verificação (f)	ellenőrzés	[ɛllɛnø:rze:ʃ]
indicação (f), registo (m)	állás	[a:lla:ʃ]

| seguro | biztos | [biztoʃ] |
| complicado | bonyolult | [bonølult] |

enferrujar (vi)	rozsdásodik	[roʒda:ʃodik]
enferrujado	rozsdás	[roʒda:ʃ]
ferrugem (f)	rozsda	[roʒdɒ]

Transportes

169. Avião

avião (m)	repülőgép	[rɛpyløːgeːp]
bilhete (m) de avião	repülőjegy	[rɛpyløːjɛɟ]
companhia (f) aérea	légitársaság	[leːgi taːrʃɒʃaːg]
aeroporto (m)	repülőtér	[rɛpyløːteːr]
supersónico	szuperszónikus	[supɛrsoːnikuʃ]
comandante (m) do avião	kapitány	[kɒpitaːɲ]
tripulação (f)	személyzet	[sɛmeːjzɛt]
piloto (m)	pilóta	[piloːtɒ]
hospedeira (f) de bordo	légikisasszony	[leːgikiʃɒssoɲ]
copiloto (m)	navigátor	[nɒvigaːtor]
asas (f pl)	szárnyak	[saːrɲɒk]
cauda (f)	vég	[veːg]
cabine (f) de pilotagem	fülke	[fylkɛ]
motor (m)	motor	[motor]
trem (m) de aterragem	futómű	[futoːmyː]
turbina (f)	turbina	[turbinɒ]
hélice (f)	légcsavar	[leːgt͡ʃɒvɒr]
caixa-preta (f)	fekete doboz	[fɛkɛtɛ doboz]
coluna (f) de controlo	kormány	[kormaːɲ]
combustível (m)	üzemanyag	[yzɛmɒɲɒg]
instruções (f pl) de segurança	instrukció	[inʃtruktsioː]
máscara (f) de oxigénio	oxigénmaszk	[oksigeːnmɒsk]
uniforme (m)	egyenruha	[ɛɟɛnruhɒ]
colete (m) salva-vidas	mentőmellény	[mɛntøːmɛlleːɲ]
paraquedas (m)	ejtőernyő	[ɛjtøːɛrɲøː]
descolagem (f)	felszállás	[fɛlsaːllaːʃ]
descolar (vi)	felszáll	[fɛlsaːll]
pista (f) de descolagem	kifutópálya	[kifutoːpaːjɒ]
visibilidade (f)	láthatóság	[laːthɒtoːʃaːg]
voo (m)	repülés	[rɛpyleːʃ]
altura (f)	magasság	[mɒgɒʃaːg]
poço (m) de ar	turbulencia	[turbulɛntsiɒ]
assento (m)	hely	[hɛj]
auscultadores (m pl)	fejhallgató	[fɛjhɒllgɒtoː]
mesa (f) rebatível	felhajtható asztal	[fɛlhɒjthɒtoː ɒstɒl]
vigia (f)	repülőablak	[rɛpyløːɒblɒk]
passagem (f)	járat	[jaːrɒt]

151

170. Comboio

comboio (m)	vonat	[vonɒt]
comboio (m) suburbano	villanyvonat	[villɒɲvonɒt]
comboio (m) rápido	gyorsvonat	[ɟorʃvonɒt]
locomotiva (f) diesel	dízelmozdony	[diːzɛlmozdoɲ]
locomotiva (f) a vapor	gőzmozdony	[gøːzmozdoɲ]
carruagem (f)	személykocsi	[sɛmeːjkotʃi]
carruagem restaurante (f)	étkezőkocsi	[eːtkɛzøːkotʃi]
carris (m pl)	sín	[ʃiːn]
caminho de ferro (m)	vasút	[vɒʃuːt]
travessa (f)	talpfa	[tɒlpfɒ]
plataforma (f)	peron	[pɛron]
linha (f)	vágány	[vaːgaːɲ]
semáforo (m)	karjelző	[kɒrjɛlzøː]
estação (f)	állomás	[aːllomaːʃ]
maquinista (m)	vonatvezető	[vonɒtvɛzɛtøː]
bagageiro (m)	hordár	[hordaːr]
hospedeiro, -a (da carruagem)	kalauz	[kɒlɒuz]
passageiro (m)	utas	[utoʃ]
revisor (m)	ellenőr	[ɛllɛnøːr]
corredor (m)	folyosó	[fojoʃoː]
freio (m) de emergência	vészfék	[veːsfeːk]
compartimento (m)	fülke	[fylkɛ]
cama (f)	polc	[polts]
cama (f) de cima	felső polc	[fɛlʃøː polts]
cama (f) de baixo	alsó polc	[ɒlʃoː polts]
roupa (f) de cama	ágynemű	[aːɲɛmyː]
bilhete (m)	jegy	[jɛɟ]
horário (m)	menetrend	[mɛnɛtrɛnd]
painel (m) de informação	tabló	[tɒbloː]
partir (vt)	indul	[indul]
partida (f)	indulás	[indulaːʃ]
chegar (vi)	érkezik	[eːrkɛzik]
chegada (f)	érkezés	[eːrkɛzeːʃ]
chegar de comboio	vonaton érkezik	[vonɒton eːrkɛzik]
apanhar o comboio	felszáll a vonatra	[fɛlsaːll ɒ vonɒtrɒ]
sair do comboio	leszáll a vonatról	[lɛsaːll ɒ vonɒtroːl]
acidente (m) ferroviário	vasúti szerencsétlenség	[vɒʃuːti sɛrɛntʃeːtlɛnʃeːg]
locomotiva (f) a vapor	gőzmozdony	[gøːzmozdoɲ]
fogueiro (m)	kazánfűtő	[kɒzaːnfyːtøː]
fornalha (f)	tűztér	[tyːzteːr]
carvão (m)	szén	[seːn]

171. Barco

| navio (m) | hajó | [hɒjo:] |
| embarcação (f) | vízi jármű | [vi:zi ja:rmy:] |

vapor (m)	gőzhajó	[gø:zhɒjo:]
navio (m)	motoros hajó	[motoroʃ hɒjo:]
transatlântico (m)	óceánjáró	[o:tsɛa:nja:ro:]
cruzador (m)	cirkáló	[tsirka:lo:]

iate (m)	jacht	[jɒxt]
rebocador (m)	vontatóhajó	[vontɒto: hɒjo:]
barcaça (f)	uszály	[usa:j]
ferry (m)	komp	[komp]

| veleiro (m) | vitorlás hajó | [vitorla:ʃ hɒjo:] |
| bergantim (m) | brigantine | [brigantin] |

| quebra-gelo (m) | jégtörő hajó | [je:gtørø: hɒjo:] |
| submarino (m) | tengeralattjáró | [tɛŋgɛrɒlɒttja:ro:] |

bote, barco (m)	csónak	[ʧo:nɒk]
bote, dingue (m)	csónak	[ʧo:nɒk]
bote (m) salva-vidas	mentőcsónak	[mɛntø:ʧo:nɒk]
lancha (f)	motorcsónak	[motor ʧo:nɒk]

capitão (m)	kapitány	[kɒpita:ɲ]
marinheiro (m)	tengerész	[tɛŋgɛre:s]
marujo (m)	tengerész	[tɛŋgɛre:s]
tripulação (f)	személyzet	[sɛme:jzɛt]

contramestre (m)	fedélzetmester	[fɛde:lzɛtmɛʃtɛr]
grumete (m)	matrózinas	[mɒtro:zinɒʃ]
cozinheiro (m) de bordo	hajószakács	[hɒjo:sɒka:ʧ]
médico (m) de bordo	hajóorvos	[hɒjo:orvoʃ]

convés (m)	fedélzet	[fɛde:lzɛt]
mastro (m)	árboc	[a:rbots]
vela (f)	vitorla	[vitorlɒ]

porão (m)	hajóűr	[hɒjo:y:r]
proa (f)	orr	[orr]
popa (f)	hajófar	[hɒjo:fɒr]
remo (m)	evező	[ɛvɛzø:]
hélice (f)	csavar	[ʧɒvɒr]

camarote (m)	hajófülke	[hɒjo:fylkɛ]
sala (f) dos oficiais	társalgó	[ta:rʃɒlgo:]
sala (f) das máquinas	gépház	[ge:pha:z]
ponte (m) de comando	parancsnoki híd	[pɒrɒnʧnoki hi:d]
sala (f) de comunicações	rádiófülke	[ra:dio:fylkɛ]
onda (f) de rádio	hullám	[hulla:m]
diário (m) de bordo	hajónapló	[hɒjo:nɒplo:]
luneta (f)	távcső	[ta:vʧø:]
sino (m)	harang	[hɒrɒŋg]

153

bandeira (f)	zászló	[zaːslo:]
cabo (m)	kötél	[køte:l]
nó (m)	tengeri csomó	[tɛŋgɛri ʧomo:]
corrimão (m)	korlát	[korlaːt]
prancha (f) de embarque	hajólépcső	[hɒjoːleːpʧø:]
âncora (f)	horgony	[horgoɲ]
recolher a âncora	horgonyt felszed	[horgoɲt fɛlsɛd]
lançar a âncora	horgonyt vet	[horgoɲt vɛt]
amarra (f)	horgonylánc	[horgoɲlaːnts]
porto (m)	kikötő	[kikøtø:]
cais, amarradouro (m)	móló, kikötő	[mo:lo:], [kikøtø:]
atracar (vi)	kiköt	[kikøt]
desatracar (vi)	elold	[ɛlold]
viagem (f)	utazás	[utɒzaːʃ]
cruzeiro (m)	hajóút	[hɒjoːuːt]
rumo (m), rota (f)	irány	[iraːɲ]
itinerário (m)	járat	[jaːrɒt]
canal (m) navegável	hajózható út	[hɒjoːzhɒto: uːt]
banco (m) de areia	zátony	[zaːtoɲ]
encalhar (vt)	zátonyra fut	[zaːtoɲrɒ fut]
tempestade (f)	vihar	[vihɒr]
sinal (m)	jelzés	[jɛlzeːʃ]
afundar-se (vr)	elmerül	[ɛlmɛryl]
SOS	SOS	[sos]
boia (f) salva-vidas	mentőöv	[mɛntø:øv]

172. Aeroporto

aeroporto (m)	repülőtér	[rɛpylø:teːr]
avião (m)	repülőgép	[rɛpylø:geːp]
companhia (f) aérea	légitársaság	[leːgi taːrʃɒʃaːg]
controlador (m) de tráfego aéreo	diszpécser	[dispeːʧɛr]
partida (f)	elrepülés	[ɛlrɛpyleːʃ]
chegada (f)	megérkezés	[mɛgeːrkɛze:ʃ]
chegar (~ de avião)	megérkezik	[mɛgeːrkɛzik]
hora (f) de partida	az indulás ideje	[ɒz indulaːʃ idɛjɛ]
hora (f) de chegada	a leszállás ideje	[ɒ lɛsaːllaːʃ idɛjɛ]
estar atrasado	késik	[keːʃik]
atraso (m) de voo	a felszállás késése	[ɒ fɛlsaːllaːʃ keːʃeːʃɛ]
painel (m) de informação	tájékoztató tábló	[taːjeːkoztɒto: tɒblo:]
informação (f)	információ	[informaːtsio:]
anunciar (vt)	bemond	[bɛmond]
voo (m)	járat	[jaːrɒt]

| alfândega (f) | vám | [va:m] |
| funcionário (m) da alfândega | vámos | [va:moʃ] |

declaração (f) alfandegária	vámnyilatkozat	[va:mɲilɒtkozɒt]
preencher (vt)	tölt	[tølt]
controlo (m) de passaportes	útlevélvizsgálat	[u:tlɛve:lviʒga:lɒt]

bagagem (f)	poggyász	[poɟɟaːs]
bagagem (f) de mão	kézipoggyász	[ke:zipodɟaːs]
carrinho (m)	kocsi	[kotʃi]

aterragem (f)	leszállás	[lɛsaːllaːʃ]
pista (f) de aterragem	leszállóhely	[lɛsaːlloːU4947hɛj]
aterrar (vi)	leszáll	[lɛsaːll]
escada (f) de avião	utaslépcső	[utɒʃ le:ptʃøː]

check-in (m)	bejegyzés	[bɛjɛɟzeːʃ]
balcão (m) do check-in	jegy és poggyászkezelés	[jɛɟ eːʃ poɟɟaːs kɛzɛleːʃ]
fazer o check-in	bejegyzi magát	[bɛjɛɟzi mɒgaːt]
cartão (m) de embarque	beszállókártya	[bɛsaːlloːkaːrcɒ]
porta (f) de embarque	kapu	[kɒpu]

trânsito (m)	tranzit	[trɒnzit]
esperar (vi, vt)	vár	[va:r]
sala (f) de espera	váróterem	[va:ro:tɛrɛm]
despedir-se de ...	kísér	[ki:ʃe:r]
despedir-se (vr)	elbúcsúzik	[ɛlbu:tʃu:zik]

173. Bicicleta. Motocicleta

bicicleta (f)	kerékpár	[kɛre:kpa:r]
scotter, lambreta (f)	robogó	[robogo:]
mota (f)	motorkerékpár	[motorkɛre:kpa:r]

ir de bicicleta	biciklizik	[bitsiklizik]
guiador (m)	kormány	[korma:ɲ]
pedal (m)	pedál	[pɛda:l]
travões (m pl)	fék	[fe:k]
selim (m)	nyereg	[ɲɛrɛg]

bomba (f) de ar	szivattyú	[sivɒc:u:]
porta-bagagens (m)	csomagtartó	[tʃomɒgtɒrto:]
lanterna (f)	lámpa	[la:mpɒ]
capacete (m)	sisak	[ʃiʃɒk]

roda (f)	kerék	[kɛre:k]
guarda-lamas (m)	sárhányó	[sa:rha:nø:]
aro (m)	felni	[fɛlni]
raio (m)	küllő	[kyllø:]

Carros

174. Tipos de carros

carro, automóvel (m)	autó	[ɒuto:]
carro (m) desportivo	sportautó	[ʃport ɒuto:]
limusine (f)	limuzin	[limuzin]
todo o terreno (m)	terepjáró	[tɛrɛpja:ro:]
descapotável (m)	kabrió	[kabrio:]
minibus (m)	mikrobusz	[mikrobus]
ambulância (f)	mentőautó	[mɛntø:ɒuto:]
camião (m)	teherautó	[tɛhɛrɒuto:]
camião-cisterna (m)	tartálykocsi	[tɒrta:jkotʃi]
carrinha (f)	furgon	[furgon]
camião-trator (m)	vontató gép	[vontɒto: ge:p]
atrelado (m)	pótkocsi	[po:tkotʃi]
confortável	kényelmes	[ke:nɛlmɛʃ]
usado	használt	[hɒsna:lt]

175. Carros. Carroçaria

capô (m)	motorháztető	[motorha:z tɛtø:]
guarda-lamas (m)	sárvédő	[ʃa:rve:dø:]
tejadilho (m)	tető	[tɛtø:]
para-brisa (m)	szélvédő	[se:lve:dø:]
espelho (m) retrovisor	visszapillantó tükör	[vissɒpillɒnto: tykør]
lavador (m)	ablakmosó	[ɒblɒk moʃo:]
limpa-para-brisas (m)	ablaktörlő	[ɒblɒktørlø:]
vidro (m) lateral	oldalablak	[oldɒl ɒblɒk]
elevador (m) do vidro	ablakemelő	[ɒblɒkɛmɛlø:]
antena (f)	antenna	[ɒntɛnnɒ]
teto solar (m)	tolótető	[tolo:tɛtø:]
para-choques (m pl)	lökhárító	[løkha:ri:to:]
bagageira (f)	csomagtartó	[tʃomɒgtɒrto:]
porta (f)	ajtó	[ɒjto:]
maçaneta (f)	kilincs	[kilintʃ]
fechadura (f)	zár	[za:r]
matrícula (f)	rendszámtábla	[rɛntsa:mta:blɒ]
silenciador (m)	hangtompító	[hɒŋg tompi:to:]
tanque (m) de gasolina	benzintartály	[bɛnzintɒrta:j]
tubo (m) de escape	kipufogócső	[kipufogo:tʃø:]

acelerador (m)	gáz	[ga:z]
pedal (m)	pedál	[pɛda:l]
pedal (m) do acelerador	gázpedál	[ga:zpɛda:l]

travão (m)	fék	[fe:k]
pedal (m) do travão	fékpedál	[fe:kpɛda:l]
travar (vt)	fékez	[fe:kɛz]
travão (m) de mão	kézifék	[ke:zife:k]

embraiagem (f)	kuplung	[kupluŋg]
pedal (m) da embraiagem	kuplungpedál	[kupluŋg pɛda:l]
disco (m) de embraiagem	kuplungtárcsa	[kupluŋg ta:rʧɒ]
amortecedor (m)	lengéscsillapító	[lɛŋge:ʃʧillɒpi:to:]

roda (f)	kerék	[kɛre:k]
pneu (m) sobresselente	pótkerék	[po:tkɛre:k]
tampão (m) de roda	dísztárcsa	[di:sta:rʧɒ]

rodas (f pl) motrizes	hajtókerekek	[hɒjto: kɛrɛkɛk]
de tração dianteira	elsőkerékmeghajtású	[ɛlʃø: kɛre:kmɛghɒjta:ʃu:]
de tração traseira	hátsókerékmeghajtású	[ha:ʧo:kɛre:kmɛghɒjta:ʃu:]
de tração às 4 rodas	négykerékmeghajtású	[ne:ckɛre:kmɛghɒjta:ʃu:]

caixa (f) de mudanças	sebességváltó	[ʃɛbɛʃe:gva:lto:]
automático	automatikus	[ɒutomɒtikuʃ]
mecânico	mechanikus	[mɛhɒnikuʃ]
alavanca (f) das mudanças	sebességváltókar	[ʃɛbɛʃe:g va:lto:kɒr]

farol (m)	fényszóró	[fe:ɲso:ro:]
faróis, luzes	fényszóró	[fe:ɲso:ro:]

médios (m pl)	tompított fényszóró	[tompi:tott fe:ɲso:ro:]
máximos (m pl)	fényszóró	[fe:ɲso:ro:]
luzes (f pl) de stop	stoplámpa	[ʃtopla:mpɒ]

mínimos (m pl)	helyzetjelző lámpa	[hɛjzɛtjɛlzø: la:mpɒ]
luzes (f pl) de emergência	villogó lámpa	[villogo: la:mpɒ]
faróis (m pl) antinevoeiro	ködlámpa	[kødla:mpɒ]
pisca-pisca (m)	indexlámpa	[indɛksla:mpɒ]
luz (f) de marcha atrás	tolatólámpa	[tolɒto: la:mpɒ]

176. Carros. Habitáculo

interior (m) do carro	utastér	[utaste:r]
de couro, de pele	bőr	[bø:r]
de veludo	velúr	[vɛlu:r]
estofos (m pl)	kárpitozás	[ka:rpitoza:ʃ]

indicador (m)	készülék	[ke:syle:k]
painel (m) de instrumentos	szerelvényfal	[sɛrɛlve:ɲfɒl]
velocímetro (m)	sebességmérő	[ʃɛbɛʃe:gme:rø:]
ponteiro (m)	mutató	[mutɒto:]
conta-quilómetros (m)	kilométerszámláló	[kilome:tɛrsa:mla:lo:]
sensor (m)	érzékelő	[e:rze:kɛlø:]

| nível (m) | szint | [sint] |
| luz (f) avisadora | figyelmeztető lámpa | [fiɟɛlmɛstɛtøː laːmpɒ] |

volante (m)	kormány	[kormaːɲ]
buzina (f)	kürt	[kyrt]
botão (m)	gomb	[gomb]
interruptor (m)	átkapcsoló	[aːtkɒptʃoloː]

assento (m)	ülés	[yleːʃ]
costas (f pl) do assento	támla	[taːmlɒ]
cabeceira (f)	fejtámla	[fɛjtaːmlɒ]
cinto (m) de segurança	biztonsági öv	[bistonʃaːgi øv]
apertar o cinto	övet csatol	[øvɛt tʃɒtol]
regulação (f)	szabályozás	[sɒbaːjozaːʃ]

| airbag (m) | légpárna | [leːgpaːrnɒ] |
| ar (m) condicionado | légkondicionáló | [leːgkonditsionaːloː] |

rádio (m)	rádió	[raːdioː]
leitor (m) de CD	CDlejátszó	[tsɛdɛlɛjaːtsoː]
ligar (vt)	bekapcsol	[bɛkɒptʃol]
antena (f)	antenna	[ɒntɛnnɒ]
porta-luvas (m)	kesztyűtartó	[kɛscytɒrtoː]
cinzeiro (m)	hamutartó	[hɒmutɒrtoː]

177. Carros. Motor

motor (m)	motor	[motor]
diesel	diesel	[dizɛl]
a gasolina	benzin	[bɛnzin]

cilindrada (f)	hengerűrtartalom	[hɛŋgɛr yːr tɒrtolom]
potência (f)	teljesítmény	[tɛjɛʃiːtmeːɲ]
cavalo-vapor (m)	lóerő	[loːɛrøː]
pistão (m)	dugattyú	[dugɒcuː]
cilindro (m)	henger	[hɛŋgɛr]
válvula (f)	szelep	[sɛlɛp]

injetor (m)	injektor	[inʒɛktor]
gerador (m)	generátor	[gɛnɛraːtor]
carburador (m)	karburátor	[korburaːtor]
óleo (m) para motor	motorolaj	[motoroloj]

radiador (m)	radiátor	[rodiaːtor]
refrigerante (m)	hűtővíz	[hyːtøːviːz]
ventilador (m)	ventilátor	[vɛntilaːtor]

bateria (f)	akkumulátor	[ɒkkumulaːtor]
dispositivo (m) de arranque	indító	[indiːtoː]
ignição (f)	gyújtó	[ɟuːjtoː]
vela (f) de ignição	gyújtógyertya	[ɟuːjtoːɟɛrcɒ]

| borne (m) | csatlakozócsavar | [tʃɒtlɒkozoːtʃɒvɒr] |
| borne (m) positivo | plusz | [plus] |

| borne (m) negativo | mínusz | [mi:nus] |
| fusível (m) | biztosíték | [bistoʃi:te:k] |

filtro (m) de ar	légszűrő	[le:gsy:rø:]
filtro (m) de óleo	olajszűrő	[olɒjsy:rø:]
filtro (m) de combustível	üzemanyagszűrő	[yzɛmɒɲɒgsy:rø:]

178. Carros. Batidas. Reparação

acidente (m) de carro	baleset	[bɒlɛʃɛt]
acidente (m) rodoviário	közlekedési baleset	[køzlɛkɛde:ʃi bɒlɛʃɛt]
ir contra ...	belerohan	[bɛlɛrohɒn]
sofrer um acidente	karambolozik	[kɒrɒmbolozik]
danos (m pl)	kár	[ka:r]
intato	sértetlen	[ʃe:rtɛtlɛn]

| avariar (vi) | eltörik | [ɛltørik] |
| cabo (m) de reboque | vontatókötél | [vontɒto:køte:l] |

furo (m)	gumi defekt	[gumi dɛfɛkt]
estar furado	leenged	[lɛɛŋgɛd]
encher (vt)	felfúj	[fɛlfu:j]
pressão (f)	nyomás	[ɲoma:ʃ]
verificar (vt)	ellenőriz	[ɛllɛnø:riz]

reparação (f)	javítás	[jɒvi:ta:ʃ]
oficina (f)	szerviz	[sɛrvis]
de reparação de carros		
peça (f) sobresselente	pótalkatrész	[po:tɒlkɒtre:s]
peça (f)	alkatrész	[ɒlkɒtre:s]

parafuso (m)	csavar	[ʧɒvɒr]
parafuso (m)	csavar	[ʧɒvɒr]
porca (f)	csavaranya	[ʧɒvɒrɒɲɒ]
anilha (f)	alátétlemez	[ɒla:te:tlɛmɛz]
rolamento (m)	csapágy	[ʧɒpa:ɟ]

tubo (m)	cső	[ʧø:]
junta (f)	alátét	[ɒla:te:t]
fio, cabo (m)	vezeték	[vɛzɛte:k]

macaco (m)	emelő	[ɛmɛlø:]
chave (f) de boca	csavarkulcs	[ʧɒvɒr kulʧ]
martelo (m)	kalapács	[kɒlɒpa:ʧ]
bomba (f)	szivattyú	[sivɒc:u:]
chave (f) de fendas	csavarhúzó	[ʧɒvɒrhu:zo:]

extintor (m)	tűzoltó készülék	[ty:zolto: ke:syle:k]
parar (vi) (motor)	lefullaszt	[lɛfullɒst]
paragem (f)	leállítás	[lɛa:lli:ta:ʃ]
estar quebrado	el van törve	[ɛl vɒn tørvɛ]

| superaquecer-se (vr) | túlmelegszik | [tu:lmɛlɛgsik] |
| entupir-se (vr) | eldugul | [ɛldugul] |

| congelar-se (vr) | megfagy | [mɛgfɒɟ] |
| rebentar (vi) | elreped | [ɛlrɛpɛd] |

pressão (f)	nyomás	[ɲoma:ʃ]
nível (m)	szint	[sint]
frouxo	ernyedt	[ɛrɲɛtt]

mossa (f)	horpadás	[horpɒda:ʃ]
ruído (m)	kopogás	[kopoga:ʃ]
fissura (f)	repedés	[rɛpɛde:ʃ]
arranhão (m)	karcolás	[kɒrtsola:ʃ]

179. Carros. Estrada

estrada (f)	út	[u:t]
autoestrada (f)	autópálya	[ɒuto:pa:jɒ]
rodovia (f)	országút	[orsɑ:gu:t]
direção (f)	irány	[ira:ɲ]
distância (f)	távolság	[ta:volʃa:g]

ponte (f)	híd	[hi:d]
parque (m) de estacionamento	parkolóhely	[pɒrkolo:hɛj]
praça (f)	tér	[te:r]
nó (m) rodoviário	autópálya kereszteződése	[ɒuto:pa:jɒ kɛrɛstɛzø:de:sɛ]
túnel (m)	alagút	[ɒlɒgu:t]

posto (m) de gasolina	benzinkút	[bɛnziŋku:t]
parque (m) de estacionamento	parkolóhely	[pɒrkolo:hɛj]
bomba (f) de gasolina	kútoszlop	[ku:toslop]
oficina (f) de reparação de carros	autóműhely	[ɒutomy:hɛj]
abastecer (vt)	feltölt	[fɛltølt]
combustível (m)	üzemanyag	[yzɛmɒɲɒg]
bidão (m) de gasolina	kanna	[kɒnnɒ]

asfalto (m)	aszfalt	[ɒsfɒlt]
marcação (f) de estradas	indexálás	[indɛksa:la:ʃ]
lancil (m)	útszegély	[u:tsɛge:j]
proteção (f) guard-rail	kerítés	[kɛri:te:ʃ]
valeta (f)	útárok	[u:ta:rok]
berma (f) da estrada	útszél	[u:tse:l]
poste (m) de luz	utcai lámpa	[uts:ɒj la:mpɒ]

conduzir, guiar (vt)	vezet	[vɛzɛt]
virar (ex. ~ à direita)	fordul	[fordul]
dar retorno	visszafordul	[vis:ɒfordul]
marcha-atrás (f)	tolatás	[tolɒta:ʃ]

buzinar (vi)	jelez	[jɛlɛz]
buzina (f)	hangjel	[hoŋgjɛl]
atolar-se (vr)	elakad	[ɛlɒkɒd]
patinar (na lama)	megcsúszni	[mɛktʃu:sni]
desligar (vt)	lefojt	[lɛfojt]
velocidade (f)	sebesség	[ʃɛbɛʃe:g]

exceder a velocidade	túllépi a sebességet	[tu:lle:pi ɒ ʃɛbɛʃe:gɛt]
multar (vt)	büntet	[byntɛt]
semáforo (m)	lámpa	[la:mpɒ]
carta (f) de condução	jogosítvány	[jogoʃi:tva:ɲ]

passagem (f) de nível	átjáró	[a:tja:ro:]
cruzamento (m)	kereszteződés	[kɛrɛstɛzø:de:s]
passadeira (f)	zebra	[zɛbrɒ]
curva (f)	forduló	[fordulo:]
zona (f) pedonal	gyalogút	[ɟologu:t]

180. Sinais de trânsito

código (m) da estrada	közlekedési szabályok	[køzlɛkɛde:ʃi sɒba:jok]
sinal (m) de trânsito	közlekedési tábla	[køzlɛkɛde:ʃi ta:blɒ]
ultrapassagem (f)	megelőzés	[mɛgɛlø:ze:ʃ]
curva (f)	fordulás	[fordula:ʃ]
inversão (f) de marcha	megfordulás	[mɛgfordula:ʃ]
rotunda (f)	körforgalom	[kørforgɒlom]

sentido proibido	behajtani tilos	[bɛhɒjtɒni tiloʃ]
trânsito proibido	közlekedni tilos	[køzlɛkɛdni tiloʃ]
proibição de ultrapassar	megelőzni tilos	[mɛgɛlø:zni tiloʃ]
estacionamento proibido	parkolni tilos	[pɒrkolni tiloʃ]
paragem proibida	megállni tilos	[mɛga:llni tiloʃ]

curva (f) perigosa	hirtelen fordulat	[hirtɛlɛn fordulɒt]
descida (f) perigosa	veszélyes lejtő	[vɛse:jɛʃ lɛjtø:]
trânsito de sentido único	egyirányú közlekedés	[ɛɟira:nju: køzlɛkɛde:ʃ]
passadeira (f)	zebra	[zɛbrɒ]
pavimento (m) escorregadio	csúszásveszély	[ʧu:sa:ʃvɛse:j]
cedência de passagem	add a szabad utat	[ɒdd ɒ sɒbɒd utɒt]

PESSOAS. EVENTOS

Eventos

181. Férias. Evento

festa (f)	ünnep	[ynnɛp]
festa (f) nacional	nemzeti ünnep	[nɛmzɛti ynnɛp]
feriado (m)	ünnepnap	[ynnɛpnɒp]
festejar (vt)	ünnepel	[ynnɛpɛl]
evento (festa, etc.)	esemény	[ɛʃɛmeːɲ]
evento (banquete, etc.)	rendezvény	[rɛndɛzveːɲ]
banquete (m)	díszvacsora	[diːsvɒtʃorɒ]
receção (f)	fogadás	[fogɒdaːʃ]
festim (m)	lakoma	[lɒkomɒ]
aniversário (m)	évforduló	[eːvforduloː]
jubileu (m)	jubileum	[jubilɛum]
celebrar (vt)	megemlékezik	[mɛgɛmleːkɛzik]
Ano (m) Novo	Újév	[uːjeːv]
Feliz Ano Novo!	Boldog Újévet!	[boldog uːjeːvɛt]
Natal (m)	karácsony	[kɒraːtʃoɲ]
Feliz Natal!	Boldog karácsonyt!	[boldog kɒraːtʃoɲt]
árvore (f) de Natal	karácsonyfa	[kɒraːtʃoɲfɒ]
fogo (m) de artifício	tűzijáték	[tyːzijaːteːk]
boda (f)	lakodalom	[lɒkodɒlom]
noivo (m)	vőlegény	[vøːlɛgeːɲ]
noiva (f)	mennyasszony	[mɛnɲɒssoɲ]
convidar (vt)	meghív	[mɛghiːv]
convite (m)	meghívó	[mɛghiːvoː]
convidado (m)	vendég	[vɛndeːg]
visitar (vt)	vendégségbe megy	[vɛndeːgʃeːgbɛ mɛɟ]
receber os hóspedes	vendéget fogad	[vɛndeːgɛt fogɒd]
presente (m)	ajándék	[ɒjaːndeːk]
oferecer (vt)	ajándékoz	[ɒjaːndeːkoz]
receber presentes	ajándékot kap	[ɒjaːndeːkot kɒp]
ramo (m) de flores	csokor	[tʃokor]
felicitações (f pl)	üdvözlet	[ydvøzlɛt]
felicitar (dar os parabéns)	gratulál	[grɒtulaːl]
cartão (m) de parabéns	üdvözlő képeslap	[ydvøzløː keːpɛʃlɒp]
enviar um postal	képeslapot küld	[keːpɛʃlɒpot kyld]

receber um postal	képeslapot kap	[ke:pɛʃlɒpot kɒp]
brinde (m)	pohárköszöntő	[poha:rkøsøntø:]
oferecer (vt)	kínál	[ki:na:l]
champanhe (m)	pezsgő	[pɛʒgø:]

divertir-se (vr)	szórakozik	[so:rɒkozik]
diversão (f)	vidámság	[vida:mʃa:g]
alegria (f)	öröm	[ørøm]

| dança (f) | tánc | [ta:nts] |
| dançar (vi) | táncol | [ta:ntsol] |

| valsa (f) | keringő | [kɛriŋgø:] |
| tango (m) | tangó | [tɒŋgo:] |

182. Funerais. Enterro

cemitério (m)	temető	[tɛmɛtø:]
sepultura (f), túmulo (m)	sír	[ʃi:r]
cruz (f)	kereszt	[kɛrɛst]
lápide (f)	sírkő	[ʃi:rkø:]
cerca (f)	kerítés	[kɛri:te:ʃ]
capela (f)	kápolna	[ka:polnɒ]

morte (f)	halál	[hɒla:l]
morrer (vi)	meghal	[mɛghɒl]
defunto (m)	halott	[hɒlott]
luto (m)	gyász	[ɟa:s]

enterrar, sepultar (vt)	temet	[tɛmɛt]
agência (f) funerária	temetkezési vállalat	[tɛmɛtkɛze:ʃi va:llɒlɒt]
funeral (m)	temetés	[tɛmɛte:ʃ]

coroa (f) de flores	koszorú	[kosoru:]
caixão (m)	koporsó	[koporʃo:]
carro (m) funerário	ravatal	[rɒvɒtɒl]
mortalha (f)	halotti ruha	[hɒlotti ruhɒ]

| urna (f) funerária | urna | [urnɒ] |
| crematório (m) | krematórium | [krɛmɒto:rium] |

obituário (m), necrologia (f)	nekrológ	[nɛkrolo:g]
chorar (vi)	sír	[ʃi:r]
soluçar (vi)	zokog	[zokog]

183. Guerra. Soldados

pelotão (m)	szakasz	[sɒkɒs]
companhia (f)	század	[sa:zɒd]
regimento (m)	ezred	[ɛzrɛd]
exército (m)	hadsereg	[hɒʧɛrɛg]
divisão (f)	hadosztály	[hɒdosta:j]

| destacamento (m) | csapat | [ʧɒpɒt] |
| hoste (f) | hadsereg | [hɒʧɛrɛg] |

| soldado (m) | katona | [kɒtonɒ] |
| oficial (m) | tiszt | [tist] |

soldado (m) raso	közlegény	[køzlɛge:ɲ]
sargento (m)	őrmester	[ø:rmɛʃtɛr]
tenente (m)	hadnagy	[hɒdnɒɟ]
capitão (m)	százados	[sa:zɒdoʃ]
major (m)	őrnagy	[ø:rnɒɟ]
coronel (m)	ezredes	[ɛzrɛdɛʃ]
general (m)	tábornok	[ta:bornok]

marujo (m)	tengerész	[tɛŋgɛre:s]
capitão (m)	kapitány	[kɒpita:ɲ]
contramestre (m)	fedélzetmester	[fɛde:lzɛtmɛʃtɛr]

artilheiro (m)	tüzér	[tyze:r]
soldado (m) paraquedista	deszantos	[dɛsɒntoʃ]
piloto (m)	pilóta	[pilo:tɒ]
navegador (m)	kormányos	[korma:nøʃ]
mecânico (m)	gépész	[ge:pe:s]

sapador (m)	utász	[uta:s]
paraquedista (m)	ejtőernyős	[ɛjtø:ɛrɲø:ʃ]
explorador (m)	felderítő	[fɛldɛri:tø:]
franco-atirador (m)	mesterlövész	[mɛʃtɛrløve:s]

patrulha (f)	őrjárat	[ø:rja:rɒt]
patrulhar (vt)	őrjáratoz	[ø:rja:rɒtoz]
sentinela (f)	őr	[ø:r]

guerreiro (m)	harcos	[hɒrtsoʃ]
patriota (m)	hazafi	[hɒzɒfi]
herói (m)	hős	[hø:ʃ]
heroína (f)	hősnő	[hø:ʃnø:]

traidor (m)	áruló	[a:rulo:]
desertor (m)	szökevény	[søkve:ɲ]
desertar (vt)	megszökik	[mɛgsøkik]

mercenário (m)	zsoldos	[ʒoldoʃ]
recruta (m)	újonc	[u:jonts]
voluntário (m)	önkéntes	[øɲke:ntɛʃ]

morto (m)	halott	[hɒlott]
ferido (m)	sebesült	[ʃɛbɛʃylt]
prisioneiro (m) de guerra	fogoly	[fogoj]

184. Guerra. Ações militares. Parte 1

| guerra (f) | háború | [ha:boru:] |
| guerrear (vt) | harcol | [hɒrtsol] |

guerra (f) civil	polgárháború	[polga:rha:boru:]
perfidamente	alattomos	[alattomos]
declaração (f) de guerra	hadüzenet	[hɒdyzɛnɛt]
declarar (vt) guerra	hadat üzen	[hɒdɒt yzɛn]
agressão (f)	agresszió	[ɒgrɛssio:]
atacar (vt)	támad	[ta:mɒd]

invadir (vt)	meghódít	[mɛgho:di:t]
invasor (m)	megszállók	[mɛksa:llo:k]
conquistador (m)	hódító	[ho:di:to:]

defesa (f)	védelem	[ve:dɛlɛm]
defender (vt)	védelmez	[ve:dɛlmɛz]
defender-se (vr)	védekezik	[ve:dɛkɛzik]

inimigo (m)	ellenség	[ɛllɛnʃe:g]
adversário (m)	ellenfél	[ɛllɛnfe:l]
inimigo	ellenséges	[ɛllɛnʃe:gɛʃ]

estratégia (f)	hadászat	[hɒda:sɒt]
tática (f)	taktika	[tɒktikɒ]

ordem (f)	parancs	[pɒrɒnʧ]
comando (m)	parancs	[pɒrɒnʧ]
ordenar (vt)	parancsol	[pɒrɒnʧol]
missão (f)	megbízás	[mɛgbi:za:ʃ]
secreto	titkos	[titkoʃ]

batalha (f)	csata	[ʧɒtɒ]
combate (m)	harc	[hɒrts]

ataque (m)	támadás	[ta:mɒda:ʃ]
assalto (m)	roham	[rohɒm]
assaltar (vt)	megrohamoz	[mɛgrohɒmoz]
assédio, sítio (m)	ostrom	[oʃtrom]

ofensiva (f)	támadás	[ta:mɒda:ʃ]
passar à ofensiva	támad	[ta:mɒd]

retirada (f)	visszavonulás	[vissɒvonula:ʃ]
retirar-se (vr)	visszavonul	[vissɒvonul]

cerco (m)	bekerítés	[bɛkɛri:te:ʃ]
cercar (vt)	körülvesz	[kørylvɛs]

bombardeio (m)	bombázás	[bomba:za:ʃ]
lançar uma bomba	bombáz	[bomba:z]
bombardear (vt)	bombáz	[bomba:z]
explosão (f)	robbanás	[robbɒna:ʃ]

tiro (m)	lövés	[løve:ʃ]
disparar um tiro	lő	[lø:]
tiroteio (m)	tüzelés	[tyzɛle:ʃ]

apontar para ...	céloz	[tse:loz]
apontar (vt)	céloz	[tse:loz]

acertar (vt)	eltalál	[ɛltɒlaːl]
afundar (um navio)	elsüllyeszt	[ɛlʃyjːɛst]
brecha (f)	lék	[leːk]
afundar-se (vr)	elsüllyed	[ɛlʃyjːɛd]

frente (m)	front	[front]
evacuação (f)	kitelepítés	[kitɛlɛpiːteːʃ]
evacuar (vt)	kitelepít	[kitɛlɛpiːt]

arame (m) farpado	tüskésdrót	[tyʃkeːʃdroːt]
obstáculo (m) anticarro	torlasz	[torlɒs]
torre (f) de vigia	torony	[toroɲ]

hospital (m)	katonai kórház	[kɒtonɒj koːrhaːz]
ferir (vt)	megsebez	[mɛgʃɛbɛz]
ferida (f)	seb	[ʃɛb]
ferido (m)	sebesült	[ʃɛbɛʃylt]
ficar ferido	megsebesül	[mɛgʃɛbɛʃyl]
grave (ferida ~)	súlyos	[ʃuːjoʃ]

185. Guerra. Ações militares. Parte 2

cativeiro (m)	fogság	[fogʃaːg]
capturar (vt)	foglyul ejt	[fogjyl ɛjt]
estar em cativeiro	fogságban van	[fogʃaːgbɒn vɒn]
ser aprisionado	fogságba esik	[fogʃaːgbɒ ɛʃik]

campo (m) de concentração	koncentrációs tábor	[kontsɛntraːtsioːʃ taːbor]
prisioneiro (m) de guerra	fogoly	[fogoj]
escapar (vi)	megszökik	[mɛgsøkik]

trair (vt)	elárul	[ɛlaːrul]
traidor (m)	áruló	[aːruloː]
traição (f)	árulás	[aːrulaːʃ]

| fuzilar, executar (vt) | agyonlő | [ɒɟønløː] |
| fuzilamento (m) | agyonlövés | [ɒɟønløveːʃ] |

equipamento (m)	felszerelés	[fɛlsɛrɛleːʃ]
platina (f)	válllap	[vaːlllɒp]
máscara (f) antigás	gázálarc	[gaːzaːlɒrts]

rádio (m)	rádió	[raːdioː]
cifra (f), código (m)	rejtjel	[rɛjtjɛl]
conspiração (f)	konspiráció	[konʃpiraːtsioː]
senha (f)	jelszó	[jɛlsoː]

mina (f)	akna	[ɒknɒ]
minar (vt)	elaknásít	[ɛlɒknaːʃiːt]
campo (m) minado	aknamező	[ɒknɒmeːzø]

alarme (m) aéreo	légiriadó	[leːgiriɒdoː]
alarme (m)	riadó	[riɒdoː]
sinal (m)	jelzés	[jɛlzeːʃ]

sinalizador (m)	jelzőrakéta	[jɛlzø:rɒke:tɒ]
estado-maior (m)	főhadiszállás	[fø:hɒdisa:lla:ʃ]
reconhecimento (m)	felderítés	[fɛldɛri:te:ʃ]
situação (f)	helyzet	[hɛjzɛt]
relatório (m)	beszámoló	[bɛsa:molo:]
emboscada (f)	les	[lɛʃ]
reforço (m)	erősítés	[ɛrø:ʃi:te:ʃ]

alvo (m)	célpont	[tse:lpont]
campo (m) de tiro	lőtér	[lø:te:r]
manobras (f pl)	hadgyakorlatok	[hɒdjokorlɒtok]

pânico (m)	pánik	[pa:nik]
devastação (f)	pusztulás	[pustula:ʃ]
ruínas (f pl)	elpusztítás	[ɛlpusti:ta:ʃ]
destruir (vt)	elpusztít	[ɛlpusti:t]

sobreviver (vi)	életben marad	[e:lɛtbɛn mɒrɒd]
desarmar (vt)	lefegyverez	[lɛfɛjvɛrɛz]
manusear (vt)	bánik	[ba:nik]

Firmes!	Vigyázz!	[vija:zz]
Descansar!	Pihenj!	[pihɛɲ]

façanha (f)	hőstett	[hø:ʃtɛtt]
juramento (m)	eskü	[ɛʃky]
jurar (vi)	esküszik	[ɛʃkysik]

condecoração (f)	kitüntetés	[kityntɛte:ʃ]
condecorar (vt)	kitüntet	[kityntɛt]
medalha (f)	érem	[e:rɛm]
ordem (f)	rendjel	[rɛɲjɛl]

vitória (f)	győzelem	[jø:zɛlɛm]
derrota (f)	vereség	[vɛrɛʃe:g]
armistício (m)	fegyverszünet	[fɛjvɛrsynɛt]

bandeira (f)	zászló	[za:slo:]
glória (f)	dicsőség	[ditʃø:ʃe:g]
desfile (m) militar	díszszemle	[di:ssɛmlɛ]
marchar (vi)	menetel	[mɛnɛtɛl]

186. Armas

arma (f)	fegyver	[fɛjvɛr]
arma (f) de fogo	lőfegyver	[lø:fɛjvɛr]
arma (f) branca	vágó és szúrófegyver	[va:go: e:ʃ su:ro:fɛjvɛr]

arma (f) química	vegyifegyver	[vɛjifɛjvɛr]
nuclear	nukleáris	[nuklɛa:riʃ]
arma (f) nuclear	nukleáris fegyver	[nuklɛa:riʃ fɛjvɛr]

bomba (f)	bomba	[bombɒ]
bomba (f) atómica	atombomba	[ɒtombombɒ]

pistola (f)	pisztoly	[pistoj]
caçadeira (f)	puska	[puʃkɒ]
pistola-metralhadora (f)	géppisztoly	[ge:ppistoj]
metralhadora (f)	géppuska	[ge:ppuʃkɒ]

boca (f)	cső	[ʧøː]
cano (m)	fegyvercső	[fɛɟvɛrʧøː]
calibre (m)	kaliber	[kɒlibɛr]

gatilho (m)	ravasz	[rɒvɒs]
mira (f)	irányzék	[ira:ɲzeːk]
carregador (m)	tár	[ta:r]
coronha (f)	puskatus	[puʃkɒtuʃ]

| granada (f) de mão | gránát | [gra:na:t] |
| explosivo (m) | robbanóanyag | [robbɒnoːɒɲɒg] |

bala (f)	golyó	[gojoː]
cartucho (m)	töltény	[tølteːɲ]
carga (f)	töltet	[tøltɛt]
munições (f pl)	lőszer	[løːsɛr]

bombardeiro (m)	bombázó	[bomba:zoː]
avião (m) de caça	vadászgép	[vɒda:sgeːp]
helicóptero (m)	helikopter	[hɛlikoptɛr]

canhão (m) antiaéreo	légvédelmi ágyú	[leːgveːdɛlmi a:ɟu:]
tanque (m)	harckocsi	[hɒrtskoʧi]
canhão (de um tanque)	ágyú	[a:ɟu:]

| artilharia (f) | tüzérség | [tyzeːrʃeːg] |
| fazer a pontaria | céloz | [tseːloz] |

| obus (m) | lövedék | [løvɛde:k] |
| granada (f) de morteiro | akna | [ɒknɒ] |

| morteiro (m) | aknavető | [ɒknɒvɛtøː] |
| estilhaço (m) | szilánk | [sila:ŋk] |

submarino (m)	tengeralattjáró	[tɛŋgɛrɒlɒttja:roː]
torpedo (m)	torpedó	[torpɛdoː]
míssil (m)	rakéta	[rɒkeːtɒ]

| carregar (uma arma) | megtölt | [mɛgtølt] |
| atirar, disparar (vi) | lő | [løː] |

| apontar para ... | céloz | [tseːloz] |
| baioneta (f) | szurony | [suroɲ] |

espada (f)	párbajtőr	[pa:rbɒjtøːr]
sabre (m)	szablya	[sɒbjɒ]
lança (f)	dárda	[da:rdɒ]
arco (m)	íj	[iːj]
flecha (f)	nyíl	[ɲiːl]
mosquete (m)	muskéta	[muʃkeːtɒ]
besta (f)	számszeríj	[sa:msɛri:j]

187. Povos da antiguidade

primitivo	ősi	[ø:ʃl]
pré-histórico	történelem előtti	[tørte:nɛlɛm ɛlø:tti]
antigo	ősi	[ø:ʃl]

Idade (f) da Pedra	kőkorszak	[kø:korsɒk]
Idade (f) do Bronze	bronzkor	[bronskor]
período (m) glacial	jégkorszak	[je:gkorsɒk]

tribo (f)	törzs	[tørʒ]
canibal (m)	emberevő	[ɛmbɛrɛvø:]
caçador (m)	vadász	[vɒda:s]
caçar (vi)	vadászik	[vɒda:sik]
mamute (m)	mamut	[mɒmut]

caverna (f)	barlang	[bɒrlɒng]
fogo (m)	tűz	[ty:z]
fogueira (f)	tábortűz	[ta:borty:z]
pintura (f) rupestre	barlangrajz	[bɒrlɒng rɒjz]

ferramenta (f)	munkaeszköz	[muŋkɒɛskøz]
lança (f)	dárda	[da:rdɒ]
machado (m) de pedra	kőfejsze	[kø:fɛjsɛ]
guerrear (vt)	harcol	[hɒrtsol]
domesticar (vt)	szelídít	[sɛli:di:t]

ídolo (m)	bálvány	[ba:lva:ɲ]
adorar, venerar (vt)	imád	[ima:d]
superstição (f)	babona	[bɒbonɒ]

evolução (f)	fejlődés	[fɛjlø:de:ʃ]
desenvolvimento (m)	fejlődés	[fɛjlø:de:ʃ]
desaparecimento (m)	eltűnés	[ɛlty:ne:ʃ]
adaptar-se (vr)	alkalmazkodik	[ɒlkɒlmɒskodik]

arqueologia (f)	régészet	[re:ge:sɛt]
arqueólogo (m)	régész	[re:ge:s]
arqueológico	régészeti	[re:ge:sɛti]

local (m) das escavações	ásatások	[a:ʃɒta:ʃok]
escavações (f pl)	ásatások	[a:ʃɒta:ʃok]
achado (m)	lelet	[lɛlɛt]
fragmento (m)	töredék	[tørɛde:k]

188. Idade média

povo (m)	nép	[ne:p]
povos (m pl)	népek	[ne:pɛk]
tribo (f)	törzs	[tørʒ]
tribos (f pl)	törzsek	[tørʒɛk]
bárbaros (m pl)	barbárok	[bɒrba:rok]
gauleses (m pl)	gallok	[gɒllok]

godos (m pl)	gótok	[go:tok]
eslavos (m pl)	szlávok	[sla:vok]
víquingues (m pl)	vikingek	[vikiŋgɛk]
romanos (m pl)	rómaiak	[ro:mɒjɒk]
romano	római	[ro:mɒi]
bizantinos (m pl)	bizánciak	[biza:ntsiɒk]
Bizâncio	Bizánc	[biza:nts]
bizantino	bizánci	[biza:ntsi]
imperador (m)	császár	[ʧa:sa:r]
líder (m)	törzsfőnök	[tørʒfø:nøk]
poderoso	hatalmas	[hɒtɒlmɒʃ]
rei (m)	király	[kira:j]
governante (m)	uralkodó	[urɒlkodo:]
cavaleiro (m)	lovag	[lovɒg]
senhor feudal (m)	hűbérúr	[hy:be:ru:r]
feudal	hűbéri	[hy:be:ri]
vassalo (m)	hűbéres	[hy:be:rɛʃ]
duque (m)	herceg	[hɛrtsɛg]
conde (m)	gróf	[gro:f]
barão (m)	báró	[ba:ro:]
bispo (m)	püspök	[pyʃpøk]
armadura (f)	fegyverzet	[fɛɟvɛrzɛt]
escudo (m)	pajzs	[pɒjʒ]
espada (f)	kard	[kɒrd]
viseira (f)	sisakrostély	[ʃiʃɒkroʃte:j]
cota (f) de malha	páncéling	[pa:ntse:liŋg]
cruzada (f)	keresztes hadjárat	[kɛrɛstɛʃ hɒdja:rɒt]
cruzado (m)	keresztes lovag	[kɛrɛstɛʃ lovɒg]
território (m)	terület	[tɛrylɛt]
atacar (vt)	támad	[ta:mɒd]
conquistar (vt)	meghódít	[mɛgho:di:t]
ocupar, invadir (vt)	meghódít	[mɛgho:di:t]
assédio, sítio (m)	ostrom	[oʃtrom]
sitiado	ostromolt	[oʃtromolt]
assediar, sitiar (vt)	ostromol	[oʃtromol]
inquisição (f)	inkvizíció	[iŋkvizi:tsio:]
inquisidor (m)	inkvizítor	[iŋkvizi:tor]
tortura (f)	kínvallatás	[ki:nvɒllɒta:ʃ]
cruel	kegyetlen	[kɛɟɛtlɛn]
herege (m)	eretnek	[ɛrɛtnɛk]
heresia (f)	eretnekség	[ɛrɛtnɛkʃe:g]
navegação (f) marítima	tengerhajózás	[tɛŋgɛr hɒjo:za:ʃ]
pirata (m)	kalóz	[kɒlo:z]
pirataria (f)	kalózság	[kɒlo:zʃa:g]
abordagem (f)	csáklyázás	[ʧa:kja:za:ʃ]

| presa (f), butim (m) | zsákmány | [ʒaːkmaːɲ] |
| tesouros (m pl) | kincsek | [kintʃɛk] |

descobrimento (m)	felfedezés	[fɛlfɛdɛzeːʃ]
descobrir (novas terras)	felfedez	[fɛlfɛdɛz]
expedição (f)	kutatóút	[kutɒtoːuːt]

mosqueteiro (m)	muskétás	[muʃkeːtaːʃ]
cardeal (m)	bíboros	[biːboroʃ]
heráldica (f)	címertan	[tsiːmɛrtɒn]
heráldico	címertani	[tsiːmɛrtɒni]

189. Líder. Chefe. Autoridades

rei (m)	király	[kiraːj]
rainha (f)	királynő	[kiraːjnøː]
real	királyi	[kiraːji]
reino (m)	királyság	[kiraːjʃaːg]

| príncipe (m) | herceg | [hɛrtsɛg] |
| princesa (f) | hercegnő | [hɛrtsɛgnøː] |

presidente (m)	elnök	[ɛlnøk]
vice-presidente (m)	alelnök	[ɒlɛlnøk]
senador (m)	szenátor	[sɛnaːtor]

monarca (m)	egyeduralkodó	[ɛɟɛɟurɒlkodoː]
governante (m)	uralkodó	[urɒlkodoː]
ditador (m)	diktátor	[diktaːtor]
tirano (m)	zsarnok	[ʒɒrnok]
magnata (m)	mágnás	[maːgnaːʃ]

diretor (m)	igazgató	[igɒzgɒtoː]
chefe (m)	főnök	[føːnøk]
dirigente (m)	vezető	[vɛzɛtøː]

| patrão (m) | főnök | [føːnøk] |
| dono (m) | tulajdonos | [tulɒjdonoʃ] |

chefe (~ de delegação)	vezető	[vɛzɛtøː]
autoridades (f pl)	hatóságok	[hɒtoːʃaːgok]
superiores (m pl)	vezetőség	[vɛzɛtøːʃeːg]

governador (m)	kormányzó	[kormaːɲzoː]
cônsul (m)	konzul	[konzul]
diplomata (m)	diplomata	[diplomɒtɒ]

| Presidente (m) da Câmara | polgármester | [polgaːrmɛʃtɛr] |
| xerife (m) | seriff | [ʃɛriff] |

imperador (m)	császár	[tʃaːsaːr]
czar (m)	cár	[tsaːr]
faraó (m)	fáraó	[faːrɒoː]
cã (m)	kán	[kaːn]

190. Estrada. Caminho. Direções

estrada (f)	út	[u:t]
caminho (m)	út	[u:t]
rodovia (f)	országút	[orsa:gu:t]
autoestrada (f)	autopálya	[ɒuto:pa:jɒ]
estrada (f) nacional	országút	[orsa:gu:t]
estrada (f) principal	főút	[fø:u:t]
caminho (m) de terra batida	dűlőút	[dy:lø:u:t]
trilha (f)	ösvény	[øʃve:ɲ]
vereda (f)	gyalogút	[ɟologu:t]
Onde?	Hol?	[hol]
Para onde?	Hová?	[hova:]
De onde?	Honnan?	[honnɒn]
direção (f)	irány	[ira:ɲ]
indicar (orientar)	mutat	[mutɒt]
para esquerda	balra	[bɒlrɒ]
para direita	jobbra	[jobbrɒ]
em frente	egyenesen	[ɛɟɛnɛʃɛn]
para trás	hátra	[ha:trɒ]
curva (f)	kanyar	[kɒɲɒr]
virar (ex. ~ à direita)	fordul	[fordul]
dar retorno	visszafordul	[vis:ɒfordul]
estar visível	látszik	[la:tsik]
aparecer (vi)	megjelenik	[mɛgjɛlɛnik]
paragem (pausa)	megállás	[mɛga:lla:ʃ]
descansar (vi)	pihen	[pihɛn]
descanso (m)	pihenés	[pihɛne:ʃ]
perder-se (vr)	eltéved	[ɛlte:vɛd]
conduzir (caminho)	vezet ...hez	[vɛzɛt ...hɛz]
chegar a ...	kimegy ...hez	[kimɛɟ ...hɛz]
trecho (m)	szakasz	[sɒkɒs]
asfalto (m)	aszfalt	[ɒsfɒlt]
lancil (m)	útszegély	[u:tsɛge:j]
valeta (f)	árok	[a:rok]
tampa (f) de esgoto	csatornafedél	[ʧotornɒfɛde:l]
berma (f) da estrada	útszél	[u:tse:l]
buraco (m)	gödör	[gødør]
ir (a pé)	megy	[mɛɟ]
ultrapassar (vt)	megelőz	[mɛgɛlø:z]
passo (m)	lépés	[le:pe:ʃ]
a pé	gyalog	[ɟolog]

bloquear (vt)	elkerít	[ɛlkɛri:t]
cancela (f)	sorompó	[ʃorompo:]
beco (m) sem saída	zsákutca	[ʒa:kuttsɒ]

191. Viloação da lei. Criminosos. Parte 1

bandido (m)	bandita	[bɒnditɒ]
crime (m)	bűntett	[by:ntɛtt]
criminoso (m)	bűnöző	[by:nøzø:]

ladrão (m)	tolvaj	[tolvɒj]
roubar (vt)	lop	[lop]
furto, roubo (m)	lopás	[lopa:ʃ]

raptar (ex. ~ uma criança)	elrabol	[ɛlrɒbol]
rapto (m)	elrablás	[ɛlrɒbla:ʃ]
raptor (m)	elrabló	[ɛlrɒblo:]

| resgate (m) | váltságdíj | [va:ltʃa:gdi:j] |
| pedir resgate | váltságdíjat követel | [va:ltʃa:gdi:jɒt køvɛtɛl] |

| roubar (vt) | kirabol | [kirɒbol] |
| assaltante (m) | rabló | [rɒblo:] |

extorquir (vt)	kizsarol	[kiʒɒrol]
extorsionário (m)	zsaroló	[ʒɒrolo:]
extorsão (f)	zsarolás	[ʒɒrola:ʃ]

matar, assassinar (vt)	megöl	[mɛgøl]
homicídio (m)	gyilkosság	[ɟilkoʃa:g]
homicida, assassino (m)	gyilkos	[ɟilkoʃ]

tiro (m)	lövés	[løve:ʃ]
dar um tiro	lő	[lø:]
matar a tiro	agyonlő	[ɒɟɒnlø:]
atirar, disparar (vi)	tüzel	[tyzɛl]
tiroteio (m)	tüzelés	[tyzɛle:ʃ]

incidente (m)	eset	[ɛʃɛt]
briga (~ de rua)	verekedés	[vɛrɛkɛde:ʃ]
Socorro!	Segítség!	[ʃɛgi:tʃe:g]
vítima (f)	áldozat	[a:ldozɒt]

danificar (vt)	megrongál	[mɛgroŋga:l]
dano (m)	kár	[ka:r]
cadáver (m)	hulla	[hullɒ]
grave	súlyos	[ʃu:joʃ]

atacar (vt)	támad	[ta:mɒd]
bater (espancar)	üt	[yt]
espancar (vt)	megver	[mɛgvɛr]
tirar, roubar (dinheiro)	elvesz	[ɛlvɛs]
esfaquear (vt)	levág	[lɛva:g]
mutilar (vt)	megcsonkít	[mɛgtʃoŋki:t]

173

ferir (vt)	megsebez	[mɛgʃɛbɛz]
chantagem (f)	zsarolás	[ʒɒrolaːʃ]
chantagear (vt)	zsarol	[ʒɒrol]
chantagista (m)	zsaroló	[ʒɒroloː]

extorsão (em troca de proteção)	védelmi pénz zsarolása	[veːdɛlmi peːnz ʒɒrolaːʃɒ]
extorsionário (m)	védelmi pénz beszedője	[veːdɛlmi peːnz bɛsɛdøːjɛ]
gângster (m)	gengszter	[gɛŋgstɛr]
máfia (f)	maffia	[mɒffiɒ]

carteirista (m)	zsebtolvaj	[ʒɛptolvɒj]
assaltante, ladrão (m)	betörő	[bɛtørøː]
contrabando (m)	csempészés	[ʧɛmpeːseːʃ]
contrabandista (m)	csempész	[ʧɛmpeːs]

falsificação (f)	hamisítás	[hɒmiʃiːtaːʃ]
falsificar (vt)	hamisít	[hɒmiʃiːt]
falsificado	hamisított	[hɒmiʃiːtott]

192. Viloação da lei. Criminosos. Parte 2

violação (f)	erőszakolás	[ɛrøːsɒkolaːʃ]
violar (vt)	erőszakol	[ɛrøːsɒkol]
violador (m)	erőszakos	[ɛrøːsɒkoʃ]
maníaco (m)	megszállott	[mɛksaːllott]

prostituta (f)	prostituált nő	[proʃtituaːlt nøː]
prostituição (f)	prostitúció	[proʃtituːtsioː]
chulo (m)	strici	[ʃtritsi]

| toxicodependente (m) | narkós | [nɒrkoːʃ] |
| traficante (m) | kábítószerkereskedő | [kaːbiːtoːsɛrkɛrɛʃkɛdø] |

explodir (vt)	felrobbant	[fɛlrobbɒnt]
explosão (f)	robbanás	[robbɒnaːʃ]
incendiar (vt)	felgyújt	[fɛlɟuːjt]
incendiário (m)	gyújtogató	[ɟuːjtogɒtoː]

terrorismo (m)	terrorizmus	[tɛrrorizmuʃ]
terrorista (m)	terrorista	[tɛrroriʃtɒ]
refém (m)	túsz	[tuːs]

enganar (vt)	megcsal	[mɛgʧɒl]
engano (m)	csalás	[ʧɒlaːʃ]
vigarista (m)	csaló	[ʧɒloː]

subornar (vt)	megveszteget	[mɛgvɛstɛgɛt]
suborno (atividade)	megvesztegetés	[mɛgvɛstɛgɛteːʃ]
suborno (dinheiro)	csúszópénz	[ʧuːsoːpeːnz]

veneno (m)	méreg	[meːrɛg]
envenenar (vt)	megmérgez	[mɛgmeːrgɛz]
envenenar-se (vr)	megmérgezi magát	[mɛgmeːrgɛzi mɒgaːt]

| suicídio (m) | öngyilkosság | [øɲɉilkoʃaːg] |
| suicida (m) | öngyilkos | [øɲɉilkoʃ] |

ameaçar (vt)	fenyeget	[fɛnɛgɛt]
ameaça (f)	fenyegetés	[fɛnɛgɛteːʃ]
atentar contra a vida de ...	megkísért	[mɛkkiːʃeːrt]
atentado (m)	merénylet	[mɛreːɲlɛt]

| roubar (o carro) | ellop | [ɛllop] |
| desviar (o avião) | eltérít | [ɛlteːriːt] |

| vingança (f) | bosszú | [bossuː] |
| vingar (vt) | megbosszul | [mɛgbossul] |

torturar (vt)	kínoz	[kiːnoz]
tortura (f)	kínvallatás	[kiːnvɒllɒtaːʃ]
atormentar (vt)	gyötör	[ɉøtør]

pirata (m)	kalóz	[kɒloːz]
desordeiro (m)	huligán	[huligaːn]
armado	fegyveres	[fɛɟvɛrɛʃ]
violência (f)	erőszak	[ɛrøːsɒk]

| espionagem (f) | kémkedés | [keːmkɛdeːʃ] |
| espionar (vi) | kémkedik | [keːmkɛdik] |

193. Polícia. Lei. Parte 1

| justiça (f) | igazságügy | [igɒʃaːgyɉ] |
| tribunal (m) | bíróság | [biːroːʃaːg] |

juiz (m)	bíró	[biːroː]
jurados (m pl)	esküdtek	[ɛʃkyttɛk]
tribunal (m) do júri	esküdtbíróság	[ɛʃkyttbiːroːʃaːg]
julgar (vt)	elítél	[ɛliːteːl]

advogado (m)	ügyvéd	[yɉveːd]
réu (m)	vádlott	[vaːdlott]
banco (m) dos réus	vádlottak padja	[vaːdlottɒk pɒɟɒ]

| acusação (f) | vád | [vaːd] |
| acusado (m) | vádlott | [vaːdlott] |

| sentença (f) | ítélet | [iːteːlɛt] |
| sentenciar (vt) | elítél | [ɛliːteːl] |

culpado (m)	bűnös	[byːnøʃ]
punir (vt)	büntet	[byntɛt]
punição (f)	büntetés	[byntɛteːʃ]

multa (f)	pénzbüntetés	[peːnzbyntɛteːʃ]
pena (f) de morte	halálbüntetés	[hɒlaːlbyntɛteːʃ]
cadeira (f) elétrica	villamosszék	[villɒmoʃseːk]
forca (f)	akasztófa	[ɒkɒstoːfɒ]

175

| executar (vt) | kivégez | [kive:gɛz] |
| execução (f) | kivégzés | [kive:gze:ʃ] |

| prisão (f) | börtön | [børtøn] |
| cela (f) de prisão | cella | [tsɛllɒ] |

escolta (f)	őrkíséret	[ø:rki:ʃe:rɛt]
guarda (m) prisional	börtönőr	[børtønø:r]
preso (m)	fogoly	[fogoj]

| algemas (f pl) | kézbilincs | [ke:zbilintʃ] |
| algemar (vt) | megbilincsel | [mɛgbilintʃɛl] |

fuga, evasão (f)	szökés	[søke:ʃ]
fugir (vi)	megszökik	[mɛgsøkik]
desaparecer (vi)	eltűnik	[ɛlty:nik]
soltar, libertar (vt)	megszabadít	[mɛgsɒbɒdi:t]
amnistia (f)	közkegyelem	[køskɛɟɛlɛm]

polícia (instituição)	rendőrség	[rɛndø:rʃe:g]
polícia (m)	rendőr	[rɛndø:r]
esquadra (f) de polícia	rendőrőrszoba	[rɛndø:rø:rsobɒ]
cassetete (m)	gumibot	[gumibot]
megafone (m)	hangtölcsér	[hɒŋg tøltʃe:r]

carro (m) de patrulha	járőrszolgálat	[ja:rø:r solga:lɒt]
sirene (f)	sziréna	[sire:na]
ligar a sirene	bekapcsolja a szirénát	[bɛkɒptʃojɒ ɒ sire:na:t]
toque (m) da sirene	szirénahang	[sire:nɒhɒŋg]

cena (f) do crime	helyszín	[hɛjsi:n]
testemunha (f)	tanú	[tɒnu:]
liberdade (f)	szabadság	[sɒbɒdʃa:g]
cúmplice (m)	bűntárs	[by:nta:rʃ]
escapar (vi)	elbújik	[ɛlbu:jik]
traço (não deixar ~s)	nyom	[ɲom]

194. Polícia. Lei. Parte 2

procura (f)	körözés	[kørøze:ʃ]
procurar (vt)	keres	[kɛrɛʃ]
suspeita (f)	gyanú	[ɟonu:]
suspeito	gyanús	[ɟonu:ʃ]
parar (vt)	megállít	[mɛga:lli:t]
deter (vt)	letartóztat	[lɛtɒrto:ztɒt]

caso (criminal)	ügy	[yɟ]
investigação (f)	vizsgálat	[viʒga:lɒt]
detetive (m)	nyomozó	[ɲomozo:]
investigador (m)	vizsgáló	[viʒga:lo:]
versão (f)	verzió	[vɛrzio:]

| motivo (m) | indok | [indok] |
| interrogatório (m) | vallatás | [vɒllɒta:ʃ] |

interrogar (vt)	vallat	[vɒllɒt]
questionar (vt)	kikérdez	[kike:rdɛz]
verificação (f)	ellenőrzés	[ɛllɛnø:rze:ʃ]

batida (f) policial	razzia	[rɒzziɒ]
busca (f)	átkutatás	[a:tkutɒta:ʃ]
perseguição (f)	üldözés	[yldøze:ʃ]
perseguir (vt)	üldöz	[yldøz]
seguir (vt)	követ	[køvɛt]

prisão (f)	letartóztatás	[lɛtɒrto:ztɒta:ʃ]
prender (vt)	letartóztat	[lɛtɒrto:ztɒt]
pegar, capturar (vt)	elfog	[ɛlfog]
captura (f)	elfogás	[ɛlfoga:ʃ]

documento (m)	irat	[irɒt]
prova (f)	bizonyíték	[bizoni:te:k]
provar (vt)	bebizonyít	[bɛbizoni:t]
pegada (f)	nyom	[ɲom]
impressões (f pl) digitais	ujjlenyomat	[ujjlɛnømɒt]
prova (f)	bizonyíték	[bizoni:te:k]

álibi (m)	alibi	[ɒlibi]
inocente	ártatlan	[a:rtɒtlɒn]
injustiça (f)	igazságtalanság	[igɒʃa:gtɒlɒnʃa:g]
injusto	igazságtalan	[igɒʃa:gtɒlɒn]

criminal	krimi	[krimi]
confiscar (vt)	elkoboz	[ɛlkoboz]
droga (f)	kábítószer	[ka:bi:to:sɛr]
arma (f)	fegyver	[fɛɟvɛr]
desarmar (vt)	lefegyverez	[lɛfɛɟvɛrɛz]
ordenar (vt)	parancsol	[pɒrɒnʧol]
desaparecer (vi)	eltűnik	[ɛlty:nik]

lei (f)	törvény	[tørve:ɲ]
legal	törvényes	[tørve:nɛʃ]
ilegal	törvénytelen	[tørve:ɲtɛlɛn]

| responsabilidade (f) | felelősség | [fɛlɛlø:ʃe:g] |
| responsável | felelős | [fɛlɛlø:ʃ] |

NATUREZA

A Terra. Parte 1

195. Espaço sideral

cosmos (m)	világűr	[vilɑːgyːr]
cósmico	űr	[yːr]
espaço (m) cósmico	világűr	[vilɑːgyːr]

mundo (m)	világmindenség	[vilɑːg mindɛnʃeːg]
universo (m)	világegyetem	[vilɑːgɛɟɛtɛm]
galáxia (f)	galaxis	[gɒlɒksis]

estrela (f)	csillag	[ʧillɒg]
constelação (f)	csillagzat	[ʧillɒgzɒt]
planeta (m)	bolygó	[bojgoː]
satélite (m)	műhold	[myːhold]

meteorito (m)	meteorit	[mɛtɛorit]
cometa (m)	üstökös	[yʃtøkøʃ]
asteroide (m)	aszteroida	[ɒstɛroidɒ]

órbita (f)	égitest pályája	[eːgitɛʃt pɑːjaːjɒ]
girar (vi)	kering	[kɛriŋg]
atmosfera (f)	légkör	[leːgkør]

Sol (m)	a Nap	[ɒ nɒp]
Sistema (m) Solar	naprendszer	[nɒprɛndsɛr]
eclipse (m) solar	napfogyatkozás	[nɒpfojotkozɑːʃ]

| Terra (f) | a Föld | [ɒ føld] |
| Lua (f) | a Hold | [ɒ hold] |

Marte (m)	Mars	[mɒrʃ]
Vénus (f)	Vénusz	[veːnus]
Júpiter (m)	Jupiter	[jupitɛr]
Saturno (m)	Szaturnusz	[sɒturnus]

Mercúrio (m)	Merkúr	[mɛrkur]
Urano (m)	Uranus	[urɒnuʃ]
Neptuno (m)	Neptunusz	[nɛptunus]
Plutão (m)	Plútó	[pluːtoː]

Via Láctea (f)	Tejút	[tɛjuːt]
Ursa Maior (f)	Göncölszekér	[gøntsølsɛkeːr]
Estrela Polar (f)	Sarkcsillag	[ʃɒrktʃillɒg]
marciano (m)	marslakó	[mɒrʃlɒkoː]
extraterrestre (m)	földönkívüli	[føldøŋkiːvyli]

| alienígena (m) | űrlény | [y:rle:ɲ] |
| disco (m) voador | ufó | [ufo:] |

nave (f) espacial	űrhajó	[y:rhɒjo:]
estação (f) orbital	orbitális űrállomás	[orbita:liʃ y:ra:lloma:ʃ]
lançamento (m)	rajt	[rɒjt]

motor (m)	hajtómű	[hɒjto:my:]
bocal (m)	fúvóka	[fu:vo:kɒ]
combustível (m)	fűtőanyag	[fy:tø:ɒɲɒg]

cabine (f)	fülke	[fylkɛ]
antena (f)	antenna	[ɒntɛnnɒ]
vigia (f)	hajóablak	[hɒjo:ɒblɒk]
bateria (f) solar	napelem	[nɒpɛlɛm]
traje (m) espacial	űrhajósruha	[y:rhɒjo:ʃ ruhɒ]

| imponderabilidade (f) | súlytalanság | [ʃu:jtɒlɒnʃa:g] |
| oxigénio (m) | oxigén | [oksige:n] |

| acoplagem (f) | összekapcsolás | [øssɛkɒptʃola:ʃ] |
| fazer uma acoplagem | összekapcsol | [øssɛkɒptʃol] |

observatório (m)	csillagvizsgáló	[tʃillɒgviʒga:lo:]
telescópio (m)	távcső	[ta:vtʃø:]
observar (vt)	figyel	[fiɟɛl]
explorar (vt)	kutat	[kutɒt]

196. A Terra

Terra (f)	a Föld	[ɒ føld]
globo terrestre (Terra)	földgolyó	[føldgojo:]
planeta (m)	bolygó	[bojgo:]

atmosfera (f)	légkör	[le:gkør]
geografia (f)	földrajz	[føldrɒjz]
natureza (f)	természet	[tɛrme:sɛt]

globo (mapa esférico)	földgömb	[føldgomb]
mapa (m)	térkép	[te:rke:p]
atlas (m)	atlasz	[ɒtlɒs]

| Europa (f) | Európa | [ɛuro:pɒ] |
| Ásia (f) | Ázsia | [a:ʒiɒ] |

| África (f) | Afrika | [ɒfrikɒ] |
| Austrália (f) | Ausztrália | [ɒustra:liɒ] |

América (f)	Amerika	[ɒmɛrikɒ]
América (f) do Norte	ÉszakAmerika	[e:sɒkɒmɛrikɒ]
América (f) do Sul	DélAmerika	[de:lɒmɛrikɒ]

| Antártida (f) | Antarktisz | [ɒntɒrktis] |
| Ártico (m) | Arktisz | [ɒrktis] |

179

197. Pontos cardeais

norte (m)	észak	[e:sɒk]
para norte	északra	[e:sɒkrɒ]
no norte	északon	[e:sɒkon]
do norte	északi	[e:sɒki]

sul (m)	dél	[de:l]
para sul	délre	[de:lrɛ]
no sul	délen	[de:lɛn]
do sul	déli	[de:li]

oeste, ocidente (m)	nyugat	[ɲugɒt]
para oeste	nyugatra	[ɲugɒtrɒ]
no oeste	nyugaton	[ɲugɒton]
ocidental	nyugati	[ɲugɒti]

leste, oriente (m)	kelet	[kɛlɛt]
para leste	keletre	[kɛlɛtrɛ]
no leste	keleten	[kɛlɛtɛn]
oriental	keleti	[kɛlɛti]

198. Mar. Oceano

mar (m)	tenger	[tɛŋgɛr]
oceano (m)	óceán	[o:tsɛa:n]
golfo (m)	öböl	[øbøl]
estreito (m)	tengerszoros	[tɛŋgɛrsoroʃ]

continente (m)	földrész	[føldre:s]
ilha (f)	sziget	[sigɛt]
península (f)	félsziget	[fe:lsigɛt]
arquipélago (m)	szigetcsoport	[sigɛtʧoport]

baía (f)	öböl	[øbøl]
porto (m)	rév	[re:v]
lagoa (f)	lagúna	[lɒgu:nɒ]
cabo (m)	fok	[fok]

atol (m)	atoll	[ɒtoll]
recife (m)	szirt	[sirt]
coral (m)	korall	[korɒll]
recife (m) de coral	korallszirt	[korɒllsirt]

profundo	mély	[me:j]
profundidade (f)	mélység	[me:jʃe:g]
abismo (m)	abisszikus	[abissikus]
fossa (f) oceânica	mélyedés	[me:jɛde:ʃ]

corrente (f)	folyás	[foja:ʃ]
banhar (vt)	körülvesz	[kørylvɛs]
litoral (m)	part	[pɒrt]
costa (f)	part	[pɒrt]

maré (f) alta	dagály	[dɒgaːj]
refluxo (m), maré (f) baixa	apály	[ɒpaːj]
restinga (f)	zátony	[zaːtoɲ]
fundo (m)	alj	[ɒj]
onda (f)	hullám	[hullaːm]
crista (f) da onda	taraj	[tɒrɒj]
espuma (f)	hab	[hɒb]
tempestade (f)	vihar	[vihɒr]
furacão (m)	orkán	[orkaːn]
tsunami (m)	szökőár	[søkøːaːr]
calmaria (f)	szélcsend	[seːltʃɛnd]
calmo	csendes	[tʃɛndɛʃ]
polo (m)	sark	[ʃɒrk]
polar	sarki	[ʃɒrki]
latitude (f)	szélesség	[seːlɛʃeːg]
longitude (f)	hosszúság	[hossuːʃaːg]
paralela (f)	szélességi kör	[seːlɛʃeːgi kør]
equador (m)	egyenlítő	[ɛɟɛnliːtøː]
céu (m)	ég	[eːg]
horizonte (m)	látóhatár	[laːtoːhɒtaːr]
ar (m)	levegő	[lɛvɛgøː]
farol (m)	világítótorony	[vilaːgiːtoːtoroɲ]
mergulhar (vi)	lemerül	[lɛmɛryl]
afundar-se (vr)	elsüllyed	[ɛlʃyjːɛd]
tesouros (m pl)	kincsek	[kintʃɛk]

199. Nomes de Mares e Oceanos

Oceano (m) Atlântico	Atlantióceán	[ɒtlɒntioːtsɛaːn]
Oceano (m) Índico	Indiaióceán	[indiɒioːtsɛaːn]
Oceano (m) Pacífico	Csendesóceán	[tʃɛndɛʃoːtsɛaːn]
Oceano (m) Ártico	Északisarkióceán	[eːsɒkijʃɒrkioːtsɛaːn]
Mar (m) Negro	Feketetenger	[fɛkɛtɛtɛŋgɛr]
Mar (m) Vermelho	Vöröstenger	[vørøʃtɛŋgɛr]
Mar (m) Amarelo	Sárgatenger	[ʃaːrgɒtɛŋgɛr]
Mar (m) Branco	Fehértenger	[fɛheːrtɛŋgɛr]
Mar (m) Cáspio	Kaszpitenger	[kɒspitɛŋgɛr]
Mar (m) Morto	Holttenger	[holttɛŋgɛr]
Mar (m) Mediterrâneo	Földközitenger	[føldkøzitɛŋgɛr]
Mar (m) Egeu	Égeitenger	[eːgɛitɛŋgɛr]
Mar (m) Adriático	Adriaitenger	[ɒdriɒitɛŋgɛr]
Mar (m) Arábico	Arabtenger	[ɒrɒbtɛŋgɛr]
Mar (m) do Japão	Japántenger	[jɒpaːntɛŋgɛr]
Mar (m) de Bering	Beringtenger	[bɛriŋtɛŋgɛr]

Mar (m) da China Meridional	Délkínaitenger	[de:lki:nɒitɛŋgɛr]
Mar (m) de Coral	Koralltenger	[korɒlltɛŋgɛr]
Mar (m) de Tasman	Tasmántenger	[tɒsma:ntɛŋgɛr]
Mar (m) do Caribe	Karibtenger	[kɒribtɛŋgɛr]

| Mar (m) de Barents | Barentstenger | [bɒrɛntʃtɛŋgɛr] |
| Mar (m) de Kara | Karatenger | [kɒrɒtɛŋgɛr] |

Mar (m) do Norte	Északitenger	[e:sɒkitɛŋgɛr]
Mar (m) Báltico	Baltitenger	[bɒltitɛŋgɛr]
Mar (m) da Noruega	Norvégtenger	[norve:gtɛŋgɛr]

200. Montanhas

montanha (f)	hegy	[hɛɟ]
cordilheira (f)	hegylánc	[hɛɟla:nts]
serra (f)	hegygerinc	[hɛɟgɛrints]

cume (m)	csúcs	[tʃu:tʃ]
pico (m)	hegyfok	[hɛɟfok]
sopé (m)	láb	[la:b]
declive (m)	lejtő	[lɛjtø:]

vulcão (m)	vulkán	[vulka:n]
vulcão (m) ativo	működő vulkán	[mykødø: vulka:n]
vulcão (m) extinto	kialudt vulkán	[kiɒlutt vulka:n]

erupção (f)	kitörés	[kitøre:ʃ]
cratera (f)	vulkántölcsér	[vulka:ntøltʃe:r]
magma (m)	magma	[mɒgmɒ]
lava (f)	láva	[la:vɒ]
fundido (lava ~a)	izzó	[izzo:]
desfiladeiro (m)	kanyon	[kɒɲon]
garganta (f)	hegyszoros	[hɛɟsoroʃ]
fenda (f)	hasadék	[hɒʃɒde:k]

passo, colo (m)	hágó	[ha:go:]
planalto (m)	fennsík	[fɛnnʃi:k]
falésia (f)	szikla	[siklɒ]
colina (f)	domb	[domb]

glaciar (m)	gleccser	[glɛtʃɛr]
queda (f) d'água	vízesés	[vi:zɛʃe:ʃ]
géiser (m)	szökőforrás	[søkø:forra:ʃ]
lago (m)	tó	[to:]

planície (f)	síkság	[ʃi:kʃa:g]
paisagem (f)	táj	[ta:j]
eco (m)	visszhang	[visshɒŋg]

alpinista (m)	alpinista	[ɒlpiniʃtɒ]
escalador (m)	sziklamászó	[siklɒ ma:so:]
conquistar (vt)	meghódít	[mɛgho:di:t]
subida, escalada (f)	megmászás	[mɛgma:sa:ʃ]

201. Nomes de montanhas

Alpes (m pl)	Alpok	[ɒlpok]
monte Branco (m)	Mont Blanc	[mont blɒn]
Pirineus (m pl)	Pireneusok	[pirɛnɛuʃok]
Cárpatos (m pl)	Kárpátok	[ka:rpa:tok]
montes (m pl) Urais	Urál hegység	[ura:l hɛʝʃe:g]
Cáucaso (m)	Kaukázus	[kɒuka:zuʃ]
Elbrus (m)	Elbrusz	[ɛlbrus]
Altai (m)	Altaj hegység	[ɒltɒj hɛʝʃe:g]
Tian Shan (m)	Tiensan	[tjanʃan]
Pamir (m)	Pamír	[pɒmi:r]
Himalaias (m pl)	Himalája	[himɒla:jɒ]
monte (m) Everest	Everest	[ɛvɛrɛst]
Cordilheira (f) dos Andes	Andok	[ɒndok]
Kilimanjaro (m)	Kilimandzsáró	[kilimɒndʒa:ro:]

202. Rios

rio (m)	folyó	[fojo:]
fonte, nascente (f)	forrás	[forra:ʃ]
leito (m) do rio	meder	[mɛdɛr]
bacia (f)	medence	[mɛdɛntsɛ]
desaguar no ...	befolyik	[bɛfojik]
afluente (m)	mellékfolyó	[mɛlle:kfojo:]
margem (do rio)	part	[pɒrt]
corrente (f)	folyás	[foja:ʃ]
rio abaixo	folyón lefelé	[fojo:n lɛfɛle:]
rio acima	folyón fölfelé	[fojo:n følfɛle:]
inundação (f)	árvíz	[a:rvi:z]
cheia (f)	áradás	[a:rɒda:ʃ]
transbordar (vi)	kiárad	[kia:rɒd]
inundar (vt)	eláraszt	[ɛla:rɒst]
banco (m) de areia	zátony	[za:toɲ]
rápidos (m pl)	zuhogó	[zuhogo:]
barragem (f)	gát	[ga:t]
canal (m)	csatorna	[ʧɒtornɒ]
reservatório (m) de água	víztároló	[vi:zta:rolo:]
eclusa (f)	zsilip	[ʒilip]
corpo (m) de água	vizek	[vizɛk]
pântano (m)	mocsár	[moʧa:r]
tremedal (m)	ingovány	[iŋgova:ɲ]
remoinho (m)	forgatag	[forgɒtɒg]
arroio, regato (m)	patak	[pɒtɒk]

potável	iható	[ihɒto:]
doce (água)	édesvízi	[e:dɛʃvi:zi]

gelo (m)	jég	[je:g]
congelar-se (vr)	befagy	[bɛfɒɟ]

203. Nomes de rios

rio Sena (m)	Szajna	[sɒjnɒ]
rio Loire (m)	Loire	[luɒr]

rio Tamisa (m)	Temze	[tɛmzɛ]
rio Reno (m)	Rajna	[rɒjnɒ]
rio Danúbio (m)	Duna	[dunɒ]

rio Volga (m)	Volga	[volgɒ]
rio Don (m)	Don	[don]
rio Lena (m)	Léna	[le:nɒ]

rio Amarelo (m)	Sárgafolyó	[ʃa:rgɒfojo:]
rio Yangtzé (m)	Jangce	[jɒŋgtsɛ]
rio Mekong (m)	Mekong	[mɛkoŋg]
rio Ganges (m)	Gangesz	[gɒŋgɛs]

rio Nilo (m)	Nílus	[ni:luʃ]
rio Congo (m)	Kongó	[koŋgo:]
rio Cubango (m)	Okavango	[okɒvɒŋgo]
rio Zambeze (m)	Zambézi	[zɒmbe:zi]
rio Limpopo (m)	Limpopo	[limpopo]
rio Mississípi (m)	Mississippi	[mississippi]

204. Floresta

floresta (f), bosque (m)	erdő	[ɛrdø:]
florestal	erdő	[ɛrdø:]

mata (f) cerrada	sűrűség	[ʃy:ry:ʃe:g]
arvoredo (m)	erdőcske	[ɛrdø:tʃkɛ]
clareira (f)	tisztás	[tista:ʃ]

matagal (m)	bozót	[bozo:t]
mato (m)	cserje	[tʃɛrjɛ]

vereda (f)	gyalogút	[ɟologu:t]
ravina (f)	vízmosás	[vi:zmoʃa:ʃ]

árvore (f)	fa	[fɒ]
folha (f)	levél	[lɛve:l]
folhagem (f)	lomb	[lomb]

queda (f) das folhas	lombhullás	[lombhulla:ʃ]
cair (vi)	lehull	[lɛhull]

topo (m)	tető	[tɛtø:]
ramo (m)	ág	[a:g]
galho (m)	ág	[a:g]
botão, rebento (m)	rügy	[ryɟ]
agulha (f)	tűlevél	[ty:lɛve:l]
pinha (f)	toboz	[toboz]

buraco (m) de árvore	odú	[odu:]
ninho (m)	fészek	[fe:sɛk]
toca (f)	üreg	[yrɛg]

tronco (m)	törzs	[tørʒ]
raiz (f)	gyökér	[ɟøke:r]
casca (f) de árvore	kéreg	[ke:rɛg]
musgo (m)	moha	[mohɒ]

arrancar pela raiz	kiás	[kia:ʃ]
cortar (vt)	irt	[irt]
desflorestar (vt)	irt	[irt]
toco, cepo (m)	tönk	[tøŋk]

fogueira (f)	tábortűz	[ta:borty:z]
incêndio (m) florestal	erdőtűz	[ɛrdø:ty:z]
apagar (vt)	olt	[olt]

guarda-florestal (m)	erdész	[ɛrde:s]
proteção (f)	őrzés	[ø:rze:ʃ]
proteger (a natureza)	őriz	[ø:riz]
caçador (m) furtivo	vadorzó	[vɒdorzo:]
armadilha (f)	csapda	[ʧɒbdɒ]

colher (cogumelos)	gombázik	[gomba:zik]
colher (bagas)	szed	[sɛd]
perder-se (vr)	eltéved	[ɛlte:vɛd]

205. Recursos naturais

recursos (m pl) naturais	természeti kincsek	[tɛrme:sɛti kinʧɛk]
minerais (m pl)	ásványkincsek	[a:ʃvaːɲ kinʧɛk]
depósitos (m pl)	rétegek	[re:tɛgɛk]
jazida (f)	lelőhely	[lɛlø:hɛj]

extrair (vt)	kitermel	[kitɛrmɛl]
extração (f)	kitermelés	[kitɛrmɛle:ʃ]
minério (m)	érc	[e:rts]
mina (f)	bánya	[ba:ɲɒ]
poço (m) de mina	akna	[ɒknɒ]
mineiro (m)	bányász	[ba:nja:s]

gás (m)	gáz	[ga:z]
gasoduto (m)	gázvezeték	[ga:zvɛzɛte:k]

petróleo (m)	nyersolaj	[ɲɛrʃolɒj]
oleoduto (m)	olajvezeték	[olɒjvɛzɛte:k]

poço (m) de petróleo	olajkút	[olɒjkuːt]
torre (f) petrolífera	fúrótorony	[fuːroːtoroɲ]
petroleiro (m)	tartályhajó	[tɒrtaːjhɒjoː]

areia (f)	homok	[homok]
calcário (m)	mészkő	[meːskøː]
cascalho (m)	kavics	[kɒvitʃ]
turfa (f)	tőzeg	[tøːzɛg]
argila (f)	agyag	[ɒɟog]
carvão (m)	szén	[seːn]

ferro (m)	vas	[vɒʃ]
ouro (m)	arany	[ɒrɒɲ]
prata (f)	ezüst	[ɛzyʃt]
níquel (m)	nikkel	[nikkɛl]
cobre (m)	réz	[reːz]

zinco (m)	horgany	[horgɒɲ]
manganês (m)	mangán	[mɒŋgaːn]
mercúrio (m)	higany	[higɒɲ]
chumbo (m)	ólom	[oːlom]

mineral (m)	ásvány	[aːʃvaːɲ]
cristal (m)	kristály	[kriʃtaːj]
mármore (m)	márvány	[maːrvaːɲ]
urânio (m)	uránium	[uraːnium]

A Terra. Parte 2

206. Tempo

tempo (m)	időjárás	[idø:ja:ra:ʃ]
previsão (f) do tempo	időjárásjelentés	[idø:ja:ra:ʃjɛlɛnte:ʃ]
temperatura (f)	hőmérséklet	[hø:me:rʃe:klɛt]
termómetro (m)	hőmérő	[hø:me:rø:]
barómetro (m)	légsúlymérő	[le:gʃu:jme:rø:]

humidade (f)	nedvesség	[nɛdvɛʃe:g]
calor (m)	hőség	[hø:ʃe:g]
cálido	forró	[forro:]
está muito calor	hőség van	[hø:ʃe:g vɒn]

está calor	meleg van	[mɛlɛg vɒn]
quente	meleg	[mɛlɛg]

está frio	hideg van	[hidɛg vɒn]
frio	hideg	[hidɛg]

sol (m)	nap	[nɒp]
brilhar (vi)	süt	[ʃyt]
de sol, ensolarado	napos	[nɒpoʃ]
nascer (vi)	felkel	[fɛlkɛl]
pôr-se (vr)	lemegy	[lɛmɛɟ]

nuvem (f)	felhő	[fɛlhø:]
nublado	felhős	[fɛlhø:ʃ]

nuvem (f) preta	esőfelhő	[ɛʃø:fɛlhø:]
escuro, cinzento	borús	[boru:ʃ]

chuva (f)	eső	[ɛʃø:]
está a chover	esik az eső	[ɛʃik ɒz ɛʃø:]

chuvoso	esős	[ɛʃø:ʃ]
chuviscar (vi)	szemerkél	[sɛmɛrke:l]

chuva (f) torrencial	zápor	[za:por]
chuvada (f)	zápor	[za:por]
forte (chuva)	erős	[ɛrø:ʃ]

poça (f)	tócsa	[to:ʧɒ]
molhar-se (vr)	ázik	[a:zik]

nevoeiro (m)	köd	[kød]
de nevoeiro	ködös	[kødøʃ]
neve (f)	hó	[ho:]
está a nevar	havazik	[hɒvɒzik]

207. Tempo extremo. Catástrofes naturais

trovoada (f)	zivatar	[zivɒtɒr]
relâmpago (m)	villám	[villa:m]
relampejar (vi)	villámlik	[villa:mlik]
trovão (m)	mennydörgés	[mɛɲdørge:ʃ]
trovejar (vi)	dörög	[dørøg]
está a trovejar	mennydörög	[mɛɲdørøg]
granizo (m)	jégeső	[je:gɛʃø:]
está a cair granizo	jég esik	[je:g ɛʃik]
inundar (vt)	elárad	[ɛla:rɒd]
inundação (f)	árvíz	[a:rvi:z]
terremoto (m)	földrengés	[føldrɛŋge:ʃ]
abalo, tremor (m)	lökés	[løke:ʃ]
epicentro (m)	epicentrum	[ɛpitsɛntrum]
erupção (f)	kitörés	[kitøre:ʃ]
lava (f)	láva	[la:vɒ]
turbilhão (m)	forgószél	[forgo:se:l]
tornado (m)	tornádó	[torna:do:]
tufão (m)	tájfun	[ta:jfun]
furacão (m)	orkán	[orka:n]
tempestade (f)	vihar	[vihɒr]
tsunami (m)	szökőár	[søkø:a:r]
ciclone (m)	ciklon	[tsiklon]
mau tempo (m)	rossz idő	[ross idø:]
incêndio (m)	tűz	[ty:z]
catástrofe (f)	katasztrófa	[kɒtɒstro:fɒ]
meteorito (m)	meteorit	[mɛtɛorit]
avalanche (f)	lavina	[lɒvinɒ]
deslizamento (m) de neve	hógörgeteg	[ho:gørgɛtɛg]
nevasca (f)	hóvihar	[ho:vihɒr]
tempestade (f) de neve	hóvihar	[ho:vihɒr]

208. Ruídos. Sons

silêncio (m)	csend	[ʧɛnd]
som (m)	hang	[hɒŋg]
ruído, barulho (m)	lárma	[la:rmɒ]
fazer barulho	lármázik	[la:rma:zik]
ruidoso, barulhento	lármás	[la:rma:ʃ]
alto (adv)	hangosan	[hɒŋgoʃɒn]
alto (adj)	hangos	[hɒŋgoʃ]
constante (ruído, etc.)	állandó	[a:llɒndo:]

grito (m)	kiáltás	[kia:lta:ʃ]
gritar (vi)	kiált	[kia:lt]
sussurro (m)	suttogás	[ʃuttoga:ʃ]
sussurrar (vt)	suttog	[ʃuttog]

| latido (m) | ugatás | [ugɒta:ʃ] |
| latir (vi) | ugat | [ugɒt] |

gemido (m)	nyögés	[ɲøge:ʃ]
gemer (vi)	nyög	[ɲøg]
tosse (f)	köhögés	[køhøge:ʃ]
tossir (vi)	köhög	[køhøg]

assobio (m)	fütty	[fyc:]
assobiar (vi)	fütyül	[fycyl]
batida (f)	kopogás	[kopoga:ʃ]
bater (vi)	kopog	[kopog]

| estalar (vi) | recseg | [rɛtʃɛg] |
| estalido (m) | recsegés | [rɛtʃɛge:ʃ] |

sirene (f)	sziréna	[sire:na]
apito (m)	síp	[ʃi:p]
apitar (vi)	sípol	[ʃi:pol]
buzina (f)	jel	[jɛl]
buzinar (vi)	jelez	[jɛlɛz]

209. Inverno

inverno (m)	tél	[te:l]
de inverno	téli	[te:li]
no inverno	télen	[te:lɛn]

neve (f)	hó	[ho:]
está a nevar	havazik	[hɒvɒzik]
queda (f) de neve	hóesés	[ho:ɛʃe:ʃ]
amontoado (m) de neve	hótorlasz	[ho:torlɒs]

floco (m) de neve	hópehely	[ho:pɛhɛj]
bola (f) de neve	hógolyó	[ho:gojo:]
boneco (m) de neve	hóember	[ho:ɛmbɛr]
sincelo (m)	jégcsap	[je:gtʃɒp]

dezembro (m)	december	[dɛtsɛmbɛr]
janeiro (m)	január	[jɒnua:r]
fevereiro (m)	február	[fɛbrua:r]

| gelo (m) | fagy | [fɒɟ] |
| gelado, glacial | fagyos | [fɒɟøʃ] |

abaixo de zero	fagypont alatt	[fɒɟpont ɒlɒtt]
geada (f)	reggeli fagy	[rɛggɛli fɒɟ]
geada (f) branca	zúzmara	[zu:zmɒrɒ]
frio (m)	hideg	[hidɛg]

189

está frio	hideg van	[hidɛg vɒn]
casaco (m) de peles	bunda	[bundɒ]
mitenes (f pl)	egyujjas kesztyű	[ɛɟujjoʃ kɛscy:]

adoecer (vi)	megbetegeskedik	[mɛgbɛtɛgɛʃkɛdik]
constipação (f)	megfázás	[mɛgfa:za:ʃ]
constipar-se (vr)	megfázik	[mɛgfa:zik]

gelo (m)	jég	[je:g]
gelo (m) na estrada	jégkéreg	[je:gke:rɛg]
congelar-se (vr)	befagy	[bɛfɒɟ]
bloco (m) de gelo	jégtábla	[je:gta:blɒ]

esqui (m)	sí	[ʃi:]
esquiador (m)	síelő	[ʃi:ɛlø:]
esquiar (vi)	síel	[ʃi:ɛl]
patinar (vi)	korcsolyázik	[kɒrtʃoja:zik]

Fauna

210. Mamíferos. Predadores

predador (m)	ragadozó állat	[rɒgɒdozo: a:llɒt]
tigre (m)	tigris	[tigriʃ]
leão (m)	oroszlán	[orosla:n]
lobo (m)	farkas	[fɒrkɒʃ]
raposa (f)	róka	[ro:kɒ]

jaguar (m)	jaguár	[jɒgua:r]
leopardo (m)	leopárd	[lɛopa:rd]
chita (f)	gepárd	[gɛpa:rd]

pantera (f)	párduc	[pa:rduts]
puma (m)	puma	[pumɒ]
leopardo-das-neves (m)	hópárduc	[ho:pa:rduts]
lince (m)	hiúz	[hiu:z]

coiote (m)	prérifarkas	[pre:rifɒrkɒʃ]
chacal (m)	sakál	[ʃɒka:l]
hiena (f)	hiéna	[hie:nɒ]

211. Animais selvagens

| animal (m) | állat | [a:llɒt] |
| besta (f) | vadállat | [vɒda:llɒt] |

esquilo (m)	mókus	[mo:kuʃ]
ouriço (m)	sündisznó	[ʃyndisno:]
lebre (f)	nyúl	[ɲu:l]
coelho (m)	nyúl	[ɲu:l]

texugo (m)	borz	[borz]
guaxinim (m)	mosómedve	[moʃo:mɛdvɛ]
hamster (m)	hörcsög	[hørʧøg]
marmota (f)	mormota	[mormotɒ]

toupeira (f)	vakond	[vɒkond]
rato (m)	egér	[ɛge:r]
ratazana (f)	patkány	[pɒtka:ɲ]
morcego (m)	denevér	[dɛnɛve:r]

arminho (m)	hermelin	[hɛrmɛlin]
zibelina (f)	coboly	[tsoboj]
marta (f)	nyuszt	[ɲust]
doninha (f)	menyét	[mɛɲe:t]
vison (m)	nyérc	[ɲe:rts]

castor (m)	hódprém	[ho:dpre:m]
lontra (f)	vidra	[vidrɒ]
cavalo (m)	ló	[lo:]
alce (m)	jávorszarvas	[ja:vorsɒrvɒʃ]
veado (m)	szarvas	[sɒrvɒʃ]
camelo (m)	teve	[tɛvɛ]
bisão (m)	bölény	[bøle:ɲ]
auroque (m)	európai bölény	[ɛuro:pɒj bøle:ɲ]
búfalo (m)	bivaly	[bivɒj]
zebra (f)	zebra	[zɛbrɒ]
antílope (m)	antilop	[ɒntilop]
corça (f)	őz	[ø:z]
gamo (m)	dámszarvas	[da:msɒrvɒʃ]
camurça (f)	zerge	[zɛrgɛ]
javali (m)	vaddisznó	[vɒddisno:]
baleia (f)	bálna	[ba:lnɒ]
foca (f)	fóka	[fo:kɒ]
morsa (f)	rozmár	[rozma:r]
urso-marinho (m)	medvefóka	[mɛdvɛfo:kɒ]
golfinho (m)	delfin	[dɛlfin]
urso (m)	medve	[mɛdvɛ]
urso (m) branco	jegesmedve	[jɛgɛʃmɛdvɛ]
panda (m)	panda	[pɒndɒ]
macaco (em geral)	majom	[mɒjom]
chimpanzé (m)	csimpánz	[ʧimpa:nz]
orangotango (m)	orangután	[orɒŋguta:n]
gorila (m)	gorilla	[gorillɒ]
macaco (m)	makákó	[mɒka:ko:]
gibão (m)	gibbon	[gibbon]
elefante (m)	elefánt	[ɛlɛfa:nt]
rinoceronte (m)	orrszarvú	[orrsɒrvu:]
girafa (f)	zsiráf	[ʒira:f]
hipopótamo (m)	víziló	[vi:zilo:]
canguru (m)	kenguru	[kɛŋguru]
coala (m)	koala	[koɒlɒ]
mangusto (m)	mongúz	[moŋgu:z]
chinchila (f)	csincsilla	[ʧinʧillɒ]
doninha-fedorenta (f)	bűzös borz	[by:zøʃ borz]
porco-espinho (m)	tarajos sül	[tɒrɒjoʃ ʃyl]

212. Animais domésticos

gata (f)	macska	[mɒʧkɒ]
gato (m) macho	kandúr	[kɒndu:r]
cavalo (m)	ló	[lo:]

| garanhão (m) | mén | [me:n] |
| égua (f) | kanca | [kɒntsɒ] |

vaca (f)	tehén	[tɛhe:n]
touro (m)	bika	[bikɒ]
boi (m)	ökör	[økør]

ovelha (f)	juh	[juh]
carneiro (m)	kos	[koʃ]
cabra (f)	kecske	[kɛtʃkɛ]
bode (m)	bakkecske	[bɒkkɛtʃkɛ]

| burro (m) | szamár | [sɒma:r] |
| mula (f) | öszvér | [øsve:r] |

porco (m)	disznó	[disno:]
leitão (m)	malac	[mɒlɒts]
coelho (m)	nyúl	[ɲu:l]

| galinha (f) | tyúk | [cu:k] |
| galo (m) | kakas | [kɒkɒʃ] |

pata (f)	kacsa	[kɒtʃɒ]
pato (macho)	gácsér	[ga:tʃe:r]
ganso (m)	liba	[libɒ]

| peru (m) | pulykakakas | [pujkɒkɒkɒʃ] |
| perua (f) | pulyka | [pujkɒ] |

animais (m pl) domésticos	háziállatok	[ha:zi a:llɒtok]
domesticado	szelíd	[sɛli:d]
domesticar (vt)	megszelídít	[mɛgsɛli:di:t]
criar (vt)	tenyészt	[tɛne:st]

quinta (f)	telep	[tɛlɛp]
aves (f pl) domésticas	baromfi	[bɒromfi]
gado (m)	jószág	[jo:sa:g]
rebanho (m), manada (f)	nyáj	[nja:j]

estábulo (m)	istálló	[iʃta:llo:]
pocilga (f)	disznóól	[disno:o:l]
estábulo (m)	tehénistálló	[tɛhe:niʃta:llo:]
coelheira (f)	nyúlketrec	[ɲu:lkɛtrɛts]
galinheiro (m)	tyúkól	[cu:ko:l]

213. Cães. Raças de cães

cão (m)	kutya	[kucɒ]
cão pastor (m)	juhászkutya	[juha:skucɒ]
caniche (m)	uszkár	[uskɒ:r]
teckel (m)	dakszli	[dɒksli]

| buldogue (m) | buldog | [buldog] |
| boxer (m) | boxer | [boksɛr] |

193

mastim (m)	masztiff	[mɒstiff]
rottweiler (m)	rottweiler	[rottvɛjlɛr]
dobermann (m)	dobermann	[dobɛrmɒnn]

basset (m)	Basset hound	[bɒssɛt hɒund]
pastor inglês (m)	bobtél	[bopte:l]
dálmata (m)	dalmata	[dɒlmɒtɒ]
cocker spaniel (m)	spániel	[ʃpa:niɛl]

| terra-nova (m) | újfundlandi | [u:jfundlɒdi] |
| são-bernardo (m) | bernáthegyi kutya | [bɛrna:thɛɟi kucɒ] |

husky (m)	husky	[hɒski]
Chow-chow (m)	Csau csau	[ʧau-ʧau]
spitz alemão (m)	spicc	[ʃpits]
carlindogue (m)	mopsz	[mops]

214. Sons produzidos pelos animais

latido (m)	ugatás	[ugɒta:ʃ]
latir (vi)	ugat	[ugɒt]
miar (vi)	nyávog	[ɲa:vog]
ronronar (vi)	dorombol	[dorombol]

mugir (vaca)	bőg	[bø:g]
bramir (touro)	bőg	[bø:g]
rosnar (vi)	morog	[morog]

uivo (m)	üvöltés	[yvølte:ʃ]
uivar (vi)	üvölt	[yvølt]
ganir (vi)	szűköl	[sy:køl]

balir (vi)	béget	[be:gɛt]
grunhir (porco)	röfög	[røføg]
guinchar (vi)	visít	[viʃi:t]

coaxar (sapo)	brekeg	[brɛkɛg]
zumbir (inseto)	zümmög	[zymmøg]
estridular, ziziar (vi)	ciripel	[tsiripɛl]

215. Animais jovens

cria (f), filhote (m)	állatok kölyke	[a:llɒtok køjkɛ]
gatinho (m)	cica	[tsitsɒ]
ratinho (m)	kisegér	[kiʃɛge:r]
cãozinho (m)	kölyök	[køjøk]

filhote (m) de lebre	kisnyúl	[kiʃɲu:l]
coelhinho (m)	nyuszi	[ɲusi]
lobinho (m)	kisfarkas	[kiʃforkɒʃ]
raposinho (m)	kisróka	[kiʃro:kɒ]
ursinho (m)	bocs	[boʧ]

leãozinho (m)	oroszlánkölyök	[orosla:n køjøk]
filhote (m) de tigre	tigriskölyök	[tigriʃ køjøk]
filhote (m) de elefante	kiselefánt	[kiʃɛlɛfa:nt]

leitão (m)	malac	[mɒlɒts]
bezerro (m)	borjú	[borju:]
cabrito (m)	gida	[gidɒ]
cordeiro (m)	kisbárány	[kiʃba:ra:ɲ]
cria (f) de veado	szarvasborjú	[sɒrvɒʃborju:]
cria (f) de camelo	kisteve	[kiʃtɛvɛ]

| filhote (m) de serpente | kis kígyó | [kiʃ ki:ɟo:] |
| cria (f) de rã | békácska | [be:ka:ʧkɒ] |

cria (f) de ave	madárfióka	[mɒda:rfio:kɒ]
pinto (m)	csibe	[ʧibɛ]
patinho (m)	kiskacsa	[kiʃkɒʧɒ]

216. Pássaros

pássaro (m), ave (f)	madár	[mɒda:r]
pombo (m)	galamb	[gɒlɒmb]
pardal (m)	veréb	[vɛre:b]
chapim-real (m)	cinke	[tsiŋkɛ]
pega-rabuda (f)	szarka	[sɒrkɒ]

corvo (m)	holló	[hollo:]
gralha (f) cinzenta	varjú	[vɒrju:]
gralha-de-nuca-cinzenta (f)	csóka	[ʧo:kɒ]
gralha-calva (f)	vetési varjú	[vɛte:ʃi vɒrju:]

pato (m)	kacsa	[kɒʧɒ]
ganso (m)	liba	[libɒ]
faisão (m)	fácán	[fa:tsa:n]

águia (f)	sas	[ʃɒʃ]
açor (m)	héja	[he:jɒ]
falcão (m)	sólyom	[ʃo:jom]
abutre (m)	griff	[griff]
condor (m)	kondor	[kondor]

cisne (m)	hattyú	[hɒc:u:]
grou (m)	daru	[dɒru]
cegonha (f)	gólya	[go:jɒ]

papagaio (m)	papagáj	[pɒpɒga:j]
beija-flor (m)	kolibri	[kolibri]
pavão (m)	páva	[pa:vɒ]

avestruz (m)	strucc	[ʃtruts]
garça (f)	kócsag	[ko:ʧɒg]
flamingo (m)	flamingó	[flɒmiŋgo:]
pelicano (m)	pelikán	[pɛlika:n]
rouxinol (m)	fülemüle	[fylɛmylɛ]

andorinha (f)	fecske	[fɛʧkɛ]
tordo-zornal (m)	rigó	[rigo:]
tordo-músico (m)	énekes rigó	[e:nɛkɛʃ rigo:]
melro-preto (m)	fekete rigó	[fɛkɛtɛ rigo:]

andorinhão (m)	sarlós fecske	[ʃɒrlo:ʃ fɛʧkɛ]
cotovia (f)	pacsirta	[pɒʧirtɒ]
codorna (f)	fürj	[fyrj]

pica-pau (m)	harkály	[hɒrka:j]
cuco (m)	kakukk	[kɒkukk]
coruja (f)	bagoly	[bɒgoj]
corujão, bufo (m)	fülesbagoly	[fylɛʃbɒgoj]
tetraz-grande (m)	süketfajd	[ʃykɛtfɒjd]
tetraz-lira (m)	nyírfajd	[ɲi:rfɒjd]
perdiz-cinzenta (f)	fogoly	[fogoj]

estorninho (m)	seregély	[ʃɛrɛge:j]
canário (m)	kanári	[kɒna:ri]
galinha-do-mato (f)	császármadár	[ʧa:sa:rmɒda:r]
tentilhão (m)	erdei pinty	[ɛrdɛi piɲc]
dom-fafe (m)	pirók	[piro:k]

gaivota (f)	sirály	[ʃira:j]
albatroz (m)	albatrosz	[ɒlbɒtros]
pinguim (m)	pingvin	[piŋgvin]

217. Pássaros. Canto e sons

cantar (vi)	énekel	[e:nɛkɛl]
gritar (vi)	kiabál	[kiɒba:l]
cantar (o galo)	kukorékol	[kukore:kol]
cocorocó (m)	kukurikú	[kukuriku:]

cacarejar (vi)	kotkodácsol	[kotkoda:ʧol]
crocitar (vi)	károg	[ka:rog]
grasnar (vi)	hápog	[ha:pog]
piar (vi)	csipog	[ʧipog]
chilrear, gorjear (vi)	csiripel	[ʧiripɛl]

218. Peixes. Animais marinhos

brema (f)	dévérkeszeg	[de:ve:rkɛsɛg]
carpa (f)	ponty	[poɲc]
perca (f)	folyami sügér	[fojɒmi ʃyge:r]
siluro (m)	harcsa	[hɒrʧɒ]
lúcio (m)	csuka	[ʧukɒ]

salmão (m)	lazac	[lɒzɒts]
esturjão (m)	tokhal	[tokhɒl]
arenque (m)	hering	[hɛriŋg]
salmão (m)	lazac	[lɒzɒts]

| cavala, sarda (f) | makréla | [mɒkre:lɒ] |
| solha (f) | lepényhal | [lɛpe:ɲhɒl] |

lúcio perca (m)	fogas	[fogɒʃ]
bacalhau (m)	tőkehal	[tø:kɛhɒl]
atum (m)	tonhal	[tonhɒl]
truta (f)	pisztráng	[pistra:ŋg]

enguia (f)	angolna	[ɒŋgolnɒ]
raia elétrica (f)	villamos rája	[villɒmoʃ ra:jɒ]
moreia (f)	muréna	[mure:nɒ]
piranha (f)	pirája	[pira:jo]

tubarão (m)	cápa	[tsa:pɒ]
golfinho (m)	delfin	[dɛlfin]
baleia (f)	bálna	[ba:lnɒ]

caranguejo (m)	tarisznyarák	[tɒrisɲɒra:k]
medusa, alforreca (f)	medúza	[mɛdu:zɒ]
polvo (m)	nyolckarú polip	[ɲoltskɒru: polip]

estrela-do-mar (f)	tengeri csillag	[tɛŋgɛri tʃillɒg]
ouriço-do-mar (m)	tengeri sün	[tɛŋgɛri ʃyn]
cavalo-marinho (m)	tengeri csikó	[tɛŋgɛri tʃiko:]

ostra (f)	osztriga	[ostrigɒ]
camarão (m)	garnélarák	[gɒrne:lɒra:k]
lavagante (m)	homár	[homa:r]
lagosta (f)	languszta	[lɒŋgustɒ]

219. Anfíbios. Répteis

| serpente, cobra (f) | kígyó | [ki:ɟø:] |
| venenoso | mérges | [me:rgɛʃ] |

víbora (f)	vipera	[vipɛrɒ]
cobra-capelo, naja (f)	kobra	[kobrɒ]
pitão (m)	piton	[piton]
jiboia (f)	boa	[boɒ]
cobra-de-água (f)	sikló	[ʃiklo:]
cascavel (f)	csörgőkígyó	[tʃørgø:kiɟø:]
anaconda (f)	anakonda	[ɒnɒkondɒ]

lagarto (m)	gyík	[ɟi:k]
iguana (f)	leguán	[lɛgua:n]
varano (m)	varánusz	[vɒra:nus]
salamandra (f)	szalamandra	[sɒlɒmɒndrɒ]
camaleão (m)	kaméleon	[kɒme:lɛon]
escorpião (m)	skorpió	[ʃkorpio:]

tartaruga (f)	teknősbéka	[tɛknø:ʃbe:kɒ]
rã (f)	béka	[be:kɒ]
sapo (m)	varangy	[vɒrɒɲɟ]
crocodilo (m)	krokodil	[krokodil]

220. Insetos

inseto (m)	rovar	[rovɒr]
borboleta (f)	lepke	[lɛpkɛ]
formiga (f)	hangya	[hɒɲɒ]
mosca (f)	légy	[leːj]
mosquito (m)	szúnyog	[suːnøg]
escaravelho (m)	bogár	[bogaːr]
vespa (f)	darázs	[dɒraːʒ]
abelha (f)	méh	[meːh]
mamangava (f)	poszméh	[posmeːh]
moscardo (m)	bögöly	[bøgøj]
aranha (f)	pók	[poːk]
teia (f) de aranha	pókháló	[poːkhaːloː]
libélula (f)	szitakötő	[sitɒkøtø:]
gafanhoto-do-campo (m)	tücsök	[tytʃøk]
traça (f)	pillangó	[pillɒŋgoː]
barata (f)	svábbogár	[ʃvaːbboga:r]
carraça (f)	kullancs	[kullɒntʃ]
pulga (f)	bolha	[bolhɒ]
borrachudo (m)	muslica	[muʃlitsɒ]
gafanhoto (m)	sáska	[ʃaːʃkɒ]
caracol (m)	csiga	[tʃigɒ]
grilo (m)	tücsök	[tytʃøk]
pirilampo (m)	szentjánosbogár	[sɛntjaːnoʃboga:r]
joaninha (f)	katicabogár	[kɒtitsɒboga:r]
besouro (m)	cserebogár	[tʃɛrɛboga:r]
sanguessuga (f)	pióca	[pioːtsɒ]
lagarta (f)	hernyó	[hɛrnø:]
minhoca (f)	kukac	[kukɒts]
larva (f)	lárva	[laːrvɒ]

221. Animais. Partes do corpo

bico (m)	csőr	[tʃøːr]
asas (f pl)	szárnyak	[saːrɲɒk]
pata (f)	láb	[laːb]
plumagem (f)	tollazat	[tollɒzɒt]
pena, pluma (f)	toll	[toll]
crista (f)	bóbita	[boːbitɒ]
brânquias, guelras (f pl)	kopoltyúk	[kopolcuːk]
ovas (f pl)	halikra	[hɒlikrɒ]
larva (f)	lárva	[laːrvɒ]
barbatana (f)	uszony	[usoɲ]
escama (f)	pikkely	[pikkɛj]
canino (m)	agyar	[ɒɟor]

pata (f)	mancs	[mɒntʃ]
focinho (m)	pofa	[pofɒ]
boca (f)	torok	[torok]
cauda (f), rabo (m)	farok	[fɒrok]
bigodes (m pl)	bajusz	[bɒjus]

casco (m)	pata	[pɒtɒ]
corno (m)	szarv	[sɒrv]

carapaça (f)	páncél	[pa:ntse:l]
concha (f)	kagyló	[kɒɟlo:]
casca (f) de ovo	héj	[he:j]

pelo (m)	szőr	[sø:r]
pele (f), couro (m)	bőr	[bø:r]

222. Ações dos animais

voar (vi)	repül	[rɛpyl]
dar voltas	kering	[kɛriŋg]
voar (para longe)	elrepül	[ɛlrɛpyl]
bater as asas	csapkod	[tʃɒpkod]

bicar (vi)	csíp	[tʃi:p]
incubar (vt)	kikölti a tojást	[kikøti ɒ toja:ʃt]
sair do ovo	kibújik	[kibu:jik]
fazer o ninho	fészket rak	[fe:skɛt rok]

rastejar (vi)	mászik	[ma:sik]
picar (vt)	szúr	[su:r]
morder (vt)	harap	[hɒrɒp]

cheirar (vt)	szagol	[sɒgol]
latir (vi)	ugat	[ugɒt]
silvar (vi)	sziszeg	[sisɛg]
assustar (vt)	ijesztget	[ijɛstgɛt]
atacar (vt)	támad	[ta:mɒd]

roer (vt)	rág	[ra:g]
arranhar (vt)	kapar	[kɒpɒr]
esconder-se (vr)	elbújik	[ɛlbu:jik]

brincar (vi)	játszik	[ja:tsik]
caçar (vi)	vadászik	[vɒda:sik]
hibernar (vi)	téli álomban van	[te:li a:lombɒn vɒn]
extinguir-se (vr)	kihal	[kihɒl]

223. Animais. Habitats

hábitat	lakókörnyezet	[lɒko: kørnɛzɛt]
migração (f)	vándorlás	[va:ndorla:ʃ]
montanha (f)	hegy	[hɛɟ]

| recife (m) | szirt | [sirt] |
| falésia (f) | szikla | [siklɒ] |

floresta (f)	erdő	[ɛrdø:]
selva (f)	dzsungel	[dʒuŋgɛl]
savana (f)	szavanna	[sɒvɒnnɒ]
tundra (f)	tundra	[tundrɒ]

estepe (f)	sztyepp	[scɛpp]
deserto (m)	sivatag	[ʃivɒtɒg]
oásis (m)	oázis	[oa:ziʃ]

mar (m)	tenger	[tɛŋgɛr]
lago (m)	tó	[to:]
oceano (m)	óceán	[o:tsɛa:n]

pântano (m)	mocsár	[motʃa:r]
de água doce	édesvízi	[e:dɛʃvi:zi]
lagoa (f)	tó	[to:]
rio (m)	folyó	[fojo:]

toca (f) do urso	medvebarlang	[mɛdvɛ bɒrlɒŋg]
ninho (m)	fészek	[fe:sɛk]
buraco (m) de árvore	odú	[odu:]
toca (f)	üreg	[yrɛg]
formigueiro (m)	hangyaboly	[hɒɲɟɒboj]

224. Cuidados com os animais

| jardim (m) zoológico | állatkert | [a:llɒt kɛrt] |
| reserva (f) natural | természetvédelmi terület | [tɛrme:sɛtve:dɛlmi tɛrylɛt] |

viveiro (m)	tenyésztés	[tɛne:ste:s]
jaula (f) de ar livre	szabad kifutó	[sɒbɒd kifuto:]
jaula, gaiola (f)	ketrec	[kɛtrɛts]
casinha (f) de cão	kutyaól	[kucɒ o:l]

pombal (m)	galambdúc	[gɒlɒmb du:ts]
aquário (m)	akvárium	[ɒkva:rium]
delfinário (m)	delfinárium	[dɛlfina:rium]

criar (vt)	tenyészt	[tɛne:st]
ninhada (f)	utódok	[uto:dok]
domesticar (vt)	szelídít	[sɛli:di:t]
adestrar (vt)	idomít	[idomi:t]

| ração (f) | takarmány | [tɒkɒrma:ɲ] |
| alimentar (vt) | etet | [ɛtɛt] |

loja (f) de animais	állatkereskedés	[a:llɒt kɛrɛʃkɛde:ʃ]
açaime (m)	szájkosár	[sa:jkoʃa:r]
coleira (f)	nyakörv	[ɲɒkørv]
nome (m)	becenév	[bɛtsɛne:v]
pedigree (m)	családfa	[tʃɒla:dfɒ]

225. Animais. Diversos

alcateia (f)	raj	[rɒj]
bando (pássaros)	falka	[fɒlkɒ]
cardume (peixes)	raj	[rɒj]
manada (cavalos)	csorda	[ʧordɒ]
macho (m)	hím	[hi:m]
fêmea (f)	nőstény	[nø:ʃte:ɲ]
faminto	éhes	[e:hɛʃ]
selvagem	vad	[vɒd]
perigoso	veszélyes	[vɛse:jɛʃ]

226. Cavalos

raça (f)	fajta	[fɒjtɒ]
potro (m)	csikó	[ʧiko:]
égua (f)	kanca	[kɒntsɒ]
mustangue (m)	musztáng	[musta:ng]
pónei (m)	póni	[po:ni]
cavalo (m) de tiro	igásló	[iga:ʃlo:]
crina (f)	sörény	[ʃøre:ɲ]
cauda (f)	farok	[fɒrok]
casco (m)	pata	[pɒtɒ]
ferradura (f)	patkó	[pɒtko:]
ferrar (vt)	megpatkol	[mɛgpɒtkol]
ferreiro (m)	kovács	[kova:ʧ]
sela (f)	nyereg	[ɲɛrɛg]
estribo (m)	kengyel	[kɛɲɟɛl]
brida (f)	kantár	[kɒnta:r]
rédeas (f pl)	gyeplő	[ɟɛplø:]
chicote (m)	ostor	[oʃtor]
cavaleiro (m)	lovas	[lovɒʃ]
colocar sela	nyergel	[ɲɛrgɛl]
montar no cavalo	felnyergel	[fɛlnɛrgɛl]
galope (m)	vágta	[va:gtɒ]
galopar (vi)	vágtat	[va:gtɒt]
trote (m)	ügetés	[ygɛte:ʃ]
a trote	ügetve	[ygɛtvɛ]
cavalo (m) de corrida	versenyló	[vɛrʃɛɲlo:]
corridas (f pl)	lóverseny	[lo:vɛrʃɛɲ]
estábulo (m)	istálló	[iʃta:llo:]
alimentar (vt)	etet	[ɛtɛt]
feno (m)	széna	[se:nɒ]

dar água	itat	[itɒt]
limpar (vt)	lecsutakol	[lɛtʃutakol]

carroça (f)	szekér	[sɛkeːr]
pastar (vi)	legel	[lɛgɛl]
relinchar (vi)	nyerít	[ɲɛriːt]
dar um coice	rúg	[ruːg]

Flora

227. Árvores

árvore (f)	fa	[fɒ]
decídua	lombos	[lomboʃ]
conífera	tűlevelű	[tyːlɛvɛly:]
perene	örökzöld	[ørøgzøld]

macieira (f)	almafa	[ɒlmɒfɒ]
pereira (f)	körte	[kørtɛ]
cerejeira (f)	cseresznyefa	[ʧɛrɛsnɛfɒ]
ginjeira (f)	meggyfa	[mɛdɟfɒ]
ameixeira (f)	szilvafa	[silvɒfɒ]

bétula (f)	nyírfa	[ɲiːrfɒ]
carvalho (m)	tölgy	[tølɟ]
tília (f)	hársfa	[haːrʃfɒ]
choupo-tremedor (m)	rezgő nyár	[rɛzgøː ɲaːr]
bordo (m)	jávorfa	[jaːvorfɒ]
espruce-europeu (m)	lucfenyő	[lutsfɛɲøː]
pinheiro (m)	erdei fenyő	[ɛrdɛi fɛɲøː]
alerce, lariço (m)	vörösfenyő	[vørøʃfɛɲøː]
abeto (m)	jegenyefenyő	[jɛgɛnɛfɛɲøː]
cedro (m)	cédrus	[tseːdruʃ]

choupo, álamo (m)	nyárfa	[ɲaːrfɒ]
tramazeira (f)	berkenye	[bɛrkɛnɛ]
salgueiro (m)	fűzfa	[fyːzfɒ]
amieiro (m)	égerfa	[ɛgeːrfɒ]
faia (f)	bükkfa	[bykkfɒ]
ulmeiro (m)	szilfa	[silfɒ]
freixo (m)	kőrisfa	[køːriʃfɒ]
castanheiro (m)	gesztenye	[gɛstɛnɛ]

magnólia (f)	magnólia	[mɒgnoːliɒ]
palmeira (f)	pálma	[paːlmɒ]
cipreste (m)	ciprusfa	[tsipruʃfɒ]

mangue (m)	mangrove	[mɒŋgrov]
embondeiro, baobá (m)	Majomkenyérfa	[mɒjomkɛneːrfɒ]
eucalipto (m)	eukaliptusz	[ɛukɒliptusz]
sequoia (f)	mamutfenyő	[mɒmutfɛɲøː]

228. Arbustos

arbusto (m)	bokor	[bokor]
arbusto (m), moita (f)	cserje	[ʧɛrjɛ]

videira (f)	szőlő	[søːløː]
vinhedo (m)	szőlőskert	[søːløːʃkɛrt]

framboeseira (f)	málna	[maːlnɒ]
groselheira-vermelha (f)	ribizli	[ribizli]
groselheira (f) espinhosa	egres	[ɛgrɛʃ]

acácia (f)	akácfa	[ɒkaːtsfɒ]
bérberis (f)	sóskaborbolya	[ʃoːʃkɒ borbojɒ]
jasmim (m)	jázmin	[jaːzmin]

junípero (m)	boróka	[boroːkɒ]
roseira (f)	rózsabokor	[roːʒɒ bokor]
roseira (f) brava	vadrózsa	[vɒdroːʒɒ]

229. Cogumelos

cogumelo (m)	gomba	[gombɒ]
cogumelo (m) comestível	ehető gomba	[ɛhɛtøː gombɒ]
cogumelo (m) venenoso	mérges gomba	[meːrgɛʃ gombɒ]
chapéu (m)	kalap	[kɒlɒp]
pé, caule (m)	tönk	[tøŋk]

boleto (m)	ízletes vargánya	[iːzlɛtɛʃ vɒrgaːɲɒ]
boleto (m) alaranjado	vörös érdesnyelű tinóru	[vørøʃ eːrdɛʃɲɛlyː tinoruː]
míscaro (m) das bétulas	barna érdestinóru	[bɒrnɒ eːrdɛʃtinoːru]
cantarela (f)	rókagomba	[roːkɒgombɒ]
rússula (f)	galambgomba	[gɒlɒmbgombɒ]

morchella (f)	kucsmagomba	[kutʃmɒgombɒ]
agário-das-moscas (m)	légyölő gomba	[leːɟøløː gombɒ]
cicuta (f) verde	mérges gomba	[meːrgɛʃ gombɒ]

230. Frutos. Bagas

maçã (f)	alma	[ɒlmɒ]
pera (f)	körte	[kørtɛ]
ameixa (f)	szilva	[silvɒ]

morango (m)	eper	[ɛpɛr]
ginja (f)	meggy	[mɛdɟ]
cereja (f)	cseresznye	[tʃɛrɛsnɛ]
uva (f)	szőlő	[søːløː]

framboesa (f)	málna	[maːlnɒ]
groselha (f) preta	feketeribizli	[fɛkɛtɛ ribizli]
groselha (f) vermelha	pirosribizli	[piroʃribizli]
groselha (f) espinhosa	egres	[ɛgrɛʃ]
oxicoco (m)	áfonya	[aːfoɲɒ]

laranja (f)	narancs	[nɒrɒntʃ]
tangerina (f)	mandarin	[mɒndɒrin]

ananás (m)	ananász	[ɒnɒnaːs]
banana (f)	banán	[bɒnaːn]
tâmara (f)	datolya	[dɒtojɒ]

limão (m)	citrom	[tsitrom]
damasco (m)	sárgabarack	[ʃaːrgɒbɒrɒtsk]
pêssego (m)	őszibarack	[øːsibɒrɒtsk]
kiwi (m)	kivi	[kivi]
toranja (f)	citrancs	[tsitrɒntʃ]

baga (f)	bogyó	[bojøː]
bagas (f pl)	bogyók	[bojøːk]
arando (m) vermelho	vörös áfonya	[vørøʃ aːfojɒ]
morango-silvestre (m)	szamóca	[sɒmoːtsɒ]
mirtilo (m)	fekete áfonya	[fɛkɛtɛ aːfojɒ]

231. Flores. Plantas

| flor (f) | virág | [viraːg] |
| ramo (m) de flores | csokor | [tʃokor] |

rosa (f)	rózsa	[roːʒɒ]
tulipa (f)	tulipán	[tulipaːn]
cravo (m)	szegfű	[sɛgfyː]
gladíolo (m)	gladiólusz	[glɒdioːlus]

centáurea (f)	búzavirág	[buːzɒviraːg]
campânula (f)	harangvirág	[hɒrɒŋgviraːg]
dente-de-leão (m)	pitypang	[picpɒŋg]
camomila (f)	kamilla	[kɒmillɒ]

aloé (m)	aloé	[ɒloeː]
cato (m)	kaktusz	[kɒktus]
fícus (m)	gumifa	[gumifɒ]

lírio (m)	liliom	[liliom]
gerânio (m)	muskátli	[muʃkaːtli]
jacinto (m)	jácint	[jaːtsint]

mimosa (f)	mimóza	[mimoːzɒ]
narciso (m)	nárcisz	[naːrtsis]
capuchinha (f)	sarkantyúvirág	[ʃɒrkɒɲcuːviraːg]

orquídea (f)	orchidea	[orhidɛɒ]
peónia (f)	pünkösdi rózsa	[pyŋkøʃdi roːʒɒ]
violeta (f)	ibolya	[ibojɒ]

amor-perfeito (m)	árvácska	[aːrvaːrtʃkɒ]
não-me-esqueças (m)	nefelejcs	[nɛfɛlɛjtʃ]
margarida (f)	százszorszép	[saːzsorseːp]

papoula (f)	mák	[maːk]
cânhamo (m)	kender	[kɛndɛr]
hortelã (f)	menta	[mɛntɒ]

| lírio-do-vale (m) | gyöngyvirág | [døɲɟviraːg] |
| campânula-branca (f) | hóvirág | [hoːviraːg] |

urtiga (f)	csalán	[ʧɒlaːn]
azeda (f)	sóska	[ʃoːʃkɒ]
nenúfar (m)	tündérrózsa	[tyndeːrroːʒɒ]
feto (m), samambaia (f)	páfrány	[paːfraːɲ]
líquen (m)	sömör	[ʃømør]

estufa (f)	melegház	[mɛlɛkhaːz]
relvado (m)	gyep	[ɟɛp]
canteiro (m) de flores	virágágy	[viraːgaːɟ]

planta (f)	növény	[nøveːɲ]
erva (f)	fű	[fyː]
folha (f) de erva	fűszál	[fyːsaːl]

folha (f)	levél	[lɛveːl]
pétala (f)	szirom	[sirom]
talo (m)	szár	[saːr]
tubérculo (m)	gumó	[gumoː]

| broto, rebento (m) | hajtás | [hɒjtaːʃ] |
| espinho (m) | tüske | [tyʃkɛ] |

florescer (vi)	virágzik	[viraːgzik]
murchar (vi)	elhervad	[ɛlhɛrvɒd]
cheiro (m)	illat	[illɒt]
cortar (flores)	lemetsz	[lɛmɛts]
colher (uma flor)	leszakít	[lɛsɒkiːt]

232. Cereais, grãos

grão (m)	gabona	[gɒbonɒ]
cereais (plantas)	gabonanövény	[gɒbonɒnøveːɲ]
espiga (f)	kalász	[kɒlaːs]

trigo (m)	búza	[buːzɒ]
centeio (m)	rozs	[roʒ]
aveia (f)	zab	[zɒb]

| milho-miúdo (m) | köles | [kølɛʃ] |
| cevada (f) | árpa | [aːrpɒ] |

milho (m)	kukorica	[kukoritsɒ]
arroz (m)	rizs	[riʒ]
trigo-sarraceno (m)	hajdina	[hɒjdinɒ]

| ervilha (f) | borsó | [borʃoː] |
| feijão (m) | bab | [bɒb] |

soja (f)	szója	[soːjɒ]
lentilha (f)	lencse	[lɛnʧɛ]
fava (f)	bab	[bɒb]

233. Vegetais. Verduras

| legumes (m pl) | zöldségek | [zøldʃe:gɛk] |
| verduras (f pl) | zöldség | [zøldʃe:g] |

tomate (m)	paradicsom	[pɒrɒditʃom]
pepino (m)	uborka	[uborkɒ]
cenoura (f)	sárgarépa	[ʃa:rgɒre:pɒ]
batata (f)	krumpli	[krumpli]
cebola (f)	hagyma	[hɒɟmɒ]
alho (m)	fokhagyma	[fokhɒɟmɒ]

couve (f)	káposzta	[ka:postɒ]
couve-flor (f)	karfiol	[kɒrfiol]
couve-de-bruxelas (f)	kelbimbó	[kɛlbimbo:]

beterraba (f)	cékla	[tse:klɒ]
beringela (f)	padlizsán	[pɒdliʒa:n]
curgete (f)	cukkini	[tsukkini]
abóbora (f)	tök	[tøk]
nabo (m)	répa	[re:pɒ]

salsa (f)	petrezselyem	[pɛtrɛʒɛjɛm]
funcho, endro (m)	kapor	[kɒpor]
alface (f)	saláta	[ʃɒla:tɒ]
aipo (m)	zeller	[zɛllɛr]
espargo (m)	spárga	[ʃpa:rgɒ]
espinafre (m)	spenót	[ʃpɛno:t]

ervilha (f)	borsó	[borʃo:]
fava (f)	bab	[bɒb]
milho (m)	kukorica	[kukoritsɒ]
feijão (m)	bab	[bɒb]

pimentão (m)	paprika	[pɒprikɒ]
rabanete (m)	hónapos retek	[ho:nɒpoʃ rɛtɛk]
alcachofra (f)	articsóka	[ɒrtitʃo:kɒ]

GEOGRAFIA REGIONAL

Países. Nacionalidades

234. Europa Ocidental

Europa (f)	Európa	[ɛuro:pɒ]
União (f) Europeia	Európai Unió	[ɛuro:pɒi unio:]
europeu (m)	európai	[ɛuro:pɒi]
europeu	európai	[ɛuro:pɒi]
Áustria (f)	Ausztria	[ɒustriɒ]
austríaco (m)	osztrák	[ostra:k]
austríaca (f)	osztrák nő	[ostra:k nø:]
austríaco	osztrák	[ostra:k]
Grã-Bretanha (f)	NagyBritannia	[nɒɟbritɒɲiɒ]
Inglaterra (f)	Anglia	[ɒŋgliɒ]
inglês (m)	angol	[ɒŋgol]
inglesa (f)	angol nő	[ɒŋgol nø:]
inglês	angol	[ɒŋgol]
Bélgica (f)	Belgium	[bɛlgium]
belga (m)	belga	[bɛlgɒ]
belga (f)	belga nő	[bɛlgɒ nø:]
belga	belga	[bɛlgɒ]
Alemanha (f)	Németország	[ne:mɛtorsa:g]
alemão (m)	német	[ne:mɛt]
alemã (f)	német nő	[ne:mɛt nø:]
alemão	német	[ne:mɛt]
Países (m pl) Baixos	Németalföld	[ne:mɛtolføld]
Holanda (f)	Hollandia	[hollɒndiɒ]
holandês (m)	holland	[hollɒnd]
holandesa (f)	holland nő	[hollɒnd nø:]
holandês	holland	[hollɒnd]
Grécia (f)	Görögország	[gørøgorsa:g]
grego (m)	görög	[gørøg]
grega (f)	görög nő	[gørøg nø:]
grego	görög	[gørøg]
Dinamarca (f)	Dánia	[da:niɒ]
dinamarquês (m)	dán	[da:n]
dinamarquesa (f)	dán nő	[da:n nø:]
dinamarquês	dán	[da:n]
Irlanda (f)	Írország	[i:rorsa:g]
irlandês (m)	ír	[i:r]

| irlandesa (f) | ír nő | [i:r nø:] |
| irlandês | ír | [i:r] |

Islândia (f)	Izland	[izlɒnd]
islandês (m)	izlandi	[izlɒndi]
islandesa (f)	izlandi nő	[izlɒndi nø:]
islandês	izlandi	[izlɒndi]

Espanha (f)	Spanyolország	[ʃpɒɲolorsa:g]
espanhol (m)	spanyol	[ʃpɒɲol]
espanhola (f)	spanyol nő	[ʃpɒɲol nø:]
espanhol	spanyol	[ʃpɒɲol]

Itália (f)	Olaszország	[olɒsorsa:g]
italiano (m)	olasz	[olɒs]
italiana (f)	olasz nő	[olɒs nø:]
italiano	olasz	[olɒs]

Chipre (m)	Ciprus	[tsipruʃ]
cipriota (m)	ciprusi	[tsipruʃi]
cipriota (f)	ciprusi nő	[tsipruʃi nø:]
cipriota	ciprusi	[tsipruʃi]

Malta (f)	Málta	[ma:ltɒ]
maltês (m)	máltai	[ma:ltɒi]
maltesa (f)	máltai nő	[ma:ltɒi nø:]
maltês	máltai	[ma:ltɒi]

Noruega (f)	Norvégia	[norve:giɒ]
norueguês (m)	norvég	[norve:g]
norueguesa (f)	norvég nő	[norve:g nø:]
norueguês	norvég	[norve:g]

Portugal (m)	Portugália	[portuga:liɒ]
português (m)	portugál	[portuga:l]
portuguesa (f)	portugál nő	[portuga:l nø:]
português	portugál	[portuga:l]

Finlândia (f)	Finnország	[finnorsa:g]
finlandês (m)	finn	[finn]
finlandesa (f)	finn nő	[finn nø:]
finlandês	finn	[finn]

França (f)	Franciaország	[frɒntsiɒorsa:g]
francês (m)	francia	[frɒntsiɒ]
francesa (f)	francia nő	[frɒntsiɒ nø:]
francês	francia	[frɒntsiɒ]

Suécia (f)	Svédország	[ʃve:dorsa:g]
sueco (m)	svéd	[ʃve:d]
sueca (f)	svéd nő	[ʃve:d nø:]
sueco	svéd	[ʃve:d]

Suíça (f)	Svájc	[ʃva:jts]
suíço (m)	svájc	[ʃva:jts]
suíça (f)	svájc nő	[ʃva:jts nø:]

suíço	svájci	[ʃvaːjtsi]
Escócia (f)	Skócia	[ʃkoːtsiɒ]
escocês (m)	skót	[ʃkoːt]
escocesa (f)	skót nő	[ʃkoːt nøː]
escocês	skót	[ʃkoːt]

Vaticano (m)	Vatikán	[vɒtikaːn]
Liechtenstein (m)	Liechtenstein	[lihtɛnʃtojn]
Luxemburgo (m)	Luxemburg	[luksɛmburg]
Mónaco (m)	Monaco	[monɒko]

235. Europa Central e de Leste

Albânia (f)	Albánia	[ɒlbaːniɒ]
albanês (m)	albán	[ɒlbaːn]
albanesa (f)	albán nő	[ɒlbaːn nøː]
albanês	albán	[ɒlbaːn]

Bulgária (f)	Bulgária	[bulgaːriɒ]
búlgaro (m)	bolgár	[bolgaːr]
búlgara (f)	bolgár nő	[bolgaːr nøː]
búlgaro	bolgár	[bolgaːr]

Hungria (f)	Magyarország	[mɒɟɒrorsaːg]
húngaro (m)	magyar	[mɒɟɒr]
húngara (f)	magyar nő	[mɒɟɒr nøː]
húngaro	magyar	[mɒɟɒr]

Letónia (f)	Lettország	[lɛttorsaːg]
letão (m)	lett	[lɛtt]
letã (f)	lett nő	[lɛtt nøː]
letão	lett	[lɛtt]

Lituânia (f)	Litvánia	[litvaːniɒ]
lituano (m)	litván	[litvaːn]
lituana (f)	litván nő	[litvaːn nøː]
lituano	litván	[litvaːn]

Polónia (f)	Lengyelország	[lɛɲɟɛlorsaːg]
polaco (m)	lengyel	[lɛɲɟɛl]
polaca (f)	lengyel nő	[lɛɲɟɛl nøː]
polaco	lengyel	[lɛɲɟɛl]

Roménia (f)	Románia	[romaːniɒ]
romeno (m)	román	[romaːn]
romena (f)	román nő	[romaːn nøː]
romeno	román	[romaːn]

Sérvia (f)	Szerbia	[sɛrbiɒ]
sérvio (m)	szerb	[sɛrb]
sérvia (f)	szerb nő	[sɛrb nøː]
sérvio	szerb	[sɛrb]
Eslováquia (f)	Szlovákia	[slovaːkiɒ]
eslovaco (m)	szlovák	[slovaːk]

| eslovaca (f) | szlovák nő | [slova:k nø:] |
| eslovaco | szlovák | [slova:k] |

Croácia (f)	Horvátország	[horva:torsa:g]
croata (m)	horvát	[horva:t]
croata (f)	horvát nő	[horva:t nø:]
croata	horvát	[horva:t]

República (f) Checa	Csehország	[tʃɛorsa:g]
checo (m)	cseh	[tʃɛ]
checa (f)	cseh nő	[tʃɛ nø:]
checo	cseh	[tʃɛ]

Estónia (f)	Észtország	[e:storsa:g]
estónio (m)	észt	[e:st]
estónia (f)	észt nő	[e:st nø:]
estónio	észt	[e:st]

Bósnia e Herzegovina (f)	Bosznia és Hercegovina	[bosniɒ e:ʃ hɛntsɛgovinɒ]
Macedónia (f)	Macedónia	[mɒtsɛdo:niɒ]
Eslovénia (f)	Szlovénia	[slove:niɒ]
Montenegro (m)	Montenegró	[montɛnɛgro:]

236. Países da ex-URSS

Azerbaijão (m)	Azerbajdzsán	[ɒzɛrbɒjdʒa:n]
azeri (m)	azerbajdzsán	[ɒzɛrbɒjdʒa:n]
azeri (f)	azerbajdzsán nő	[ɒzɛrbɒjdʒa:n nø:]
azeri, azerbaijano	azerbajdzsán	[ɒzɛrbɒjdʒa:n]

Arménia (f)	Örményország	[ørme:ɲorsa:g]
arménio (m)	örmény	[ørme:ɲ]
arménia (f)	örmény nő	[ørme:ɲ nø:]
arménio	örmény	[ørme:ɲ]

Bielorrússia (f)	Fehéroroszország	[fɛhe:rorosorsa:g]
bielorrusso (m)	belorusz	[bɛlorus]
bielorrussa (f)	belorusz nő	[bɛlorus nø:]
bielorrusso	belorusz	[bɛlorus]

Geórgia (f)	Grúzia	[gru:ziɒ]
georgiano (m)	grúz	[gru:z]
georgiana (f)	grúz nő	[gru:z nø:]
georgiano	grúz	[gru:z]

Cazaquistão (m)	Kazahsztán	[kɒzɒhsta:n]
cazaque (m)	kazah	[kɒzɒh]
cazaque (f)	kazah nő	[kɒzɒh nø:]
cazaque	kazah	[kɒzɒh]

Quirguistão (m)	Kirgizisztán	[kirgizista:n]
quirguiz (m)	kirgiz	[kirgiz]
quirguiz (f)	kirgiz nő	[kirgiz nø:]
quirguiz	kirgiz	[kirgiz]

Moldávia (f)	Moldova	[moldovɒ]
moldavo (m)	moldovai	[moldovɒi]
moldava (f)	moldovai nő	[moldovɒi nø:]
moldavo	moldovai	[moldovɒi]

Rússia (f)	Oroszország	[orosorsa:g]
russo (m)	orosz	[oros]
russa (f)	orosz nő	[oros nø:]
russo	orosz	[oros]

Tajiquistão (m)	Tádzsikisztán	[ta:dʒikista:n]
tajique (m)	tádzsik	[ta:dʒik]
tajique (f)	tádzsik nő	[ta:dʒik nø:]
tajique	tádzsik	[ta:dʒik]

Turquemenistão (m)	Türkmenisztán	[tyrkmɛnista:n]
turcomeno (m)	türkmén	[tyrkme:n]
turcomena (f)	türkmén nő	[tyrkme:n nø:]
turcomeno	türkmén	[tyrkme:n]

Uzbequistão (f)	Üzbegisztán	[yzbɛgista:n]
uzbeque (m)	üzbég	[yzbe:g]
uzbeque (f)	üzbég nő	[yzbe:g nø:]
uzbeque	üzbég	[yzbe:g]

Ucrânia (f)	Ukrajna	[ukrɒjnɒ]
ucraniano (m)	ukrán	[ukra:n]
ucraniana (f)	ukrán nő	[ukra:n nø:]
ucraniano	ukrán	[ukra:n]

237. Asia

| Ásia (f) | Ázsia | [a:ʒiɒ] |
| asiático | ázsiai | [a:ʒiɒi] |

Vietname (m)	Vietnam	[viɛtnɒm]
vietnamita (m)	vietnami	[viɛtnɒmi]
vietnamita (f)	vietnami nő	[viɛtnɒmi nø:]
vietnamita	vietnami	[viɛtnɒmi]

Índia (f)	India	[indiɒ]
indiano (m)	indiai	[indiɒi]
indiana (f)	indiai nő	[indiɒi nø:]
indiano	indiai	[indiɒi]

Israel (m)	Izrael	[izrɒɛl]
israelita (m)	izraeli	[izrɒɛli]
israelita (f)	izraeli nő	[izrɒɛli nø:]
israelita	izraeli	[izrɒɛli]

judeu (m)	zsidó	[ʒido:]
judia (f)	zsidó nő	[ʒido: nø:]
judeu	zsidó	[ʒido:]
China (f)	Kína	[ki:nɒ]

chinês (m)	kínai	[ki:nɒi]
chinesa (f)	kínai nő	[ki:nɒi nø:]
chinês	kínai	[ki:nɒi]

coreano (m)	koreai	[korɛɒi]
coreana (f)	koreai nő	[korɛɒi nø:]
coreano	koreai	[korɛɒi]

Líbano (m)	Libanon	[libɒnon]
libanês (m)	libanoni	[libɒnoni]
libanesa (f)	libanoni nő	[libɒnoni nø:]
libanês	libanoni	[libɒnoni]

Mongólia (f)	Mongólia	[moŋgo:liɒ]
mongol (m)	mongol	[moŋgol]
mongol (f)	mongol nő	[moŋgol nø:]
mongol	mongol	[moŋgol]

Malásia (f)	Malajzia	[mɒlɒjziɒ]
malaio (m)	maláj	[mɒla:j]
malaia (f)	maláj nő	[mɒla:j nø:]
malaio	maláj	[mɒla:j]

Paquistão (m)	Pakisztán	[pɒkista:n]
paquistanês (m)	pakisztáni	[pɒkista:ni]
paquistanesa (f)	pakisztáni nő	[pɒkista:ni nø:]
paquistanês	pakisztáni	[pɒkista:ni]

Arábia (f) Saudita	SzaúdArábia	[sɒu:dɒra:biɒ]
árabe (m)	arab	[ɒrɒb]
árabe (f)	arab nő	[ɒrɒb nø:]
árabe	arab	[ɒrɒb]

Tailândia (f)	Thaiföld	[tɒjføld]
tailandês (m)	thai	[tɒj]
tailandesa (f)	thai nő	[tɒj nø:]
tailandês	thai	[tɒj]

Taiwan (m)	Tajvan	[tɒjvɒn]
taiwanês (m)	tajvani	[tɒjvɒni]
taiwanesa (f)	tajvani nő	[tɒjvɒni nø:]
taiwanês	tajvani	[tɒjvɒni]

Turquia (f)	Törökország	[tørøkorsa:g]
turco (m)	török	[tørøk]
turca (f)	török nő	[tørøk nø:]
turco	török	[tørøk]

Japão (m)	Japán	[jɒpa:n]
japonês (m)	japán	[jɒpa:n]
japonesa (f)	japán nő	[jɒpa:n nø:]
japonês	japán	[jɒpa:n]

Afeganistão (m)	Afganisztán	[ɒfgɒnista:n]
Bangladesh (m)	Banglades	[bɒŋglɒdɛʃ]
Indonésia (f)	Indonézia	[indone:ziɒ]

Jordânia (f)	Jordánia	[jorda:niɒ]
Iraque (m)	Irak	[irɒk]
Irão (m)	Irán	[ira:n]
Camboja (f)	Kambodzsa	[kɒmbodʒɒ]
Kuwait (m)	Kuvait	[kuvɛjt]

Laos (m)	Laosz	[lɒos]
Myanmar (m), Birmânia (f)	Mianmar	[miɒnmɒr]
Nepal (m)	Nepál	[nɛpa:l]
Emirados Árabes Unidos	Egyesült Arab Köztársaság	[ɛɟɛʃylt ɒrɒb køzta:rʃɒʃa:g]

Síria (f)	Szíria	[si:riɒ]
Palestina (f)	Palesztína	[pɒlɛstinɒ]
Coreia do Sul (f)	DélKorea	[de:lkorɛɒ]
Coreia do Norte (f)	ÉszakKorea	[e:sɒkkorɛɒ]

238. América do Norte

Estados Unidos da América	Amerikai Egyesült Államok	[ɒmɛrikɒi ɛɟɛʃylt a:llɒmok]
americano (m)	amerikai	[ɒmɛrikɒi]
americana (f)	amerikai nő	[ɒmɛrikɒi nø:]
americano	amerikai	[ɒmɛrikɒi]

Canadá (m)	Kanada	[kɒnɒdɒ]
canadiano (m)	kanadai	[kɒnɒdɒi]
canadiana (f)	kanadai nő	[kɒnɒdɒi nø:]
canadiano	kanadai	[kɒnɒdɒi]

México (m)	Mexikó	[mɛksiko:]
mexicano (m)	mexikói	[mɛksiko:i]
mexicana (f)	mexikói nő	[mɛksiko:i nø:]
mexicano	mexikói	[mɛksiko:i]

239. América Central do Sul

Argentina (f)	Argentína	[ɒrgɛnti:nɒ]
argentino (m)	argentin	[ɒrgɛntin]
argentina (f)	argentin nő	[ɒrgɛntin nø:]
argentino	argentin	[ɒrgɛntin]

Brasil (m)	Brazília	[brɒzi:liɒ]
brasileiro (m)	brazil	[brɒzil]
brasileira (f)	brazil nő	[brɒzil nø:]
brasileiro	brazil	[brɒzil]

Colômbia (f)	Kolumbia	[kolumbiɒ]
colombiano (m)	kolumbiai	[kolumbiɒi]
colombiana (f)	kolumbiai nő	[kolumbiɒi nø:]
colombiano	kolumbiai	[kolumbiɒi]
Cuba (f)	Kuba	[kubɒ]
cubano (m)	kubai	[kubɒi]

cubana (f)	kubai nő	[kubɒi nø:]
cubano	kubai	[kubɒi]

Chile (m)	Chile	[ʧilɛ]
chileno (m)	chilei	[ʧilɛi]
chilena (f)	chilei nő	[ʧilɛi nø:]
chileno	chilei	[ʧilɛi]

Bolívia (f)	Bolívia	[boli:viɒ]
Venezuela (f)	Venezuela	[vɛnɛzuɛlɒ]
Paraguai (m)	Paraguay	[pɒrɒguɒj]
Peru (m)	Peru	[pɛru]
Suriname (m)	Suriname	[surinɒm]
Uruguai (m)	Uruguay	[uruguɒj]
Equador (m)	Ecuador	[ɛkuɒdor]

Bahamas (f pl)	Bahamaszigetek	[bɒhɒmɒsigɛtɛk]
Haiti (m)	Haiti	[hɒiti]
República (f) Dominicana	Dominikánus Köztársaság	[dominika:nuʃ køsta:rʃɒʃa:g]
Panamá (m)	Panama	[pɒnɒmɒ]
Jamaica (f)	Jamaica	[jamɒjkɒ]

240. Africa

Egito (m)	Egyiptom	[ɛɟiptom]
egípcio (m)	egyiptomi	[ɛɟiptomi]
egípcia (f)	egyiptomi nő	[ɛɟiptomi nø:]
egípcio	egyiptomi	[ɛɟiptomi]

Marrocos	Marokkó	[mɒrokko:]
marroquino (m)	marokkói	[mɒrokko:i]
marroquina (f)	marokkói nő	[mɒrokko:i nø:]
marroquino	marokkói	[mɒrokko:i]

Tunísia (f)	Tunisz	[tunis]
tunisino (m)	tuniszi	[tunisi]
tunisina (f)	tuniszi nő	[tunisi nø:]
tunisino	tuniszi	[tunisi]

Gana (f)	Ghána	[ga:nɒ]
Zanzibar (m)	Zanzibár	[zɒnziba:r]
Quénia (f)	Kenya	[kɛɲɒ]
Líbia (f)	Líbia	[li:biɒ]
Madagáscar (m)	Madagaszkár	[mɒdɒgɒska:r]

Namíbia (f)	Namíbia	[nɒmi:biɒ]
Senegal (m)	Szenegál	[sɛnɛga:l]
Tanzânia (f)	Tanzánia	[tɒnza:niɒ]
África do Sul (f)	DélAfrikai Köztársaság	[de:lɒfrikɒi køsta:rʃɒʃa:g]
africano (m)	afrikai	[ɒfrikɒi]
africana (f)	afrikai nő	[ɒfrikɒi nø:]
africano	afrikai	[ɒfrikɒi]

241. Austrália. Oceania

Austrália (f)	Ausztrália	[ɒustra:liɒ]
australiano (m)	ausztráliai	[ɒustra:liɒi]
australiana (f)	ausztráliai nő	[ɒustra:liɒi nø:]
australiano	ausztráliai	[ɒustra:liɒi]

Nova Zelândia (f)	ÚjZéland	[u:jze:lɒnd]
neozelandês (m)	újzélandi	[u:jze:lɒndi]
neozelandesa (f)	újzélandi nő	[u:jze:lɒndi nø:]
neozelandês	újzélandi	[u:jze:lɒndi]

Tasmânia (f)	Tasmánia	[tɒsma:niɒ]
Polinésia Francesa (f)	Francia Polinézia	[frɒntsiɒ poline:ziɒ]

242. Cidades

Amesterdão	Amszterdam	[ɒmstɛrdɒm]
Ancara	Ankara	[ɒŋkɒrɒ]
Atenas	Athén	[ɒte:n]

Bagdade	Bagdad	[bɒgdɒd]
Banguecoque	Bangkok	[bɒŋgkok]
Barcelona	Barcelona	[bɒrsɛlɒnɒ]
Beirute	Bejrút	[bɛjru:t]
Berlim	Berlin	[bɛrlin]

Bombaim	Bombay, Mumbai	[bombɛj], [mumbɒj]
Bona	Bonn	[bonn]
Bordéus	Bordó	[bordo:]
Bratislava	Pozsony	[pɒʒɒɲ]
Bruxelas	Brüsszel	[bryssɛl]
Bucareste	Bukarest	[bukɒrɛst]
Budapeste	Budapest	[budɒpɛʃt]

Cairo	Kairó	[kɒiro:]
Calcutá	Kalkutta	[kɒlkuttɒ]
Chicago	Chicago	[ʧikɒgo]
Cidade do México	Mexikó	[mɛksiko:]
Copenhaga	Koppenhága	[koppɛnha:gɒ]

Dar es Salaam	DaresSalaam	[dɒrɛssɒla:m]
Deli	Delhi	[dɛli]
Dubai	Dubai	[dubɒj]
Dublin, Dublim	Dublin	[dublin]
Düsseldorf	Düsseldorf	[dyssɛldorf]
Estocolmo	Stockholm	[stokolm]

Florença	Firenze	[firɛnzɛ]
Frankfurt	Frankfurt	[frɒŋkfurt]
Genebra	Genf	[gɛnf]
Haia	Hága	[ha:gɒ]
Hamburgo	Hamburg	[hɒmburg]

| Hanói | Hanoi | [hɒnoj] |
| Havana | Havanna | [hɒvɒnnɒ] |

Helsínquia	Helsinki	[hɛlsiŋki]
Hiroshima	Hirosima	[hirosimɒ]
Hong Kong	Hongkong	[hoŋgkoŋ]
Istambul	Isztambul	[istɒmbul]
Jerusalém	Jeruzsálem	[jɛruʒaːlɛm]
Kiev	Kijev	[kiːjɛv]
Kuala Lumpur	Kuala Lumpur	[kuɒlɒ lumpur]
Lisboa	Lisszabon	[lissɒbon]
Londres	London	[london]
Los Angeles	LosAngeles	[losɒnʒɛlɛs]
Lion	Lyon	[lion]

Madrid	Madrid	[mɒdrid]
Marselha	Marseille	[mɒrsɛjː]
Miami	Miami	[miɒmi]
Montreal	Montreal	[monrɛɒl]
Moscovo	Moszkva	[moskvɒ]
Munique	München	[mynhɛn]

Nairóbi	Nairobi	[nɒjrobi]
Nápoles	Nápoly	[naːpoli]
Nice	Nizza	[nitsɒ]
Nova York	New York	[ɲy jork]

Oslo	Oslo	[oslo]
Ottawa	Ottawa	[ottɒvɒ]
Paris	Párizs	[paːriʒ]
Pequim	Peking	[pɛkiŋg]
Praga	Prága	[praːgɒ]

Rio de Janeiro	Rio de Janeiro	[rio dɛ ʒɒnɛjro]
Roma	Róma	[roːmɒ]
São Petersburgo	Szentpétervár	[sɛntpeːtɛrvaːr]
Seul	Szöul	[søul]
Singapura	Szingapúr	[siŋgɒpuːr]
Sydney	Sydney	[sidnɛj]

Taipé	Tajpej	[tɒjpɛj]
Tóquio	Tokió	[tokioː]
Toronto	Toronto	[toronto]
Varsóvia	Varsó	[vɒrʃoː]
Veneza	Velence	[vɛlɛntsɛ]
Viena	Bécs	[beːtʃ]

| Washington | Washington | [vɒʃiŋgton] |
| Xangai | Sanghaj | [ʃɒŋghɒj] |

243. Política. Governo. Parte 1

| política (f) | politika | [politikɒ] |
| político | politikai | [politikɒi] |

político (m)	politikus	[politikuʃ]
estado (m)	állam	[a:llɒm]
cidadão (m)	állampolgár	[a:llɒmpolga:r]
cidadania (f)	állampolgárság	[a:llɒmpolga:rʃa:g]

brasão (m) de armas	nemzeti címer	[nɛmzɛti tsi:mɛr]
hino (m) nacional	állami himnusz	[a:llɒmi himnus]

governo (m)	kormány	[korma:ɲ]
Chefe (m) de Estado	államfő	[a:llɒmɟfø:]
parlamento (m)	parlament	[pɒrlɒmɛnt]
partido (m)	párt	[pa:rt]

capitalismo (m)	tőkés rendszer	[tø:keːʃ rɛndsɛr]
capitalista	tőkés	[tø:ke:ʃ]

socialismo (m)	szocializmus	[sotsiɒlizmuʃ]
socialista	szocialista	[sotsiɒliʃtɒ]

comunismo (m)	kommunizmus	[kommunizmuʃ]
comunista	kommunista	[kommuniʃtɒ]
comunista (m)	kommunista	[kommuniʃtɒ]

democracia (f)	demokrácia	[dɛmokra:tsiɒ]
democrata (m)	demokrata	[dɛmokrɒtɒ]
democrático	demokratikus	[dɛmokrɒtikuʃ]
Partido (m) Democrático	demokrata párt	[dɛmokrɒtɒ pa:rt]

liberal (m)	liberális párt tagja	[libɛra:liʃ pa:rt tɒgjɒ]
liberal	liberális	[libɛra:liʃ]

conservador (m)	konzervatív párt tagja	[konzɛrvɒti:v pa:rt tɒgjɒ]
conservador	konzervatív	[konzɛrvɒti:v]

república (f)	köztársaság	[køsta:rʃɒʃa:g]
republicano (m)	köztársaságpárti	[køsta:rʃɒʃa:gpa:rti]
Partido (m) Republicano	köztársaságpárt	[køsta:rʃɒʃa:gpa:rt]

eleições (f pl)	választások	[va:lɒsta:ʃok]
eleger (vt)	választ	[va:lɒst]
eleitor (m)	választó	[va:lɒsto:]
campanha (f) eleitoral	választási kampány	[va:lɒsta:ʃi kɒmpa:ɲ]

votação (f)	szavazás	[sɒvɒza:ʃ]
votar (vi)	szavaz	[sɒvɒz]
direito (m) de voto	szavazási jog	[sɒvɒza:ʃi jog]

candidato (m)	jelölt	[jɛlølt]
candidatar-se (vi)	jelölteti magát	[jɛløltɛti mɒga:t]
campanha (f)	kampány	[kɒmpa:ɲ]

da oposição	ellenzéki	[ɛllɛnze:ki]
oposição (f)	ellenzék	[ɛllɛnze:k]

visita (f)	látogatás	[la:togɒta:ʃ]
visita (f) oficial	hivatalos látogatás	[hivɒtɒloʃ la:togɒta:ʃ]

internacional	nemzetközi	[nɛmzɛtkøzi]
negociações (f pl)	tárgyalások	[ta:rɟola:ʃok]
negociar (vi)	tárgyal	[ta:rɟol]

244. Política. Governo. Parte 2

sociedade (f)	társaság	[ta:rʃɒʃa:g]
constituição (f)	alkotmány	[ɒlkotma:ɲ]
poder (ir para o ~)	hatalom	[hɒtɒlom]
corrupção (f)	korrupció	[korruptsio:]

lei (f)	törvény	[tørve:ɲ]
legal	törvényes	[tørve:nɛʃ]

justiça (f)	igazság	[igɒʃa:g]
justo	igazságos	[igɒʃa:goʃ]

comité (m)	bizottság	[bizottʃa:g]
projeto-lei (m)	törvényjavaslat	[tørve:ɲɒvɒʃlɒt]
orçamento (m)	költségvetés	[køltʃe:gvɛte:ʃ]
política (f)	politika	[politikɒ]
reforma (f)	reform	[rɛform]
radical	radikális	[rɒdika:liʃ]

força (f)	hatalom	[hɒtɒlom]
poderoso	hatalmos	[hɒtɒlmoʃ]
partidário (m)	hív	[hi:v]
influência (f)	hatás	[hɒta:ʃ]

regime (m)	rendszer	[rɛndsɛr]
conflito (m)	konfliktus	[konfliktuʃ]
conspiração (f)	összeesküvés	[øssɛɛʃkyve:ʃ]
provocação (f)	provokáció	[provoka:tsio:]

derrubar (vt)	letaszít	[lɛtɒsi:t]
derrube (m), queda (f)	letaszítás	[lɛtɒsi:ta:ʃ]
revolução (f)	forradalom	[forrɒdɒlom]

golpe (m) de Estado	államcsíny	[a:llɒmtʃi:ɲ]
golpe (m) militar	katonai puccs	[kɒtonɒi putʃ]

crise (f)	válság	[va:lʃa:g]
recessão (f) económica	gazdasági hanyatlás	[gɒzdɒʃa:gi hɒɲɒtla:ʃ]
manifestante (m)	felvonuló	[fɛlvonulo:]
manifestação (f)	felvonulás	[fɛlvonula:ʃ]
lei (f) marcial	hadiállapot	[hɒdia:llɒpot]
base (f) militar	támaszpont	[ta:mɒspont]

estabilidade (f)	szilárdság	[sila:rdʃa:g]
estável	szilárd	[sila:rd]

exploração (f)	kizsákmányolás	[kiʒa:kma:nøla:ʃ]
explorar (vt)	kizsákmányol	[kiʒa:kma:nøl]
racismo (m)	fajelmélet	[fɒjɛlme:lɛt]

racista (m)	fajvédő	[fɒjve:dø:]
fascismo (m)	fasizmus	[fɒʃizmuʃ]
fascista (m)	fasiszta	[fɒʃistɒ]

245. Países. Diversos

estrangeiro (m)	külföldi	[kylføldi]
estrangeiro	idegen	[idɛgɛn]
no estrangeiro	külföldön	[kylføldøn]

emigrante (m)	emigráns	[ɛmigra:nʃ]
emigração (f)	emigrálás	[ɛmigra:la:ʃ]
emigrar (vi)	emigrál	[ɛmigra:l]

Ocidente (m)	a Nyugat	[ɒ ɲugɒt]
Oriente (m)	a Kelet	[ɒ kɛlɛt]
Extremo Oriente (m)	TávolKelet	[ta:volkɛlɛt]
civilização (f)	civilizáció	[tsiviliza:tsio:]
humanidade (f)	emberiség	[ɛmbɛriʃe:g]
mundo (m)	világ	[vila:g]
paz (f)	béke	[be:kɛ]
mundial	világ	[vila:g]

pátria (f)	haza	[hɒzɒ]
povo (m)	nép	[ne:p]
população (f)	lakosság	[lɒkoʃa:g]
gente (f)	emberek	[ɛmbɛrɛk]
nação (f)	nemzet	[nɛmzɛt]
geração (f)	nemzedék	[nɛmzɛde:k]
território (m)	terület	[tɛrylɛt]
região (f)	régió	[re:gio:]
estado (m)	állam	[a:llɒm]

tradição (f)	hagyomány	[hɒɟøma:ɲ]
costume (m)	szokás	[soka:ʃ]
ecologia (f)	ökológia	[økolo:giɒ]

índio (m)	indián	[india:n]
cigano (m)	cigány	[tsiga:ɲ]
cigana (f)	cigány nő	[tsiga:ɲ nø:]
cigano	cigány	[tsiga:ɲ]

império (m)	birodalom	[birodɒlom]
colónia (f)	gyarmat	[ɟormɒt]
escravidão (f)	rabság	[rɒbʃa:g]
invasão (f)	invázió	[inva:zio:]
fome (f)	éhség	[e:hʃe:g]

246. Grupos religiosos mais importantes. Confissões

| religião (f) | vallás | [vɒlla:ʃ] |
| religioso | vallásos | [vɒlla:ʃoʃ] |

crença (f)	hit	[hit]
crer (vt)	hisz	[his]
crente (m)	istenhívő	[iʃtɛnhiːvøː]

| ateísmo (m) | ateizmus | [ɒtɛizmuʃ] |
| ateu (m) | ateista | [ɒtɛiʃtɒ] |

cristianismo (m)	kereszténység	[kɛrɛsteːɲʃeːg]
cristão (m)	keresztény	[kɛrɛsteːɲ]
cristão	keresztény	[kɛrɛsteːɲ]

catolicismo (m)	katolicizmus	[kɒtolitsizmuʃ]
católico (m)	katolikus	[kɒtolikuʃ]
católico	katolikus	[kɒtolikuʃ]

protestantismo (m)	protestantizmus	[protɛʃtɒntizmuʃ]
Igreja (f) Protestante	protestáns egyház	[protɛstaːnʃ ɛɟhaːz]
protestante (m)	protestáns	[protɛstaːnʃ]

ortodoxia (f)	igazhitűség	[igɒzhityːseːg]
Igreja (f) Ortodoxa	ortodox egyház	[ortodoks ɛchaːz]
ortodoxo (m)	ortodox	[ortodoks]

presbiterianismo (m)	presbiteriánus egyház	[prɛʃbitɛriaːnuʃ ɛɟhaːz]
Igreja (f) Presbiteriana	presbiteriánus egyház	[prɛʃbitɛriaːnuʃ ɛɟhaːz]
presbiteriano (m)	presbiteriánus	[prɛʃbitɛriaːnuʃ]

| Igreja (f) Luterana | lutheránus egyház | [lutɛraːnuʃ ɛɟhaːz] |
| luterano (m) | lutheránus | [lutɛraːnuʃ] |

| Igreja (f) Batista | baptizmus | [bɒptizmuʃ] |
| batista (m) | baptista | [bɒptiʃtɒ] |

| Igreja (f) Anglicana | anglikán egyház | [ɒŋglikaːn ɛɟhaːz] |
| anglicano (m) | anglikán | [ɒŋglikaːn] |

| mormonismo (m) | mormon vallás | [mormon vɒllaːʃ] |
| mórmon (m) | mormon | [mormon] |

| Judaísmo (m) | judaizmus | [judɒizmuʃ] |
| judeu (m) | zsidó férfi | [ʒidoː feːrfi] |

| budismo (m) | buddhizmus | [buddizmuʃ] |
| budista (m) | buddhista | [buddiʃtɒ] |

| hinduísmo (m) | hinduizmus | [hinduizmuʃ] |
| hindu (m) | hinduista | [induiʃtɒ] |

Islão (m)	iszlám	[islaːm]
muçulmano (m)	muzulmán	[muzulmaːn]
muçulmano	muzulmán	[muzulmaːn]

Xiismo (m)	síita vallás	[ʃiːtɒ vɒllaːʃ]
xiita (m)	síita hívő	[ʃiːtɒ hiːvøː]
sunismo (m)	szunnita vallás	[sunnitɒ vɒllaːʃ]
sunita (m)	szunnita	[sunnitɒ]

247. Religiões. Padres

padre (m)	pap	[pɒp]
Papa (m)	a római pápa	[ɒ roːmɒi paːpɒ]
monge (m)	barát	[bɒraːt]
freira (f)	apáca	[ɒpaːtsɒ]
pastor (m)	lelki pásztor	[lɛlki paːstor]
abade (m)	apát	[ɒpaːt]
vigário (m)	vikárius	[vikaːriuʃ]
bispo (m)	püspök	[pyʃpøk]
cardeal (m)	bíboros	[biːboroʃ]
pregador (m)	prédikátor	[preːdikaːtor]
sermão (m)	prédikáció	[preːdikaːtsioː]
paroquianos (pl)	parókia	[pɒroːkiɒ]
crente (m)	istenhívő	[iʃtɛnhiːvøː]
ateu (m)	ateista	[ɒtɛiʃtɒ]

248. Fé. Cristianismo. Islão

Adão	Ádám	[aːdaːm]
Eva	Éva	[eːvɒ]
Deus (m)	Isten	[iʃtɛn]
Senhor (m)	Úr	[uːr]
Todo Poderoso (m)	Mindenható	[mindɛnhɒtoː]
pecado (m)	bűn	[byːn]
pecar (vi)	bűnt követ el	[byːnt køvɛt ɛl]
pecador (m)	bűnös	[byːnøʃ]
pecadora (f)	bűnös nő	[byːnøʃ nøː]
inferno (m)	pokol	[pokol]
paraíso (m)	paradicsom	[pɒrɒditʃom]
Jesus	Jézus	[jeːzuʃ]
Jesus Cristo	Jézus Krisztus	[jeːzuʃ kristuʃ]
Espírito (m) Santo	szentlélek	[sɛntleːlɛk]
Salvador (m)	Megváltó	[mɛgvaːltoː]
Virgem Maria (f)	Szűzanya	[syːzɒɲɒ]
Diabo (m)	ördög	[ørdøg]
diabólico	ördögi	[ørdøgi]
Satanás (m)	sátán	[ʃaːtaːn]
satânico	sátáni	[ʃaːtaːni]
anjo (m)	angyal	[ɒɲɟɒl]
anjo (m) da guarda	őrangyal	[øːrɒɲɟɒl]
angélico	angyali	[ɒɲɟɒli]

apóstolo (m)	apostol	[ɒpoʃtol]
arcanjo (m)	arkangyal	[ɒrkɒɲɒl]
anticristo (m)	Antikrisztus	[ɒntikristuʃ]

Igreja (f)	Egyház	[ɛɟhaːz]
Bíblia (f)	Biblia	[bibliɒ]
bíblico	bibliai	[bibliɒi]

Velho Testamento (m)	Ószövetség	[oːsøvɛtʃeːg]
Novo Testamento (m)	Újszövetség	[uːjsøvɛtʃeːg]
Evangelho (m)	evangélium	[ɛvɒŋgeːlium]
Sagradas Escrituras (f pl)	szentírás	[sɛntiːraːʃ]
Céu (m)	mennyország	[mɛɲɲorsaːg]

mandamento (m)	parancs	[pɒrɒntʃ]
profeta (m)	próféta	[proːfeːtɒ]
profecia (f)	jóslat	[joːʃlɒt]

Alá	Allah	[ɒllɒh]
Maomé	Mohamed	[mohɒmeːd]
Corão, Alcorão (m)	Korán	[koraːn]

mesquita (f)	mecset	[mɛtʃɛt]
mulá (m)	mullah	[mullɒ]
oração (f)	ima	[imɒ]
rezar, orar (vi)	imádkozik	[imaːdkozik]

peregrinação (f)	zarándoklat	[zɒraːndoklɒt]
peregrino (m)	zarándok	[zɒraːndok]
Meca (f)	Mekka	[mɛkkɒ]

igreja (f)	templom	[tɛmplom]
templo (m)	templom	[tɛmplom]
catedral (f)	székesegyház	[seːkɛʃɛɟhaːz]
gótico	gótikus	[goːtikuʃ]
sinagoga (f)	zsinagóga	[ʒinɒgoːgɒ]
mesquita (f)	mecset	[mɛtʃɛt]

capela (f)	kápolna	[kaːpolnɒ]
abadia (f)	apátság	[ɒpaːtʃaːg]
convento (m)	zárda	[zaːrdɒ]
mosteiro (m)	kolostor	[kolostor]

sino (m)	harang	[hɒrɒŋg]
campanário (m)	harangtorony	[hɒrɒŋktoroɲ]
repicar (vi)	cseng	[tʃɛŋg]

cruz (f)	kereszt	[kɛrɛst]
cúpula (f)	kupola	[kupolɒ]
ícone (m)	ikon	[ikon]

alma (f)	lélek	[leːlɛk]
destino (m)	sors	[ʃorʃ]
mal (m)	gonosz	[gonos]
bem (m)	jó	[joː]
vampiro (m)	vámpír	[vaːmpiːr]

bruxa (f)	boszorkány	[bosorka:ɲ]
demónio (m)	démon	[de:mon]
espírito (m)	lélek	[le:lɛk]

| redenção (f) | levezeklés | [lɛvɛzɛkle:ʃ] |
| redimir (vt) | levezekel | [lɛvɛzɛkɛl] |

missa (f)	istentisztelet	[iʃtɛntistɛlɛt]
celebrar a missa	celebrál	[tsɛlɛbra:l]
confissão (f)	gyónás	[ɟø:na:ʃ]
confessar-se (vr)	gyón	[ɟø:n]

santo (m)	szent	[sɛnt]
sagrado	szent	[sɛnt]
água (f) benta	szenteltvíz	[sɛntɛltvi:z]

ritual (m)	rítus	[ri:tuʃ]
ritual	rituális	[ritua:liʃ]
sacrifício (m)	áldozati szertartás	[a:ldozɒti sɛrtɒrta:ʃ]

superstição (f)	babona	[bɒbonɒ]
supersticioso	babonás	[bɒbona:ʃ]
vida (f) depois da morte	túlvilág	[tu:lvila:g]
vida (f) eterna	örökélet	[ørøke:lɛt]

TEMAS DIVERSOS

249. Várias palavras úteis

ajuda (f)	segítség	[ʃɛgi:tʃe:g]
barreira (f)	akadály	[ɒkɒda:j]
base (f)	alap	[ɒlɒp]
categoria (f)	kategória	[kɒtɛgo:riɒ]
causa (f)	ok	[ok]
coincidência (f)	egybeesés	[ɛɟbɛɛʃe:ʃ]
coisa (f)	holmi	[holmi]
começo (m)	kezdet	[kɛzdɛt]
cómodo (ex. poltrona ~a)	kényelmes	[ke:nɛlmɛʃ]
comparação (f)	összehasonlítás	[øssɛhɒʃonli:ta:ʃ]
compensação (f)	térítés	[te:ri:te:ʃ]
crescimento (m)	növekedés	[nøvɛkɛde:ʃ]
desenvolvimento (m)	fejlődés	[fɛjlø:de:ʃ]
diferença (f)	különbség	[kylønbʃe:g]
efeito (m)	hatás	[hɒta:ʃ]
elemento (m)	elem	[ɛlɛm]
equilíbrio (m)	mérleg	[me:rlɛg]
erro (m)	hiba	[hibɒ]
esforço (m)	erőfeszítés	[ɛrø:fɛsi:te:ʃ]
estilo (m)	stílus	[ʃti:luʃ]
exemplo (m)	példa	[pe:ldɒ]
facto (m)	tény	[te:ɲ]
fim (m)	vég	[ve:g]
forma (f)	forma	[formɒ]
frequente	gyakori	[ɟokori]
fundo (ex. ~ verde)	háttér	[ha:tte:r]
género (tipo)	fajta	[fɒjtɒ]
grau (m)	fokozat	[fokozɒt]
ideal (m)	eszménykép	[ɛsme:ɲke:p]
labirinto (m)	labirintus	[lɒbirintuʃ]
modo (m)	módszer	[mo:dsɛr]
momento (m)	pillanat	[pillɒnɒt]
objeto (m)	tárgy	[ta:rɟ]
obstáculo (m)	akadály	[ɒkɒda:j]
original (m)	az eredeti	[ɒz ɛrɛdɛti]
padrão	szabványos	[sɒbva:nøʃ]
padrão (m)	szabvány	[sɒbva:ɲ]
paragem (pausa)	szünet	[synɛt]
parte (f)	rész	[re:s]

partícula (f)	részecske	[reːsɛtʃkɛ]
pausa (f)	szünet	[synɛt]
posição (f)	helyzet	[hɛjzɛt]
princípio (m)	elv	[ɛlv]

problema (m)	probléma	[probleːmɒ]
processo (m)	folyamat	[fojɒmɒt]
progresso (m)	haladás	[hɒlɒdaːʃ]
propriedade (f)	sajátosság	[ʃɒjaːtoʃaːg]

reação (f)	reakció	[rɛɒktsioː]
risco (m)	kockázat	[kotskaːzɒt]
ritmo (m)	tempó	[tɛmpoː]
segredo (m)	titok	[titok]
série (f)	sorozat	[ʃorozɒt]

sistema (m)	rendszer	[rɛndsɛr]
situação (f)	helyzet	[hɛjzɛt]
solução (f)	megoldás	[mɛgoldaːʃ]
tabela (f)	táblázat	[taːblaːzɒt]
termo (ex. ~ técnico)	szakkifejezés	[sɒkkifɛjɛzeːʃ]

tipo (m)	típus	[tiːpuʃ]
urgente	sürgős	[ʃyrgøːʃ]
urgentemente	sürgősen	[ʃyrgøːʃɛn]
utilidade (f)	haszon	[hɒson]

variante (f)	változat	[vaːltozɒt]
variedade (f)	választás	[vaːlostaːʃ]
verdade (f)	igazság	[igɒʃaːg]
vez (f)	sor	[ʃor]
zona (f)	övezet	[øvɛzɛt]

250. Modificadores. Adjetivos. Parte 1

aberto	nyitott	[ɲitott]
afiado	éles	[eːlɛʃ]
agradável	kellemes	[kɛllɛmɛʃ]
agradecido	hálás	[haːlaːʃ]
alegre	vidám	[vidaːm]

alto (ex. voz ~a)	hangos	[hɒŋgoʃ]
amargo	keserű	[kɛʃɛryː]
amplo	tágas	[taːgɒʃ]
antigo	ősi	[øːʃi]

apropriado	alkalmas	[ɒlkɒlmɒʃ]
arriscado	kockázatos	[kotskaːzɒtoʃ]
artificial	mesterséges	[mɛʃtɛrʃeːgɛʃ]
azedo	savanyú	[ʃɒvɒɲuː]

baixo (voz ~a)	halk	[hɒlk]
barato	olcsó	[oltʃoː]
belo	gyönyörű	[ɟøɲøryː]

bom	jó	[jo:]
bondoso	kedves	[kɛdvɛʃ]
bonito	szép	[se:p]
bronzeado	lesült	[lɛʃylt]
burro, estúpido	buta	[butɒ]
calmo	nyugodt	[ɲugott]

cansado	fáradt	[fa:rɒtt]
cansativo	fárasztó	[fa:rɒsto:]
carinhoso	gondos	[gondoʃ]
caro	drága	[dra:gɒ]
cego	vak	[vɒk]

central	közepes	[køzɛpɛʃ]
cerrado (ex. nevoeiro ~)	sűrű	[ʃy:ry:]
cheio (ex. copo ~)	telt	[tɛlt]
civil	polgári	[polga:ri]

clandestino	titokban	[titogbɒn]
claro	világos	[vila:goʃ]
claro (explicação ~a)	világos	[vila:goʃ]
compatível	összeegyeztethető	[øssɛɛɟɛztɛthɛtø:]

comum, normal	szokásos	[soka:ʃoʃ]
congelado	fagyasztott	[fɒɟostott]
conjunto	együttes	[ɛɟyttɛʃ]
considerável	jelentős	[jɛlɛntø:ʃ]
contente	elégedett	[ɛle:gɛdɛtt]

contínuo	hosszú	[hossu:]
contrário (ex. o efeito ~)	ellentétes	[ɛllɛnte:tɛʃ]
correto (resposta ~a)	helyes	[hɛjɛʃ]
cru (não cozinhado)	nyers	[ɲɛrʃ]
curto	rövid	[røvid]

de curta duração	rövid ideig tartó	[røvid idɛig tɒrto:]
de sol, ensolarado	napos	[nɒpoʃ]
de trás	hátsó	[ha:ʧo:]
denso (fumo, etc.)	sűrű	[ʃy:ry:]
desanuviado	felhőtlen	[fɛlhø:tlɛg]

descuidado	hanyag	[hɒɲɒg]
diferente	különféle	[kylønfe:lɛ]
difícil	nehéz	[nɛhe:z]
difícil, complexo	bonyolult	[bonølult]
direito	jobb	[jobb]

distante	távoli	[ta:voli]
diverso	különböző	[kylønbøzø:]
doce (açucarado)	édes	[e:dɛʃ]
doce (água)	édes	[e:dɛʃ]
doente	beteg	[bɛtɛg]

duro (material ~)	kemény	[kɛme:ɲ]
educado	udvarias	[udvɒriɒʃ]
encantador	kedves	[kɛdvɛʃ]

227

enigmático	titokzatos	[titogzɒtoʃ]
enorme	hatalmas	[hɒtɒlmɒʃ]
escuro (quarto ~)	sötét	[ʃøte:t]
especial	speciális	[ʃpɛtsia:liʃ]
esquerdo	bal	[bɒl]
estrangeiro	idegen	[idɛgɛn]

estreito	keskeny	[kɛʃkɛɲ]
exato	pontos	[pontoʃ]
excelente	kiváló	[kiva:lo:]
excessivo	túlzott	[tu:lzott]
externo	külső	[kylʃø:]

fácil	egyszerű	[ɛcsɛry:]
faminto	éhes	[e:hɛʃ]
fechado	zárt	[za:rt]
feliz	boldog	[boldog]
fértil (terreno ~)	termékeny	[tɛrme:kɛɲ]

forte (pessoa ~)	erős	[ɛrø:ʃ]
fraco (luz ~a)	homályos	[homa:joʃ]
frágil	törékeny	[tøre:kɛɲ]
fresco	hűvös	[hy:vøʃ]
fresco (pão ~)	friss	[friʃ]

frio	hideg	[hidɛg]
gordo	zsíros	[ʒi:roʃ]
gostoso	finom	[finom]
grande	nagy	[nɒɟ]

gratuito, grátis	ingyenes	[iɲɟɛnɛʃ]
grosso (camada ~a)	vastag	[vɒʃtɒg]
hostil	ellenséges	[ɛllɛnʃe:gɛʃ]
húmido	nedves	[nɛdvɛʃ]

251. Modificadores. Adjetivos. Parte 2

igual	egyforma	[ɛɟformɒ]
imóvel	mozdulatlan	[mozdulɒtlɒn]
importante	fontos	[fontoʃ]
impossível	lehetetlen	[lɛhɛtɛtlɛn]
incompreensível	érthetetlen	[e:rthɛtɛtlɛn]

indigente	koldus	[kolduʃ]
indispensável	szükséges	[sykʃe:gɛʃ]
inexperiente	tapasztalatlan	[tɒpɒstɒlɒtlɒn]
infantil	gyermek	[ɟɛrmɛk]

ininterrupto	szakadatlan	[sɒkɒdɒtlɒn]
insignificante	jelentéktelen	[jɛlɛnte:ktɛlɛn]
inteiro (completo)	egész	[ɛge:s]
inteligente	okos	[okoʃ]
interno	belső	[bɛlʃø:]
jovem	fiatal	[fiɒtɒl]

largo (caminho ~)	széles	[se:lɛʃ]
legal	törvényes	[tørve:nɛʃ]
leve	könnyű	[kønɲy:]

limitado	korlátozott	[korla:tozott]
limpo	tiszta	[tistɒ]
líquido	folyékony	[foje:koɲ]
liso	sima	[ʃimɒ]
liso (superfície ~a)	sík	[ʃi:k]

livre	szabad	[sɒbɒd]
longo (ex. cabelos ~s)	hosszú	[hossu:]
maduro (ex. fruto ~)	érett	[e:rɛtt]
magro	sovány	[ʃova:ɲ]
magro (pessoa)	sovány	[ʃova:ɲ]

mais próximo	legközelebbi	[lɛgkøzɛlɛbbi]
mais recente	elmúlt	[ɛlmu:lt]
mate, baço	tompa fényű	[tompɒ fe:ɲ]
mau	rossz	[ross]
meticuloso	pontos	[pontoʃ]

míope	rövidlátó	[røvidla:to:]
mole	puha	[puhɒ]
molhado	vizes	[vizɛʃ]
moreno	barna	[bɒrnɒ]
morto	halott	[hɒlott]

não difícil	könnyű	[kønɲy:]
não é clara	homályos	[homa:joʃ]
não muito grande	kicsiny	[kitʃiɲ]
natal (país ~)	szülő	[sylø:]
necessário	szükséges	[sykʃe:gɛʃ]

negativo	nemleges	[nɛmlɛgɛʃ]
nervoso	ideges	[idɛgɛʃ]
normal	normális	[norma:liʃ]
novo	új	[u:j]
o mais importante	legfontosabb	[lɛgfontoʃɒbb]

obrigatório	kötelező	[køtɛlɛzø:]
original	eredeti	[ɛrɛdɛti]
passado	elmúlt	[ɛlmu:lt]
pequeno	kicsi	[kitʃi]
perigoso	veszélyes	[vɛse:jɛʃ]

permanente	állandó	[a:llɒndo:]
perto	közeli	[køzɛli]
pesado	súlyos	[ʃu:joʃ]
pessoal	személyi	[sɛme:ji]
plano (ex. ecrã ~ a)	lapos	[lɒpoʃ]

pobre	szegény	[sɛge:ɲ]
pontual	pontos	[pontoʃ]
possível	lehetséges	[lɛhɛtʃe:gɛʃ]
pouco fundo	sekély	[ʃɛke:j]

presente (ex. momento ~)	jelen	[jɛlɛn]
primeiro (principal)	alapvető	[ɒlɒpvɛtø:]
principal	fő	[fø:]
privado	magán	[mɒgaːn]

provável	valószínű	[vɒloːsiːnyː]
próximo	közeli	[køzɛli]
público	társadalmi	[taːrʃɒdɒlmi]
quente (cálido)	meleg	[mɛlɛg]

quente (morno)	meleg	[mɛlɛg]
rápido	gyors	[ɟorʃ]
raro	ritka	[ritkɒ]
remoto, longínquo	távoli	[taːvoli]
reto	egyenes	[ɛɟɛnɛʃ]

salgado	sós	[ʃoːʃ]
satisfeito	elégedett	[ɛleːgɛdɛtt]
seco	száraz	[saːrɒz]
seguinte	következő	[køvɛtkɛzøː]
seguro	biztonságos	[bistonʃaːgoʃ]

similar	hasonló	[hɒʃonloː]
simples	egyszerű	[ɛcsɛry:]
soberbo	kitűnő	[kity:nø:]
sólido	tartós	[tɒrtoːʃ]
sombrio	sötét	[ʃøteːt]

sujo	piszkos	[piskoʃ]
superior	legfelső	[lɛgfɛlʃø:]
suplementar	pótló	[poːtloː]
terno, afetuoso	gyengéd	[ɟɛŋgeːd]

tranquilo	csendes	[tʃɛndɛʃ]
transparente	átlátszó	[aːtlaːtso:]
triste (pessoa)	szomorú	[somoru:]
triste (um ar ~)	szomorú	[somoru:]
último	utolsó	[utolʃo:]

único	egyedi	[ɛɟɛdi]
usado	használt	[hɒsnaːlt]
vazio (meio ~)	üres	[yrɛʃ]
velho	öreg	[ørɛg]
vizinho	szomszédos	[somse:doʃ]

500 VERBOS PRINCIPAIS

252. Verbos A-B

aborrecer-se (vr)	unatkozik	[unɒtkozik]
abraçar (vt)	megölel	[mɛgølɛl]
abrir (~ a janela)	nyit	[ɲit]
acalmar (vt)	nyugtat	[ɲugtɒt]
acariciar (vt)	simogat	[ʃimogɒt]
acenar (vt)	integet	[intɛgɛt]
acender (~ uma fogueira)	meggyújt	[mɛgɟuːjt]
achar (vt)	hisz	[his]
acompanhar (vt)	kísér	[kiːʃeːr]
aconselhar (vt)	tanácsol	[tɒnaːʧol]
acordar (despertar)	ébreszt	[eːbrɛst]
acrescentar (vt)	hozzáad	[hozzaːɒd]
acusar (vt)	vádol	[vaːdol]
adestrar (vt)	idomít	[idomiːt]
adivinhar (vt)	kitalál	[kitɒlaːl]
admirar (vt)	megcsodál	[mɛkʧodaːl]
advertir (vt)	figyelmeztet	[fiɟɛlmɛztɛt]
afirmar (vt)	állít	[aːlliːt]
afogar-se (pessoa)	vízbe fúl	[viːzbɛ fuːl]
afugentar (vt)	elkerget	[ɛlkɛrgɛt]
agir (vi)	cselekszik	[ʧɛlɛksik]
agitar, sacudir (objeto)	ráz	[raːz]
agradecer (vt)	köszön	[køsøn]
ajudar (vt)	segít	[ʃɛgiːt]
alcançar (objetivos)	elér	[ɛleːr]
alimentar (dar comida)	etet	[ɛtɛt]
almoçar (vi)	ebédel	[ɛbeːdɛl]
alugar (~ o barco, etc.)	kibérel	[kibeːrɛl]
alugar (~ um apartamento)	bérel	[beːrɛl]
amar (pessoa)	szeret	[sɛrɛt]
amarrar (vt)	összeköt	[øssɛkøt]
ameaçar (vt)	fenyeget	[fɛnɛgɛt]
amputar (vt)	csonkol	[ʧoŋkol]
anotar (escrever)	megjegyez	[mɛgjɛɟɛz]
anular, cancelar (vt)	visszavon	[vissɒvon]
apagar (com apagador, etc.)	letöröl	[lɛtørøl]
apagar (um incêndio)	elolt	[ɛlolt]
apaixonar-se de ...	beleszeret	[bɛlɛsɛrɛt]

aparecer (vi)	megjelenik	[mɛgjɛlɛnik]
aplaudir (vi)	tapsol	[tɒpʃol]
apoiar (vt)	támogat	[taːmogɒt]
apontar para ...	céloz	[tseːloz]
apresentar (alguém a alguém)	bemutat	[bɛmutɒt]
apresentar (Gostaria de ~)	bemutat	[bɛmutɒt]
apressar (vt)	sürget	[ʃyrgɛt]
apressar-se (vr)	siet	[ʃiɛt]
aproximar-se (vr)	közeledik	[køzɛlɛdik]
aquecer (vt)	melegít	[mɛlɛgiːt]
arrancar (vt)	letép	[lɛteːp]
arranhar (gato, etc.)	kapar	[kɒpɒr]
arrepender-se (vr)	sajnál	[ʃɒjnaːl]
arriscar (vt)	megkockáztat	[mɛgkotska:ztɒt]
arrumar, limpar (vt)	takarít	[tɒkɒriːt]
aspirar a ...	igyekszik	[iɟɛksik]
assinar (vt)	aláír	[ɒlaːiːr]
assistir (vt)	segédkezik	[ʃɛgeːdkɛzik]
atacar (vt)	támad	[taːmɒd]
atar (vt)	odaköt	[odɒkøt]
atirar (vi)	tüzel	[tyzɛl]
atracar (vi)	kiköt	[kikøt]
aumentar (vi)	növekszik	[nøvɛksik]
aumentar (vt)	növel	[nøvɛl]
avançar (sb. trabalhos, etc.)	előrehalad	[ɛløːrɛhɒlɒd]
avistar (vt)	meglát	[mɛglaːt]
baixar (guindaste)	leenged	[lɛɛŋgɛd]
barbear-se (vr)	borotválkozik	[borotvaːlkozik]
basear-se em ...	alapul	[ɒlɒpul]
bastar (vi)	elég van	[ɛleːg vɒn]
bater (espancar)	üt	[yt]
bater (vi)	kopog	[kopog]
bater-se (vr)	verekedik	[vɛrɛkɛdik]
beber, tomar (vt)	iszik	[isik]
brilhar (vi)	fénylik	[feːɲlik]
brincar, jogar (crianças)	játszik	[jaːtsik]
buscar (vt)	keres	[kɛrɛʃ]

253. Verbos C-D

caçar (vi)	vadászik	[vɒdaːsik]
calar-se (parar de falar)	elhallgat	[ɛlhɒllgɒt]
calcular (vt)	számol	[saːmol]
carregar (o caminhão)	megrak	[mɛgrɒk]
carregar (uma arma)	megtölt	[mɛgtølt]

casar-se (vr)	feleségül vesz	[fɛlɛʃeːgyl vɛs]
causar (vt)	okoz	[okoz]
cavar (vt)	ás	[aːʃ]

ceder (não resistir)	enged	[ɛŋgɛd]
cegar, ofuscar (vt)	megvakít	[mɛgvɒkiːt]
censurar (vt)	szemrehányást tesz	[sɛmrɛhaːnjaːʃt tɛs]
cessar (vt)	abbahagy	[ɒbbɒhɒɟ]

chamar (~ por socorro)	hív	[hiːv]
chamar (dizer em voz	hív	[hiːv]
alta o nome)		
chegar (a algum lugar)	elér	[ɛleːr]
chegar (sb. comboio, etc.)	érkezik	[eːrkɛzik]

cheirar (tem o cheiro)	illatozik	[illɒtozik]
cheirar (uma flor)	szagol	[sɒgol]
chorar (vi)	sír	[ʃiːr]
citar (vt)	idéz	[ideːz]

colher (flores)	letép	[lɛteːp]
colocar (vt)	tesz	[tɛs]
combater (vi, vt)	harcol	[hɒrtsol]
começar (vt)	kezd	[kɛzd]

comer (vt)	eszik	[ɛsik]
comparar (vt)	összehasonlít	[øssɛhɒʃonliːt]
compensar (vt)	kompenzál	[kompɛnzaːl]
competir (vi)	versenyez	[vɛrʃɛnɛz]

complicar (vt)	bonyolít	[bonøliːt]
compor (vt)	szerez	[sɛrɛz]
comportar-se (vr)	viselkedik	[viʃɛlkɛdik]
comprar (vt)	vásárol	[vaːʃaːrol]

compreender (vt)	ért	[eːrt]
comprometer (vt)	kompromittál	[kompromittaːl]
concentrar-se (vr)	összpontosul	[øsspontoʃul]
concordar (dizer "sim")	beleegyezik	[bɛlɛɛɟɛzik]

condecorar (dar medalha)	kitüntet	[kityntɛt]
conduzir (~ o carro)	autót vezet	[ɒuto:t vɛzɛt]
confessar-se (criminoso)	bevall	[bɛvɒll]
confiar (vt)	rábíz	[raːbiːz]

confundir (equivocar-se)	összetéveszt	[øssɛteːvɛst]
conhecer (vt)	ismer	[iʃmɛr]
conhecer-se (vr)	megismerkedik	[mɛgiʃmɛrkɛdik]
consertar (vt)	rendbe hoz	[rɛndbɛ hoz]

consultar ...	tanácskozik ... vel	[tɒnaːtʃkozik ... vɛl]
contagiar-se com ...	fertőződik	[fɛrtøːzøːdik]
contar (vt)	mesél	[mɛʃeːl]
contar com ...	számít ...re	[saːmiːt ...rɛ]
continuar (vt)	folytat	[fojtɒt]
contratar (vt)	felvesz	[fɛlvɛs]

233

controlar (vt)	ellenőriz	[ɛllɛnøːriz]
convencer (vt)	meggyőz	[mɛɟɟøːz]
convidar (vt)	meghív	[mɛghiːv]
cooperar (vi)	együttműködik	[ɛɟyttmyːkødik]
coordenar (vt)	koordinál	[koordinaːl]
corar (vi)	elpirul	[ɛlpirul]
correr (vi)	fut	[fut]
corrigir (vt)	javít	[jɒviːt]
cortar (com um machado)	levág	[lɛvaːg]
cortar (vt)	levág	[lɛvaːg]
cozinhar (vt)	készít	[keːsiːt]
crer (pensar)	hisz	[his]
criar (vt)	teremt	[tɛrɛmt]
cultivar (vt)	termel	[tɛrmɛl]
cuspir (vi)	köpköd	[køpkød]
custar (vt)	kerül	[kɛryl]
dar banho, lavar (vt)	fürdet	[fyrdɛt]
datar (vi)	keltez	[kɛltɛz]
decidir (vt)	eldönt	[ɛldønt]
decorar (enfeitar)	díszít	[diːsiːt]
dedicar (vt)	szentel	[sɛntɛl]
defender (vt)	véd	[veːd]
defender-se (vr)	védekezik	[veːdɛkɛzik]
deixar (~ a mulher)	elhagy	[ɛlhɒɟ]
deixar (esquecer)	elhagy	[ɛlhɒɟ]
deixar (permitir)	megenged	[mɛgɛŋgɛd]
deixar cair (vt)	leejt	[lɛɛjt]
denominar (vt)	nevez	[nɛvɛz]
denunciar (vt)	besúg	[bɛʃuːg]
depender de … (vi)	függ	[fygg]
derramar (vt)	kiönt	[kiønt]
desaparecer (vi)	eltűnik	[ɛltyːnik]
desatar (vt)	elold	[ɛlold]
desatracar (vi)	elold	[ɛlold]
descansar (um pouco)	pihen	[pihɛn]
descer (para baixo)	lemegy	[lɛmɛɟ]
descobrir (novas terras)	felfedez	[fɛlfɛdɛz]
descolar (avião)	felszáll	[fɛlsaːll]
desculpar (vt)	bocsát	[botʃaːt]
desculpar-se (vr)	bocsánatot kér	[botʃaːnɒtot keːr]
desejar (vt)	óhajt	[oːhɒjt]
desempenhar (vt)	játszik	[jaːtsik]
desligar (vt)	elolt	[ɛlolt]
desprezar (vt)	lenéz	[lɛneːz]
destruir (documentos, etc.)	megsemmisít	[mɛgʃɛmmiʃiːt]
dever (vi)	kell	[kɛll]

devolver (vt)	visszaküld	[vissɒkyld]
direcionar (vt)	irányít	[ira:ni:t]
dirigir (~ uma empresa)	irányít	[ira:ni:t]
dirigir-se	címez	[tsi:mɛz]
(a um auditório, etc.)		
discutir (notícias, etc.)	megbeszél	[mɛgbɛse:l]

distribuir (folhetos, etc.)	terjeszt	[tɛrjɛst]
distribuir (vt)	szétoszt	[se:tost]
divertir (vt)	szórakoztat	[so:rɒkoztɒt]
divertir-se (vr)	szórakozik	[so:rɒkozik]

dividir (mat.)	oszt	[ost]
dizer (vt)	mond	[mond]
dobrar (vt)	megkettőz	[mɛgkɛttø:z]
duvidar (vt)	kételkedik	[ke:tɛlkɛdik]

254. Verbos E-J

elaborar (uma lista)	összeállít	[øssɛa:lli:t]
elevar-se acima de ...	emelkedik	[ɛmɛlkɛdik]
eliminar (um obstáculo)	elhárít	[ɛlha:ri:t]
embrulhar (com papel)	becsomagol	[bɛʧomɒgol]

emergir (submarino)	felmerül	[fɛlmɛryl]
emitir (vt)	áraszt	[a:rɒst]
empreender (vt)	vállalkozik	[va:llɒlkozik]
empurrar (vt)	lök	[løk]

encabeçar (vt)	vezet	[vɛzɛt]
encher (~ a garrafa, etc.)	tölt	[tølt]
encontrar (achar)	talál	[tɒla:l]
enganar (vt)	csal	[ʧɒl]

ensinar (vt)	tanít	[tɒni:t]
entrar (na sala, etc.)	bejön	[bɛjøn]
enviar (uma carta)	felad	[fɛlɒd]
equipar (vt)	felszerel	[fɛlsɛrɛl]

errar (vi)	hibázik	[hiba:zik]
escolher (vt)	választ	[va:lɒst]
esconder (vt)	rejt	[rɛjt]
escrever (vt)	ír	[i:r]

escutar (vt)	hallgat	[hɒllgɒt]
escutar atrás da porta	hallgatózik	[hɒllgɒto:zik]
esmagar (um inseto, etc.)	szétnyom	[se:tnøm]
esperar (contar com)	vár	[va:r]

esperar (o autocarro, etc.)	vár	[va:r]
esperar (ter esperança)	remél	[rɛme:l]
espreitar (vi)	megles	[mɛglɛʃ]
esquecer (vt)	elfelejt	[ɛlfɛlɛjt]
estar	fekszik	[fɛksik]

estar convencido	meggyőződik	[mɛgɟøːzøːdik]
estar deitado	fekszik	[fɛksik]
estar perplexo	megdöbbent	[mɛgdøbbɛnt]

estar sentado	ül	[yl]
estremecer (vi)	megrezzen	[mɛgrɛzzɛn]
estudar (vt)	tanul	[tɒnul]
evitar (vt)	kitér	[kiteːr]

examinar (vt)	elbírál	[ɛlbiːraːl]
exigir (vt)	követel	[køvɛtɛl]
existir (vi)	létezik	[leːtɛzik]
explicar (vt)	magyaráz	[mɒɟɒraːz]

expressar (vt)	kifejez	[kifɛjɛz]
expulsar (vt)	kizár	[kizaːr]
facilitar (vt)	enyhít	[ɛɲhiːt]
falar com ...	beszél ... vel	[bɛseːl ... vɛl]

faltar a ...	elmulaszt	[ɛlmulɒst]
fascinar (vt)	elbájol	[ɛlbaːjol]
fatigar (vt)	fáraszt	[faːrɒst]
fazer (vt)	csinál	[tʃinaːl]

fazer lembrar	emlékeztet	[ɛmleːkɛztɛt]
fazer piadas	viccel	[vitsɛl]
fazer uma tentativa	próbál	[proːbaːl]
fechar (vt)	bezár	[bɛzaːr]
felicitar (dar os parabéns)	gratulál	[grɒtulaːl]

ficar cansado	elfárad	[ɛlfaːrɒd]
ficar em silêncio	hallgat	[hɒllgɒt]
ficar pensativo	elgondolkozik	[ɛlgondolkozik]
forçar (vt)	kényszerít	[keːɲsɛriːt]
formar (vt)	alakít	[ɒlɒkiːt]

fotografar (vt)	fényképez	[feːɲkeːpɛz]
gabar-se (vr)	dicsekedik	[ditʃɛkɛdik]
garantir (vt)	biztosít	[bistoʃiːt]
gostar (apreciar)	tetszik	[tɛtsik]

gostar (vt)	szeret	[sɛrɛt]
gritar (vi)	kiabál	[kiɒbaːl]
guardar (cartas, etc.)	őriz	[øːriz]
guardar (no armário, etc.)	eltesz	[ɛltɛs]
guerrear (vt)	harcol	[hɒrtsol]

herdar (vt)	örököl	[ørøkøl]
iluminar (vt)	világít	[vilaːgiːt]
imaginar (vt)	elképzel	[ɛlkeːpzɛl]
imitar (vt)	utánoz	[utaːnoz]

implorar (vt)	könyörög	[køɲørøg]
importar (vt)	importál	[importaːl]
indicar (orientar)	mutat	[mutɒt]
indignar-se (vr)	felháborodik	[fɛlhaːboːrodik]

infetar, contagiar (vt)	megfertőz	[mɛgfɛrtø:z]
influenciar (vt)	hat	[hɒt]
informar (fazer saber)	közöl	[køzøl]
informar (vt)	tájékoztat	[ta:je:koztɒt]

informar-se (~ sobre)	megtud	[mɛgtud]
inscrever (na lista)	beír	[bɛi:r]
inserir (vt)	betesz	[bɛtɛs]
insinuar (vt)	céloz	[tse:loz]

insistir (vi)	ragaszkodik	[rɒgɒskodik]
inspirar (vt)	lelkesít	[lɛlkɛʃi:t]
instruir (vt)	kiképez	[kike:pɛz]
insultar (vt)	megsért	[mɛgʃe:rt]

interessar (vt)	érdekel	[e:rdɛkɛl]
interessar-se (vr)	érdeklődik	[e:rdɛklø:dik]
intervir (vi)	beleavatkozik	[bɛlɛɒvɒtkozik]
invejar (vt)	irigyel	[iriɟɛl]

inventar (vt)	feltalál	[fɛltɒla:l]
ir (a pé)	megy	[mɛɟ]
ir (de carro, etc.)	utazik	[utɒzik]
ir nadar	fürdik	[fyrdik]

ir para a cama	lefekszik	[lɛfɛksik]
irritar (vt)	felingerel	[fɛliŋgɛrɛl]
irritar-se (vr)	felingerel	[fɛliŋgɛrɛl]
isolar (vt)	elszigetel	[ɛlsigɛtɛl]

jantar (vi)	vacsorázik	[vɒtʃora:zik]
jogar, atirar (vt)	dob	[dob]
juntar, unir (vt)	egyesít	[ɛɟɛʃi:t]
juntar-se a ...	csatlakozik	[tʃɒtlɒkozik]

255. Verbos L-P

lançar (novo projeto)	beindít	[bɛindi:t]
lavar (vt)	mos	[moʃ]
lavar a roupa	mos	[moʃ]
lavar-se (vr)	mosakodik	[moʃɒkodik]

lembrar (vt)	emlékszik	[ɛmle:ksik]
ler (vt)	olvas	[olvɒʃ]
levantar-se (vr)	felkel	[fɛlkɛl]
levar (ex. leva isso daqui)	elvisz	[ɛlvis]

libertar (cidade, etc.)	felszabadít	[fɛlsɒbɒdi:t]
ligar (o radio, etc.)	bekapcsol	[bɛkɒptʃol]
limitar (vt)	korlátoz	[korla:toz]
limpar (eliminar sujeira)	tisztít	[tisti:t]
limpar (vt)	megtisztít	[mɛgtisti:t]
lisonjear (vt)	hízeleg	[hi:zɛlɛg]
livrar-se de ...	megszabadul	[mɛgsɒbɒdul]

237

lutar (combater)	harcol	[hɒrtsol]
lutar (desp.)	birkózik	[birko:zik]
marcar (com lápis, etc.)	megjelöl	[mɛgjɛløl]

matar (vt)	megöl	[mɛgøl]
memorizar (vt)	kívülről megtanulni	[ki:vylrø:l mɛgtanulni]
mencionar (vt)	megemlít	[mɛgɛmli:t]
mentir (vi)	hazudik	[hɒzudik]

merecer (vt)	érdemel	[e:rdɛmɛl]
mergulhar (vi)	lemerül	[lɛmɛryl]
misturar (combinar)	összekever	[øssɛkɛvɛr]
morar (vt)	lakik	[lɒkik]

mostrar (vt)	mutat	[mutɒt]
mover (arredar)	eltol	[ɛltol]
mudar (modificar)	változtat	[va:ltoztɒt]
multiplicar (vt)	megszoroz	[mɛgsoroz]

nadar (vi)	úszik	[u:sik]
negar (vt)	tagad	[tɒgɒd]
negociar (vi)	tárgyal	[ta:rɟol]
nomear (função)	kijelöl	[kijɛløl]

obedecer (vt)	engedelmeskedik	[ɛŋgɛdɛlmɛʃkɛdik]
objetar (vt)	ellentmond	[ɛllɛntmond]
observar (vt)	figyel	[fiɟɛl]
ofender (vt)	megsért	[mɛgʃe:rt]

olhar (vt)	néz	[ne:z]
omitir (vt)	kihagy	[kihɒɟ]
ordenar (mil.)	parancsol	[pɒronʧol]
organizar (evento, etc.)	rendez	[rɛndɛz]

ousar (vt)	merészel	[mɛre:sɛl]
ouvir (vt)	hall	[hɒll]
pagar (vt)	fizet	[fizɛt]
parar (para descansar)	megáll	[mɛga:ll]
parecer-se (vr)	hasonlít	[hɒʃonli:t]

participar (vi)	részt vesz	[re:st vɛs]
partir (~ para o estrangeiro)	elutazik	[ɛlutɒzik]
passar (vt)	elhalad	[ɛlhɒlɒd]
passar a ferro	vasal	[vɒʃɒl]

pecar (vi)	bűnt követ el	[by:nt køvɛt ɛl]
pedir (comida)	rendel	[rɛndɛl]
pedir (um favor, etc.)	kér	[ke:r]
pegar (tomar com a mão)	fog	[fog]

pegar (tomar)	vesz	[vɛs]
pendurar (cortinas, etc.)	akaszt	[ɒkɒst]
penetrar (vt)	behatol	[bɛhɒtol]
pensar (vt)	gondol	[gondol]
pentear-se (vr)	fésül	[fe:ʃyl]
perceber (ver)	észrevesz	[e:srɛvɛs]

perder (o guarda-chuva, etc.)	elveszít	[ɛlvɛsiːt]
perdoar (vt)	bocsát	[botʃaːt]
permitir (vt)	enged	[ɛŋgɛd]

pertencer a ...	tartozik	[tɒrtozik]
perturbar (vt)	zavar	[zɒvɒr]
pesar (ter o peso)	lemér	[lɛmeːr]
pescar (vt)	halat fog	[hɒlɒt fog]

planear (vt)	tervez	[tɛrvɛz]
poder (vi)	tud	[tud]
pôr (posicionar)	elhelyez	[ɛlhɛjɛz]
possuir (vt)	birtokol	[birtokol]

predominar (vi, vt)	dominál	[dominaːl]
preferir (vt)	többre becsül	[tøbbrɛ bɛtʃyl]
preocupar (vt)	nyugtalanít	[ɲugtɒlɒniːt]
preocupar-se (vr)	nyugtalankodik	[ɲugtɒlɒŋkodik]
preocupar-se (vr)	háborog	[haːborog]

preparar (vt)	előkészít	[ɛløːkeːsiːt]
preservar (ex. ~ a paz)	megőriz	[mɛgøːriz]
prever (vt)	előre lát	[ɛløːrɛ laːt]
privar (vt)	megfoszt	[mɛgfost]

proibir (vt)	megtilt	[mɛgtilt]
projetar, criar (vt)	tervez	[tɛrvɛz]
prometer (vt)	ígér	[iːgeːr]
pronunciar (vt)	kiejt	[kiɛjt]

propor (vt)	ajánl	[ɒjaːnl]
proteger (a natureza)	őriz	[øːriz]
protestar (vi)	tiltakozik	[tiltɒkozik]
provar (~ a teoria, etc.)	bebizonyít	[bɛbizoniːt]

provocar (vt)	provokál	[provokaːl]
publicitar (vt)	reklámoz	[rɛklaːmoz]
punir, castigar (vt)	büntet	[byntɛt]
puxar (vt)	húz	[huːz]

256. Verbos Q-Z

quebrar (vt)	tör	[tør]
queimar (vt)	éget	[eːgɛt]
queixar-se (vr)	panaszkodik	[pɒnɒskodik]
querer (desejar)	akar	[ɒkɒr]

rachar-se (vr)	megrepedezik	[mɛgrɛpɛdɛzik]
realizar (vt)	végrehajt	[veːgrɛhɒjt]
recomendar (vt)	tanácsol	[tɒnaːtʃol]
reconhecer (identificar)	megismer	[mɛgiʃmɛr]

| reconhecer (o erro) | beismer | [bɛiʃmɛr] |
| recordar, lembrar (vt) | emlékszik | [ɛmleːksik] |

239

| recuperar-se (vr) | felgyógyul | [fɛlɟøːɟyl] |
| recusar (vt) | elutasít | [ɛlutoʃiːt] |

reduzir (vt)	csökkent	[ʧøkkɛnt]
refazer (vt)	ismétel	[iʃmeːtɛl]
reforçar (vt)	megszilárdít	[mɛgsilaːrdiːt]
refrear (vt)	visszatart	[vissɒtɔrt]

regar (plantas)	öntöz	[øntøz]
remover (~ uma mancha)	eltávolít	[ɛltaːvoliːt]
reparar (vt)	javít	[jɒviːt]
repetir (dizer outra vez)	ismétel	[iʃmeːtɛl]

reportar (vt)	bejelent	[bɛjɛlɛnt]
repreender (vt)	szid	[sid]
reservar (~ um quarto)	lefoglal	[lɛfoglɒl]
resolver (o conflito)	elrendez	[ɛlrɛndɛz]
resolver (um problema)	megold	[mɛgold]

respirar (vi)	lélegzik	[leːlɛgzik]
responder (vt)	válaszol	[vaːlɒsol]
rezar, orar (vi)	imádkozik	[imaːdkozik]
rir (vi)	nevet	[nɛvɛt]

romper-se (corda, etc.)	szétszakad	[seːtsɒkɒd]
roubar (vt)	lop	[lop]
saber (vt)	tud	[tud]
sair (~ de casa)	kimegy	[kimɛɟ]

sair (livro)	megjelenik	[mɛgjɛlɛnik]
salvar (vt)	megment	[mɛgmɛnt]
satisfazer (vt)	eleget tesz	[ɛlɛgɛt tɛs]
saudar (vt)	üdvözöl	[ydvøzøl]
secar (vt)	szárít	[saːriːt]

seguir ...	követ	[køvɛt]
selecionar (vt)	kiválaszt	[kivaːlɒst]
semear (vt)	elvet	[ɛlvɛt]
sentar-se (vr)	leül	[lɛyl]

sentenciar (vt)	elítél	[ɛliːteːl]
sentir (~ perigo)	érez	[eːrɛz]
ser diferente	eltér	[ɛlteːr]

ser indispensável	szükség van ...re	[sykʃeːg vɒn ...rɛ]
ser necessário	szükség van ...re	[sykʃeːg vɒn ...rɛ]
ser preservado	megmarad	[mɛgmɒrɒd]
ser, estar	van	[vɒn]

servir (restaurant, etc.)	kiszolgál	[kisolgaːl]
servir (roupa)	megfelel	[mɛgfɛlɛl]
significar (palavra, etc.)	jelent	[jɛlɛnt]
significar (vt)	jelent	[jɛlɛnt]
simplificar (vt)	egyszerűsít	[ɛcsɛryːʃiːt]
sobrestimar (vt)	túlértékel	[tuːleːrteːkɛl]
sofrer (vt)	szenved	[sɛnvɛd]

sonhar (vi)	álmodik	[a:lmodik]
sonhar (vt)	ábrándozik	[a:bra:ndozik]
soprar (vi)	fúj	[fu:j]

sorrir (vi)	mosolyog	[moʃojog]
subestimar (vt)	aláértékel	[ɒla:e:rte:kɛl]
sublinhar (vt)	aláhúz	[ɒla:hu:z]
sujar-se (vr)	bepiszkolódik	[bɛpiskolo:dik]

supor (vt)	feltesz	[fɛltɛs]
suportar (as dores)	elvisel	[ɛlvisɛl]
surpreender (vt)	meglep	[mɛglɛp]
surpreender-se (vr)	csodálkozik	[ʧoda:lkozik]
suspeitar (vt)	gyanúsít	[ɟonu:ʃi:t]

suspirar (vi)	sóhajt	[ʃo:hɒjt]
tentar (vt)	próbál	[pro:ba:l]
ter (vt)	van	[vɒn]
ter medo	fél	[fe:l]

terminar (vt)	befejez	[bɛfɛjɛz]
tirar (vt)	levesz	[lɛvɛs]
tirar cópias	sokszoroz	[ʃoksoroz]
tirar uma conclusão	következtetésre jut	[køvɛtkɛstɛte:ʃrɛ jut]

tocar (com as mãos)	érint	[e:rint]
tomar emprestado	kölcsönkér	[køltʃønke:r]
tomar nota	feljegyez	[fɛljɛɟɛz]
tomar o pequeno-almoço	reggelizik	[rɛggɛlizik]

tornar-se (ex. ~ conhecido)	válik	[va:lik]
trabalhar (vi)	dolgozik	[dolgozik]
traduzir (vt)	fordít	[fordi:t]
transformar (vt)	átalakít	[a:tɒlɒki:t]

tratar (a doença)	gyógyít	[ɟø:ɟi:t]
trazer (vt)	hoz	[hoz]
treinar (pessoa)	edzeni	[ɛdzi]
treinar-se (vr)	edzeni magát	[ɛdzi mɒga:t]
tremer (de frio)	remeg	[rɛmɛg]

trocar (vt)	kicserél	[kiʧɛre:l]
trocar, mudar (vt)	cserél	[ʧɛre:l]
usar (uma palavra, etc.)	használ	[hɒsna:l]
utilizar (vt)	használ	[hɒsna:l]
vacinar (vt)	beolt	[bɛolt]

vender (vt)	elad	[ɛlɒd]
verter (encher)	beönt	[bɛønt]
vingar (vt)	megbosszul	[mɛgbossul]
virar (ex. ~ à direita)	fordul	[fordul]
virar (pedra, etc.)	megfordít	[mɛgfordi:t]

virar as costas	elfordul	[ɛlfordul]
viver (vi)	él	[e:l]
voar (vi)	repül	[rɛpyl]

voltar (vi)	visszatér	[vissɒte:r]
votar (vi)	szavaz	[sɒvɒz]
zangar (vt)	megharagít	[mɛghɒrɒgi:t]
zangar-se com …	haragszik …re	[hɒrɒgsik …rɛ]
zombar (vt)	gúnyol	[gu:nøl]